普通高等教育"十三五"规划教材
公共基础课精品系列

常用经济应用文写作教程

（第三版）

盛明华　主编

图书在版编目(CIP)数据

常用经济应用文写作教程 / 盛明华主编. —3 版. —上海：立信会计出版社，2021.5
ISBN 978-7-5429-6840-1

Ⅰ.①常… Ⅱ.①盛… Ⅲ.①经济—应用文—写作—教材 Ⅳ.①F

中国版本图书馆 CIP 数据核字(2021)第 090120 号

责任编辑　蔡莉萍
封面设计　南房间

常用经济应用文写作教程(第三版)

Changyong Jingji Yingyongwen Xiezuo Jiaocheng

出版发行	立信会计出版社			
地　　址	上海市中山西路 2230 号	邮政编码	200235	
电　　话	(021)64411389	传　真	(021)64411325	
网　　址	www.lixinaph.com	电子邮箱	lixinaph2019@126.com	
网上书店	http://lixin.jd.com	http://lxkjcbs.tmall.com		
经　　销	各地新华书店			
印　　刷	上海天地海设计印刷有限公司			
开　　本	710 毫米×960 毫米　　1/16			
印　　张	20.5			
字　　数	413 千字			
版　　次	2021 年 5 月第 3 版			
印　　次	2021 年 5 月第 1 次			
印　　数	1—3 100			
书　　号	ISBN 978-7-5429-6840-1/F			
定　　价	39.00 元			

如有印订差错　请与本社联系调换

目 录

第一编 总 论

第一章 经济应用文概述 ·· 001
  第一节 经济应用文的概念和沿革 ·· 001
  第二节 经济应用文的特点和作用 ·· 002
  思考与练习 ·· 004

第二章 经济应用文的写作基础知识 ·· 007
  第一节 主旨和材料 ·· 007
  第二节 经济应用文的结构与表达方式 ··· 008
  第三节 经济应用文的语言特点和要求 ··· 013
  思考与练习 ·· 016

第二编 经济日用文书

第三章 书信 ··· 022
  第一节 一般书信 ··· 022
  第二节 求职信 ·· 026
  思考与练习 ·· 030

第四章 条据 ··· 032
  第一节 说明性条据 ·· 032
  第二节 凭证性条据 ·· 034
  思考与练习 ·· 036

第五章 启事、声明、发言稿 ·· 038
  第一节 启事 ··· 038
  第二节 声明 ··· 041

第三节　演讲辞 ··· 043
　　思考与练习 ·· 051

第三编　常用经济事务文书

第六章　计划 ··· 053
　　第一节　计划的概念、作用和种类 ··· 053
　　第二节　计划的写作结构和基本内容 ·· 055
　　第三节　计划的写作要求 ··· 056
　　思考与练习 ·· 061

第七章　总结 ··· 063
　　第一节　总结的概念、作用和种类 ··· 063
　　第二节　总结的写作结构和基本内容 ·· 064
　　第三节　总结的写作要求 ··· 066
　　思考与练习 ·· 069

第八章　简报 ··· 071
　　第一节　简报的概念和作用 ·· 071
　　第二节　简报的种类和特点 ·· 072
　　第三节　简报的写作格式和基本内容 ·· 073
　　思考与练习 ·· 080

第九章　调查报告 ··· 083
　　第一节　调查报告的概念和作用 ··· 083
　　第二节　调查报告的种类和写作步骤 ·· 084
　　第三节　调查报告的写作结构、基本内容和表达方式 ·························· 086
　　第四节　几种常用的调查方法 ··· 088
　　第五节　调查报告的写作要求 ··· 090
　　思考与练习 ·· 098

第十章　规章制度 ··· 100
　　第一节　规章制度的概念、作用和特点 ·· 100
　　第二节　几种常用规章制度的介绍 ··· 101
　　第三节　规章制度的常用结构和写法 ·· 103

  第四节 规章制度的写作要求 …… 104
  思考与练习 …… 108

第四编 常用公务文书

第十一章 公文概述 …… 109
  第一节 公文的概念、特点和作用 …… 109
  第二节 公文的种类 …… 111
  第三节 公文的格式和写作要求 …… 112
  思考与练习 …… 115

第十二章 公告和通告 …… 117
  第一节 公告 …… 117
  第二节 通告 …… 121
  思考与练习 …… 124

第十三章 通知和通报 …… 126
  第一节 通知 …… 126
  第二节 通报 …… 132
  思考与练习 …… 139

第十四章 报告和请示 …… 142
  第一节 报告 …… 142
  第二节 请示 …… 148
  思考与练习 …… 152

第十五章 批复、函和会议纪要 …… 155
  第一节 批复 …… 155
  第二节 函 …… 157
  第三节 会议纪要 …… 160
  思考与练习 …… 165

第五编 常用经济活动专业文书

第十六章 策划书 …… 168
  第一节 策划书概述 …… 168

第二节　策划书写作格式和内容 …… 169
第三节　策划书的写作要求 …… 170
思考与练习 …… 173

第十七章　经济活动分析报告 …… 174
第一节　经济活动分析报告的概念和作用 …… 174
第二节　经济活动分析报告的特点和种类 …… 175
第三节　经济活动分析报告的常用分析方法和写作准备 …… 176
第四节　经济活动分析报告的结构和写作要求 …… 178
思考与练习 …… 184

第十八章　合同 …… 185
第一节　合同的概念和作用 …… 185
第二节　合同的特点和种类 …… 186
第三节　合同书的结构和主要条款 …… 188
第四节　合同书的订立程序和写作要求 …… 190
思考与练习 …… 194

第十九章　广告文案 …… 195
第一节　广告文案的概念和作用 …… 195
第二节　广告文案的特点 …… 196
第三节　广告文案的分类 …… 197
第四节　广告文案的结构和写法 …… 198
第五节　广告文案的写作要求 …… 201
思考与练习 …… 204

第二十章　说明书 …… 205
第一节　说明书的概念和作用 …… 205
第二节　说明书的特点和分类 …… 206
第三节　说明书的格式 …… 207
第四节　说明书的写作要求 …… 208
思考与练习 …… 212

第二十一章　审计报告 ········· 213
第一节　审计报告概述 ········· 213
第二节　审计报告的基本要素、类型与适用范围 ········· 215
第三节　审计报告的写作要求 ········· 218
思考与练习 ········· 221

第二十二章　验资报告 ········· 223
第一节　验资报告概述 ········· 223
第二节　验资报告的程序、范围和方法 ········· 223
第三节　验资报告的要素和写作要求 ········· 225
思考与练习 ········· 227

第六编　常用诉讼文书

第二十三章　常用诉讼文书的文体特征 ········· 230
第一节　常用诉讼文书的主旨和材料 ········· 230
第二节　常用诉讼文书的表达 ········· 232
第三节　常用诉讼文书的语言 ········· 234
思考与练习 ········· 235

第二十四章　起诉状 ········· 237
第一节　起诉状的概念和作用 ········· 237
第二节　起诉状的种类和特点 ········· 238
第三节　起诉状的内容和格式 ········· 239
思考与练习 ········· 244

第二十五章　反诉状和答辩状 ········· 246
第一节　反诉状 ········· 246
第二节　答辩状 ········· 248
思考与练习 ········· 251

第二十六章　上诉状和申诉状 ········· 253
第一节　上诉状 ········· 253
第二节　申诉状 ········· 255

思考与练习 ………………………………………………………………… 259

第七编　经济新闻和经济论文

第二十七章　经济消息 …………………………………………… 261
第一节　经济消息的含义和种类 ………………………………… 261
第二节　经济消息的写作 ………………………………………… 262
思考与练习 ………………………………………………………… 269

第二十八章　经济评论 …………………………………………… 271
第一节　经济评论的概念、作用和种类 ………………………… 271
第二节　经济短评的写作结构和基本内容 ……………………… 272
第三节　经济评论的写作要求 …………………………………… 273
思考与练习 ………………………………………………………… 277

第二十九章　经济论文 …………………………………………… 279
第一节　经济学术论文 …………………………………………… 279
第二节　经济类毕业论文 ………………………………………… 290
思考与练习 ………………………………………………………… 293

附录一　党政机关公文处理工作条例 ……………………………… 294
附录二　公文格式标准 ……………………………………………… 301
附录三　出版物上数字用法的规定 ………………………………… 305
附录四　经济应用文常用词语汇释 ………………………………… 312

再版后记 ……………………………………………………………… 319

第一编 总 论

第一章 经济应用文概述

第一节 经济应用文的概念和沿革

一、经济应用文的概念

要了解经济应用文,首先要了解什么是应用文。所谓应用文是指人们在处理公私事务、沟通信息时最常用的,且具有惯用格式的一种文体,又称实用文。

在日常的生活、学习和工作中,应用文与人们的关系是紧密相连的。比如,与人联系少不了留条、写信,读书学习时要做笔记,工作中经常要写计划、作总结、发通知、打报告,求职应聘要写自荐书,做生意要签订合同,打官司要写诉状,诸如此类,平时常用的启事、广告、假条、单据、请柬等不一而足。可以说,应用文陪伴人的一生,人一生中接触运用最多的当数应用文。

经济应用文是应用文的一个分支。它是指人们在处理解决经济方面的事务、沟通有关经济信息时所写的应用文。

二、应用文的产生和发展

人类自从有了文字,就有了应用文。文字的产生,主要是为了记事、交际,其次才是抒发情感。当初记事的片言只语就是无意识的应用文创作。随着文字和社会生产的发展,应用文也逐渐发展和丰富起来。周代的《尚书》就是我国较早的一部应用文写作专集。历代的制、诏、策、敕、诫、令、旨、谕、符、檄、章、奏、表、疏等,均属应用文。甚至历代不少优秀的文学作品如:邹阳的《狱中上梁王书》、李斯的《谏逐客书》、司马迁的《报任安书》、诸葛亮的《出师表》、李密的《陈情表》、韩愈的《祭十二郎文》、魏征的《谏太宗十思疏》、苏轼的《教战守策》等,令人爱不释手,百看不厌,但也可列入应用文范畴。

"应用文"这个名称的出现,是在宋朝张侃的《拙轩集·跋陈后山再任教官谢启》一文中,他说:"骈四俪六、特应用文耳。"意为在六朝、唐初时所写的应用文字,包括公文、书信、契约等,都采用四字、六字句式,相间成对的骈体文来表现。正式将其作为一种文体提出的是清朝文学家刘熙载,他在《艺概·文概》中说:"辞命体、推之即可为一切应用之文。应用文有上行、有平行、有下行。重其辞乃所以重其实也。"他不仅对应用文作了简要说明,还根据应用文的行文方向,把它分为三种,研究更深入了。

在当今社会,应用文,尤其是经济应用文与人们的联系更为密切。美国著名的社会预测家约翰·奈斯比特在风行于世的《大趋势——改变我们生活的十个新方向》一书中指出:"由工业社会向信息社会的过渡中,有三件最重要的事应该记住",其中一件就是:"在这个文字密集的社会里,我们比以往更需要具备基本的读写技巧。"我国著名作家、教育家叶圣陶老先生也告诫说:"工作中、学习中、生活中经常需要写作,所以写作是非学不可的,而且是非学好不可的……大学毕业生,不一定要能写小说、诗歌,但一定要能写应用文,而且非写得既通顺又扎实不可。"作为经济专业的学生更要掌握经济应用文写作的本领,否则将有碍自身的发展,影响工作,也谈不上更好地为祖国的经济建设服务了。

应用文写作这门课程,在我国开设时间不长,但已日益被社会重视。不少经济类高校、中专、职校现已普遍开设了这门课。一些专业技术职称考试,还设立了应用文写作这一科目,应用文写作得到了人们广泛的认同。在美国,有一百多个专业开设应用文写作课,有二十多所大学和研究所还招收应用文写作的硕士生、博士生。不同专业的应用文写作已成了各专业领域人员必须掌握的技能。

第二节 经济应用文的特点和作用

一、经济应用文的特点

经济应用文作为一种文体与其他文学作品的写法相比较,除具有一定的共性之外,还具有其特性。一般来说,从小学到中学,学生写的大都是记叙文、议论文等,这类文体讲究语言的生动形象、情节起伏,采用多种描写手法,进行多样的抒情等。但这些文体的写法,不能套用到应用文的写作中来。一个学生平时作文写得很好,应用文不一定能写得好,这就需要了解并掌握应用文写作的特点,否则就不能写好应用文。经济应用文写作的主要特点如下。

(一)实用性

经济应用文最大的特点在于实用,实用是经济应用文与其他文学作品的主要区别之一。一般文学作品的创作是有感而发,如《虞书》中所说:"诗言志,歌咏言。"《毛诗大序》中说:"在心为志,发言为诗,情动于中而形于言。"这说明,自古以来诗歌、散文、小说等文学作品主要是为表达人们的喜怒哀乐之情,抒发理想,反映现实所作。而经济应用文的写作主要是为了解决实际问题,是有事而发,无事不发。比如要和远方的朋友联系,就要写信;向人借款,就得立字据;向上级汇报工作,要写报告;推销产品,要写广告等,无一不是为了解决实际问题而写。因此,应用文往往被人称为实用文,即为实用而作之文。

(二) 针对性

经济应用文的写作都有其明确、直接的对象。比如信写给谁,字据立给谁,报告打给谁,都有其对象。即使是一些广告、启事也是针对有关消费者、知情者的,只不过对象的范围大而已。而文学作品的阅读没有确切或指定的对象,如一首诗、一篇小说、一部电影剧本,谁都可以看,谁都可以不看。

(三) 时效性

由于经济应用文是为解决实际问题而写的,所以它的时间性很强。一旦出现问题,就必须及时反映,否则拖延时间就会给生活、工作、生产带来影响。尤其是当今社会,市场竞争激烈,如信息反映及时,就会给企业带来效益;反之,信息传递延误,企业随时有被淘汰的危险。相对而言,文学作品对写作的时效性要求不严,如《红楼梦》写了十年之久,欧阳修的《醉翁亭记》写好后又搁置了数月才发表,而经济应用文绝不允许这样。

(四) 真实性

经济应用文写作必须讲究真实、客观、严谨,实事求是地反映问题。经济应用文反映情况,不允许像文学创作那样,可以凭借主观想象进行虚构,夸大其词,无中生有,否则就会歪曲事实真相,误导对方,给社会带来不良影响。

(五) 程序性

所谓程序性是指经济应用文的写作有其特定、惯用的格式、行文的规则和程序。经济应用文的格式,有的是长期以来约定俗成、相沿成习的;有的是由国家、有关部门统一制定的。如书信有书信的格式,公文有公文的格式,经济合同有经济合同的格式等,每一种经济应用文用什么格式和体例写,都有严格的要求,不能像有些文学创作那样,可随意标新立异。当然,经济应用文的格式也不是一成不变的,它随着社会的发展,人们生活习惯和思想观念的变化而变化。经济应用文在行文中还应遵守行文的规则和程序。比如,公文从它的撰稿发文,直至收文归档,都有其严格的行文的规则和程序。相对而言,文学创作的程序性就不那么显现了。

(六) 平实性

由于经济应用文注重实用,所以它的语言也讲究务实,"求其事理有当而已,尚简约不尚冗长,尚朴实不尚浮华"(陈子飞《应用文依法讲话》)。即就事论理要恰当,语言要简洁、朴实、不浮华。只有这样,才便于处理事务和解决问题,而不能像文学创作那样强调艺术性。平实是经济应用文写作的基本风格。

二、经济应用文的作用

(一) 公关交际作用

在经济活动中,任何人、任何单位都免不了与外界打交道。比如开业,要向工商管理局申请执照;双方合作,需签订协议合同;推销产品,需要营销策划书;商洽事务,需要发函等。诸如人们日常交际中使用的名片、请柬等,无一不是应用文。经济应用文表达准确、得体、清晰,往往有利于业务的开展,有利于双方的沟通,从而起到良好的公关交际作用。

(二)宣传教育作用

经济应用文中有不少文件,如"决定""通知""通报""规定"等,有的是用来宣传党和国家的方针政策以及表彰先进、推广成功经验;有的是批评错误,揭露不良现象和丑恶行为的,并以此端正和统一人们的思想认识,规范人们的行为,增强人们的法制观念和工作的责任感,这对社会风尚的改进,提高人的思想道德,加强社会主义精神文明建设,发挥积极的作用。

(三)沟通联系作用

经济应用文是人与人之间,单位与单位之间互相沟通联系的有效工具。比如上下级间的上情下达,下情上报;与他人或不相隶属单位间的交流、协作、洽商等。

(四)凭证资料作用

在经济活动中,经济应用文也是开展工作,解决、处理问题的依据和凭证。如上级下达的文件、党和政府颁布的法规、有关方面的规章制度等,常作为开展工作和检查工作的依据;而一些条据、合同文本、公证材料等,是经济业务中不可缺少的凭证,一旦出现问题、纠纷,依靠这些凭证,即可通过法律追究对方责任,维护自身利益。同时,一些重要的经济应用文也是一定历史时期政治、经济、文化等的档案资料。

思考与练习

1. 经济应用文与文学作品写作之间主要有哪些区别?
2. 下列作品中,属于应用文的篇目有哪些?
   (1)秦晋殽之战 (2)召公谏厉王弭谤 (3)燕昭王求士 (4)谏逐客书 (5)苏武传 (6)陈情表 (7)谏太宗十思疏 (8)滕王阁序 (9)进学解 (10)醉翁亭记 (11)教战守策 (12)前赤壁赋 (13)论毅力 (14)雷锋日记
3. 下列四则启事是否属于经济应用文?请说明是或不是的理由。

调　　房

本人居住××路×弄×号×室,新建工房套间,25平方米,朝南,煤卫全。地段适中,交通方便。现因有隔壁四五家"赚大钱"的邻居,近年来赚了几个臭钱,讲排场、摆阔气，无论开店、迁居、结婚、做寿、请客、吃饭……都要"噼噼啪啪"大放炮仗。特别是今年春节前后，他们视有关方面通过的燃放烟火爆竹的管理法规如废纸，胆大妄为，以身试法，从农历除夕那晚，直到年初五、初六，足足放了几千响大小炮仗。放得我家硝烟弥漫，火星乱飞。阳台外晒的衣服，被烧了个洞。我的三岁小孙子半夜里被炮仗惊吓致病，至今尚未痊愈。我年老羸弱，患有多种疾病，也经不起炮仗的无休止的困扰和折磨。可怜我们的派出所和居委会，都近在咫尺，却置若罔闻，不加制止，而个体户更肆无忌惮地说："大不了罚五十、一百，有什么了不起……"为此，本人无奈，只得调房，并愿意牺牲面积，以大换小，只要地段安静，邻居无如此者即可。一切条件都容面议。

解除婚约启事

本人，女，芳龄二十五岁，品貌端正，生理无缺陷，曾报名模特招生考试，获得好评。去年年初，通过朋友介绍，得识某君，旋即进入婚姻谈判。某君声称已获得赴日护照，即可因私出国，打工学习。两年后，或携我出国，或回来结婚，建立美满的小家庭。在征得我的同意后，于同年四月办理结婚登记手续。谁料几个月来，情况骤变，某君报考的某某语言学校已被日本政府取缔，赴日已成泡影。某君也心灰意冷，不得不重新返厂上班。经双方恳谈协商后，一致认为恋爱基础薄弱。今登报声明解除婚约。今后双方自找对象，不得干预。如有赴澳大利亚学习、未婚而愿意与本人建立友谊者，请电话联系，候教。

遗 失 声 明

本人于××××年2月6日，在17路公交车上遗失"春节服装展销会"入场券一张。该入场券上印有号码57897086。根据规定，展销会结束后将举行对号开奖。头等奖十八英寸彩电一台，二等奖一百升电冰箱一台，三等奖双缸洗衣机一台。本人花钱购买了入场券，如果鸿运来临，福星高照，竟中一等、二等、三等奖，虽入场券遗失，仍应拥有获奖权利。因此，先登报挂失，必要时将委请律师维护本人合法权益，特此声明。

招 聘 保 姆

某研究所高级工程师，男，年龄50岁，鳏居，家中无人照料家务，需聘用女保姆一人，供膳宿，年龄在25至30岁之间，需身体健康，五官端正，身高1.7米左右，能略有文化最好，报酬从优。

4. 应用所学知识，指出下文具有应用文中的哪些特点？

国务院办公厅关于加强电力设施保护工作的通知

国办发〔2006〕10号

各省、自治区、直辖市人民政府，国务院各部委、各直属机构：

电力工业是国民经济的重要基础产业，电力设施是电能生产、输送、供应的载体，是重要的社会公用设施，电力设施安全保护是保障供用电安全和维护社会公共安全的重要内容。近年来，我国电力需求持续增长，电力设施满负荷运行，电力生产安全形势总体平稳。但是，盗窃、破坏电力设施的违法犯罪行为以及人为损坏电力设施的情况仍时有发生，严重危害电力系统的安全可靠运行，同时造成了重大经济损失。为加强电力设施保护工作，切实保障电力安全，经国务院同意，现就有关事项通知如下：

一、高度重视电力设施保护工作

保护电力设施安全是保证电力系统安全稳定运行和电力可靠供应的基础和关键环节，事关经济发展和社会稳定大局。各地区、各有关部门要进一步提高认识，高度重视电力设施保护工作。……

二、建立健全电力设施保护工作的长效机制

……

三、严厉打击破坏电力设施的违法犯罪行为

……

四、加强电力设施日常管理和维护

……

五、进一步加大宣传和教育力度

各地区、各有关部门和电力企业要大力宣传保护电力设施安全的重要意义，教育和引导人民群众踊跃参与巡线护线活动，提高社会公众维护电力设施安全的自觉性和主动性。要进一步加强舆论引导，充分发挥新闻媒体和网络的作用，对盗窃、破坏电力设施等危害电力设施安全的典型案件进行曝光，震慑违法犯罪分子，遏制违法犯罪行为。要通过组织和开展形式多样的宣传教育活动，营造保护电力设施人人有责的良好氛围，进一步加强电力设施保护，切实保障电力安全和社会稳定。

国务院办公厅

二〇〇六年二月十七日

第二章 经济应用文的写作基础知识

第一节 主旨和材料

一、经济应用文的主旨

主旨是指贯穿全文的基本思想、观点、宗旨,是"一篇之要领"。只有明确作文主旨,才能进而谋篇布局。

由于经济应用文是为解决、处理实际事务而写的,讲究实用性,所以经济应用文的主旨也就有务实的特点。它必须从实际中来,直接反映现实,为现实服务。而不能像有些文学作品那样间接反映主题,从虚构的艺术情节、加工过的艺术形象中去提炼主题。据此,经济应用文的主旨要求如下。

(一)主旨必须单一

主旨单一是指一篇经济应用文不能多个主题,多种意图并存,而要求一文一事,体现一个基本思想。只有这样,才能突出中心,防止行文关系的紊乱和职责不明,才能提高行文的效率。

(二)主旨必须明确

主旨的明确是指作者的观点、态度要鲜明,赞成什么、反对什么、阐述什么,都要明明白白,直截了当,而不能含糊其辞,隐晦曲折。经济应用文主旨的明确不同于文学作品中的鲜明。文学作品中的鲜明是指艺术形象的鲜明,它可以含蓄地表达、曲折地表现。

(三)主旨必须正确

经济应用文必须正确体现党和国家的方针、政策,正确反映客观事实,正确反映客观规律,必须符合国家的法规、条例、制度,维护党和国家、人民的利益。否则,一旦有违反国家政策或有严重失误的文件制发出去,势必造成不堪设想的后果。

二、经济应用文的材料

材料是提炼主题的基础和依据。经济应用文主旨确定后,需要材料为它服务,为它展开,说明主旨观点。材料和主旨紧密相连,相辅相成。主旨靠材料表现,材料靠主旨统帅。经济应用文对材料的要求如下。

（一）围绕主旨选材

材料要为主旨服务。材料选择的标准要看它是否真正体现主旨，不能不经选择地使用，不能"捡到篮里都是菜"。凡是和主旨无关的材料，哪怕再生动、再客观、再真实也不能用。有的材料虽和主题有关，但关系不是很密切，那也得舍弃。必须是与主旨一致，紧密相连的才能选用。

（二）材料必须真实准确

经济应用文要真实反映客观事实，首先体现在它所采用的材料数据一定是真实、准确的，否则就会得出虚假结论，造成不良影响，甚至危害国家、集体和人民的利益。故在选材时，必须经过核实，不能道听途说、偏听偏信，更不能凭空想象。有时还要注意不被表象的、局部的真实材料所蒙蔽，否则，就易忽视实质，掩盖问题，这同样也是一种不真实。

（三）选择典型的材料

典型的材料是指最能揭示事物本质、反映主旨、阐明观点的材料，它能起到以一当十、以少胜多的作用，从而使文章言简意赅，具有很强的说服力和感染力。

（四）选择新颖的材料

材料的新颖，主要是指善于选用那些新情况、新问题、新经验、新风貌、新思路、新人新事的材料。材料越新，就越具价值和影响力，也更能反映事实，说明问题，更有利解决和处理事务。如果老是用那些"陈年的芝麻"加工点心，其味一定不好，文章也是如此。

第二节 经济应用文的结构与表达方式

一、经济应用文的结构

（一）结构的概述和结构的基本内容

经济应用文的结构是指文章内容的组合和构造，也就是如何安排材料组织成文的方式。比如，全文分几部分，各部分怎样安排，如何使文章首尾一致，形成一个有机整体。如果说主旨是文章的灵魂，材料是文章的血肉，那么，结构如同文章的骨架。清代文学理论家李渔认为写作如同"工师之建宅"，造房子前须有个全面的设计安排，"何处建厅，何处开户，栋需何才，梁用何木，必俟成局了然，始可挥斤运斧"（李渔《闲情偶记》）。否则，木料、石头一大堆，即使材料再好，也是不能成为外观美丽、建筑坚固的大厦的。文章的结构安排与造房同理。

结构的基本内容包括层次和段落、过渡和照应、开头和结尾等几个部分。

1. **层次和段落**

所谓层次，是指文章内容的表现次序，体现文章内容相互间的逻辑联系，有时也称"结构段""意义段"。

所谓段落是指文章中的一个个自然段,它是文章中最小的可以独立的意义单位。一般来说,层次小于篇章,大于自然段。有时一个层次就是一个自然段,也有的文章因其简短,全篇只有一个自然段,如各种条据、启事、简单的通知等。

层次的划分是有其客观依据的,有时按照事物发展的时间来安排层次,有时根据事物的空间来安排层次,有时按照事物的功能和特征的主次来安排层次,有时按照文章的逻辑联系来安排层次。比如写"请示",首先"请示"的缘由是一个层次,其次"请示"中要求上级给予解决问题的部分又是一个层次,最后是结束语。具体如何安排层次,应根据不同种类的应用文的内容来决定。

2. 过渡和照应

过渡是指层次或段落之间的衔接与转换。过渡犹如桥梁,在文章中起着承上启下、穿针引线的作用,使全文内容组织严密,浑然一体。过渡在有些文章中不明显,因各层次、各段落之间的联系本来就很紧凑,不加过渡词、句,转折的意思也很明确,常称自然过渡。也有的文章需要加上过渡性的语句,衔接才自然。如"调查报告"中第一段结束后常用"现将调查结果归述如下","通知"中"现将有关事项通知如下",还有"鉴于此……""综上所述……"等。过渡语句的运用,使文章层次更加明了清晰。

照应是指文章中一些有关内容在不同位置之间的照顾和呼应。如对前文所交代的内容再加以总结,或给予点明,这就是照应。平时常说"前有交代,后有着落"就是一种照应。在经济应用文中,常用的照应有两种:一是首尾照应。如有些"论文""总结""调查报告"等,开头部分将总的观点、主要工作、主要事实等先做概述,然后在结尾部分再作概括、归纳,既做到前后照应,又可以突出文章的主题;二是正文和标题照应。在一些文件中,这样的照应尤为突出,如公文的标题中已将发文的事由概括其中,公文的正文就必须紧紧围绕标题展开论述。

3. 开头和结尾

1) 开头。开头是全篇文章的第一步,它可以起到统领全篇,展开全文的作用。经济应用文的开头并不固定,常用的开头方式有如下几种:

(1) 目的、根据式的开头。这种开头方式是将行文的目的,或发文的依据放在文章的开头部分写出来。在一些公文、规章制度、计划、调查报告及一些专业文书中常用这种开头方式。例如:"为了贯彻治理经济环境、整顿经济秩序、全面深化改革的方针,进一步调整经济结构、筹集经济建设所需资金,国务院决定发行一九××年保值公债,现通知如下:",这是目的式的开头。再如:"根据国家税务局通知,决定在全省换发新版发票,现将有关事项通知如下:",这是根据式的开头。

(2) 概述式的开头。概述式的开头是指将全文的主要内容在开头部分简要介绍出来。概述式的开头,在经济新闻、总结、调查报告、经济活动分析中经常用到。如"元月二十二日,省纪委召开新闻发布会,省委委员、省纪委书记×××在会上通报了最近中共××省委、省纪委和省政府严肃处理的6名违反党纪政纪的厅局级领导干部情况。其中开除党籍、撤销行政职务的2人,留党察看、撤销行政职务的1人,党内严重警告、行政降职的1人,党内警告、行政记过和行政记大过处分的各1人。在这6人中,贪污受贿3人,严重官僚主义,使国家财产遭受巨大损失的2人,严重以权谋私的1人。"以下部分分述这6人违纪的事实。这种开头先对全文作总的概括,给以人深刻的印象。

(3)情况原因式开头。即开头部分交代行文的缘由,或对文章内容的背景、基本情况作简要的介绍。如"当前,以'三金工程'(即:金桥工程——国家公用经济信息网工程;金关工程——外贸专用网工程;金卡工程——电子货币工程)为代表的涉及国民经济信息化的一批国家重大工程项目,在党中央和国务院领导同志的关怀和领导下,已经开始实施。经国务院领导同志同意,现将工程进展中的有关情况通知如下:"这段开头先是简要介绍基本情况,然后开始下达通知事项。在一些申请、请示、报告中常采用这种形式的开头。

(4)规定式的开头。这种开头常用于有具体规定格式写法的一些文体中。如"经济合同""章程""条例""法规"等文种的开头部分常用这种方式。

以上四种开头方式较为常用,在实际运用中还有"评论式""建议式""直叙式"等开头方式。具体选用哪一种为好,要根据全文内容表达的需要、结构安排的需要来决定。

2)结尾。文章结束即为结尾,古人称为"收笔"。结尾和开头一样,在文章中具有重要的作用。好的结尾能让人加深印象,更加明确全文的观点和思想。从形式上说,有了结尾,文章才会完美。经济应用文中的结尾方式也是多种多样的,常用的有如下几种:

(1)总结式结尾。在结尾部分对全文作总结,以概括总的观点,点明主题。常用于"总结""调查报告""经济论文"及一些经济分析文章中。

(2)希望、鼓励式结尾。在结尾部分提出希望,展望未来,鼓舞斗志。常用于"计划""总结""报告"等文章中。

(3)自然收束式结尾。这种结尾是指文章主要内容写完后,事尽言止,不另作结尾,自然收结,不拖泥带水。常用于"通告""通知""决定"等简短的文章中。

(4)规定式结尾。这种结尾常用于一些有具体规定格式写法的文体中,如"经济合同""经济纠纷起诉状""章程""条例"等。这些文章的结尾写法较为固定、规范,不得随意更换其他内容。

结尾的方式有多种,具体选用哪一种,也要根据实际情况而定。需要注意的是文章要善始善终，结尾部分既不能草草收场，敷衍了事，也不能当断不断，画蛇添足。要做到简洁有力，恰到好处。

（二）结构的基本类型

经济应用文的种类很多，内容不一，结构不尽相同，各有特点，归纳起来，常用的结构有如下几种类型。

1. 总分式

开头先对全文的内容作简要的概述，然后依次分别对其展开论述。如在"总结"中，先对全年生产完成的情况作简要介绍，而后对各方面生产情况作具体论述。总分式还可以分为先总后分式、先分后总式及先总述再分述，最后再总述的总分总式。总分总式通常适用于篇幅较长的经济应用文中，如"调查报告""经济活动报告"和"经济论文"等。

2. 并列式

文章中几个层次之间的关系是平行的、并列的，这样的结构方式为并列式，也称横式结构。比如对财务状况进行分析，它可以从资产、负债、利润、成本和费用等诸方面展开具体分析，这几个方面的内容就是并列的关系。

3. 递进式

递进式或以时间为顺序，或由现象到本质、从因到果等逻辑关系为顺序，逐层深入展开的结构形式，也称纵式结构。比如开头提出问题，而后剖析研究问题，再找出原因得出结果，最后提出解决问题的办法或建议，就是一种从因到果的递进式。

4. 条款式

条款式通常在法规文件、规章制度类文章中使用。它又可以分成章条式、条文式两种。还有的文书，内容较多且复杂，也采用分条列项式来写，从而显得更加清晰、明确，方便阅读，也便于理解、对照执行。

5. 一段式

一段式即全篇文章只有一个自然段。由于内容少而简单，不便分开，往往采用一段式的写法。例如，日常应用文中的便条、单据、介绍信、聘书、启事、海报，公文中的命令、公告、简单的通知、批复、函等，常常是一段式的写法。

（三）结构的基本要求

1. 完整性

结构安排要有逻辑性，首先要保证结构的完整。比如公文的写作，要有标题、主送单位、正文、落款等。正文的结构中又要有开头、主体、结尾、结束语等部分。任何一个部分都不能缺少，不能顾此失彼，残缺不齐，造成结构的不完整，影响文章内容的表达。

2. 严密性

严密性是指文章中层次段落的划分要恰当，组织严密，联系紧凑，脉络清楚，这样才能顺理成章，浑然一体。

3. 逻辑性

文章是客观事物的真实反映。因此，文章内容的结构形式必须符合客观事物的发展规律，各层次之间前后上下的连接有其必然性，与主旨有内在的逻辑联系，不能互相矛盾，这样才能准确反映文章的主旨。否则，结构杂乱无章、颠三倒四，就会令人难以理解，达不到行文的目的。

结构的完整性、严密性和逻辑性三者是紧密相连的。不完整，无法严密，不严密也不会有较强的逻辑性，这三者是内在的统一，不可分割的。

现在有些学生写经济应用文时，常常结构不完整、组织散乱、缺少逻辑性，究其原因，不仅在于对事物认识得不够，还在于缺乏必要的写作知识，出笔不谨慎，想到哪写到哪，表达不清自己的思想，给理解带来困难，有时产生歧义，起到了相反的效果。所以掌握经济应用文结构的基本知识是很必要的。

二、经济应用文的表达方式

在文学作品中，表达方式主要有五种：叙述、描写、抒情、议论和说明。经济应用文作为一种实用性的文体，主要是为了解决问题和处理问题的，它的表达方式通常只用叙述、议论和说明，至于抒情和描写，除了在一些通讯报道、广告语、演讲稿、日记、私人信件等中用一些之外，其他经济应用文基本不用或很少使用。

（一）叙述的方式

一般来说，叙述就是把人物的经历和事物发展变化的过程表达出来。各种文体的写作几乎都要用到叙述方式。如议论文中，用叙述的方式概括某些事实，从事实中引出论点。在一般文体中常用叙述的方式交代事件的起因、发展、结果以及人物的经历。

经济应用文中的叙述要求直截了当，平铺直叙，抓住主要事实，作概要精当的叙述。而不像文学作品中的叙述，追求情节的起伏，一波三折，巧设悬念，故弄玄虚等，更不能使用意识流等现代派的叙述手法来写。

（二）议论的方式

经济应用文中的议论即对客观事物进行的评论，以此表明自己的观点和态度。在经济应用文体中，不少文种都离不开议论，如总结、调查报告、经济分析报告、查账报告等；公文中的通报、议案等，都需要通过议论来分析原因、判断是非、发表见解、表明立场观点等。

经济应用文中的议论同文学创作中的议论也有区别。文学创作中的议论，为了说服对方，打动读者，可以从多种不同的角度，寻找各种论据，旁征博引、反复论证,有时还发以动情的议论、哲理性的议论、形象化的议论等。而经济应用文中的议论,不能脱离实际,它以事实为根据、以法规为依据,不掺入个人主观好恶情感,抓住要点,不及其余,作简洁、明了的议论。

（三）说明的方式

经济应用文中的说明就是要用简洁、准确、科学、朴实的语言,把事物的性质、范围、形状、特征、功能等方面的情况介绍清楚的方式。最常见的是产品介绍和使用说明书。而在其他经济应用文中也时常用到说明的方式,如财务分析报告中对一些数据、统计资料等所作的说明;公文中对一些规定、条例等所作的解释。

经济应用文中的说明不同于文学创作中的一些说明。如杨朔的《茶花赋》,这是一篇优美的散文,作者在对茶花的生长特点作说明时,融入了深厚的感情,是感情化的说明。还有的说明文讲究生动形象的说明、艺术语言的说明,采用拟人、比喻等修辞手法。而在经济应用文中这些说明的用法都是应当避免的,或尽量少用。

（四）图表的方式

图表的表达方式在经济应用文中已得到越来越广泛的使用。这是因为,经济管理中,有许多的数据、资料单用文字难以说清。如名目繁多的商品价格、数量、所占比例的情况,各类人员的工资收入、消费支出的变化,产量、投资额、利润、物价指数等的上升、下降趋势变化等。而借助于图表的形式,则能使人一目了然,既形象、直观、清晰,给人印象深刻,又便于分析、评价、判断,远胜于文字的表现力。图表的表达方式不仅在财务、审计、统计、税务、金融等经济部门广为使用,也在其他诸多领域的应用文中广泛使用。

图表的表达方式又可细分为三种:表格式、图形式和图表结合式。表格式是将各种数据进行有序地排列后,填入编制的表格中加以反映的形式。图形式则将各类数据用物体的形状在平面上加以直观表现的形式。常用的图形有:圆饼图、折线图、条形图、柱形图、曲面图等。图表结合式,即在文中,以图形和表格同时加以反映的形式,两者相辅相成,使之表达更为清晰。现在信息化的社会中,人们可在电脑里随心所欲地制作各种形式的图表,只要输入相应的数据,按照有关程序操作,即刻便可制作出一张精确、直观的图表来,省时、省力,大大提高了经济应用文写作的表达能力。

第三节　经济应用文的语言特点和要求

一、经济应用文的语言特点

经济应用文的语言特点也是由经济应用文的性质所决定的。经济应用文的写作重在实用,经济应用文的语言同样讲究规范、务实,它不同于文学创作中使用的语言,其特点主要表现在"三多三少"上。

（一）介词多语气词少

在经济应用文中,为了说清事由,讲明道理,引用文件,表明目的等,常常使用较多的介词,这在公文中更为突出。比如公文的标题,大都用"关于"这一介词引出,而正文中,介词使用得更多了。例如:"根据国家物价局的通知,××市将从二○××年一月一日起,对供应外宾的部分粮食、食油的价格将有所调整,按优质优价实行国内议销价格。为不使享受我国奖学金的外国留学生的生活受到影响,决定从二○××年一月一日起,调整在我国学习的外国留学生的奖学金。……"其中的"根据、从、对、按、为、在"等都是介词。在经济应用文中常用的介词有以下几种:

（1）表示关联、范围的有"关于";

（2）表示对象、关联的有"对、对于、将"等;

（3）表示依据的有"依据、根据、遵照"等;

（4）表示目的的有"为了、为"等;

（5）表示状态方式的有"按照、参照、比照、通过"等;

（6）表示处所、方向的有"从、向、在"等;

（7）表示时间的有"自从、自、于、当"等;

（8）表示原因的有"由于、由"等;

（9）表示比较的有"比、跟、同"等;

（10）表示排除的有"除了、除"等。

语气词（包括叹词）在应用文中基本不用,如"吗、呢、啊、呀、啦、哪、哇"等,这些语气词在文学创作中为抒发感情需要经常使用,而应用文不需要以此来抒发情感,打动对方。

（二）专用词多修饰性的词语少

经济应用文涉及的面很广,如财政、金融、保险、税务、外贸等专业经济应用文,这些专业各有其专用术语。如资金、净资产、利润、负债、损益、信托、抵押、索赔、免税、预算、投资、费用等。只有熟悉并掌握本行业内的专业用语,才能更好地反映专业情况,写好经济应用文。

而一些修饰性的词语,较少在经济应用文中使用,如"红彤彤、热乎乎、目不转睛、面红耳赤、金光万道、朝霞满天、月明星稀"等。还有一些比拟、浮想、象征等语言也较少使用,如"灿烂的阳光下盛开的百花是您的笑容,葱郁耸立的山峰是您的身影……"。经济应用文只需如实反映情况,不用作形象、生动、夸张的描绘。

（三）文言词多口语少

相对其他文体而言,文言词语在经济应用文中使用得多一些,这是因为经济应用文注重语言的规范、庄重、严谨、简洁。尤其在公文和对外的信函中,文言词语用得更多,如"业经、兹将、顷奉、谨悉、惠鉴、接洽、卓夺、稽迟、函达、此复、尚希、恕不、查照、洽商"等词语。经济应用文中适当用一些文言词语,可以起到白话文不能起到的语言效果。

在经济应用文中,口语基本不用,这是因为口语欠庄重、太随便、不严谨,有时意思不明确,如"帮帮忙、好不好、好得不得了、让我想一想、搞定、埋单"等。这些口语显然不十分严肃,有碍经济应用文的表达。

二、经济应用文语言的要求

(一) 准确

语言只有准确才能真实反映客观事物。语言的准确体现在三方面:

(1) 用字用词的准确。如"今年我县非农业建设占地面积比去年减少了一倍。"其中"减少了一倍"占地面积就是没有了,所以在说明减少或降低时,不能用"倍",只能用分数或百分数表达。又如"前面还有很多新的挑战在等着我去应付。"其中的"应付"应改为"应对"或"应战"。"应付"有敷衍之义,用在句中显然不合文义。

(2) 语句的准确。不犯语法、逻辑错误,不能有歧义。如"我们要尽量节约不必要的开支和浪费",其中"节约"不能与"浪费"搭配使用,犯了动宾搭配不当的错误。又如"我们要建立和健全各项规章制度等一系列工作",其中缺少谓语,应改为"我们要做好建立和健全各项规章制度等一系列工作"。再如"缺勤3天以下者,每天扣40元;缺勤3天以上者,扣当月全勤奖",其中"3天以上"意思不明确,如缺勤正好是3天是否扣发当月全勤奖呢?应加上"含3天"意思就明确了。

(3) 标点符号准确。标点符号的错误常表现在该用标点的不用,不该用标点的滥用等方面。如"××市教委转发国家教委电教委关于印发《电化教育基本情况调查表》的通知"其中的书名号就应省略。而在"中央职称改革领导小组转发国家教育委员会中小学教师职务试行条例等文件的通知"这一公文的标题中应对转发的文件加上书名号(根据《国家行政机关公文处理办法》第三章第六条规定:公文标题中除法规、规章名称加书名号外,一般不用标点符号)。又如,"七、八十年代,五、六万字"句中的"顿号"应省略。再如"环境选择系统、系统也选择环境",句中的"顿号"应改为"逗号"。

(二) 简洁

经济应用文在写作中,既要言之有物,又要简明扼要,做到有话则长,无话则短,尽量做到句内无余字,篇内无剩语,只有这样,才能提高行文效率,处理更多的信息。毛泽东同志在《关于建立报告制度》中规定:"综合报告内容要扼要,文字要简练,要指出问题或争论之所在","报告文字每次一千字左右为限,除特殊情况外,至多不要超过两千字。"行文冗长,言之无物不仅浪费人们许多时间,还会影响表达效果,延误时机,给工作带来损失。怎样才能做到语言的简洁？清代散文家刘大櫆在《论文偶记》中提到:"文贵简,凡文笔老则简,意真则简,辞切则简,理当则简,味淡则简,气蕴则简,品贵则简,神运而含藏不尽则简,故简为文章尽境。"意思说:文章写得多、经验丰富、感情真实、用词确切、朴实无华、道理正确、气势充沛、品格高雅、思想深刻才能写得简洁。

（三）朴实

经济应用文语言的朴实是指文章要通俗易懂,朴实无华,如故作艰深,就会令人望而却步,影响行文的效果。如梁代沈约曰:"文章当从三易:易见事,一也;易识字,二也;易读诵,三也。"意思是:写文章要做到三个容易:一是内容容易懂;二是字容易识;三是文章容易读。经济应用文中有的文件传达范围较广,读者文化程度不一,文件写得深奥难懂,就会影响文件精神的贯彻执行,达不到行文的目的。

（四）规范

经济应用文语言的规范是指行文必须符合国家有关规定,如标点符号的用法,运用名称应注意的事项,运用时间和数字时应注意的事项,简化字的使用,缩写词语和简称的注意事项,主题词的选用等,以及有些专业文书写作的规定用语,都必须统一按规定使用,照章办事,不得各行其是,以免造成混乱,影响办事效率。

思考与练习

1. 问答题。

（1）经济应用文的主旨和材料之间具有哪些关系？

（2）经济应用文的开头和结尾一般有哪些方式？

（3）经济应用文结构的基本类型主要有哪些形式？

（4）经济应用文中语言的表达方式主要有哪几种？它们与文学作品中的表达方式有何不同？

（5）经济应用文在语言的表达上有何特点？

2. 解释下列经济应用文中常用的文言词语。

兹将、顷接、顷闻、拟于、拟订、确系、显系、不日、不时、惠示、惠纳、核示、核准、查照、洽商、为荷、为要、为妥、为宜、稽迟

3. 指出下列句子中数词在表达上存在的问题。

（1）服装行业要着眼于国际、国内这二方面市场。

（2）我厂的设备不断更新,2000年全自动化机械设备仅占全部机器的48%,经过几年的努力,到2005年,提高了80%。

（3）今年第二季度×××储蓄所存款额猛增,达到××亿元,和去年同期相

比,增加到 30%。

(4) 我厂 3 月份销售额达 200 万元,比 2 月份的 100 万元增加了 2 倍。

(5) 根据该公司预报,2005 年每股收益将达到 0.60 元,比去年 0.20 元翻了 2 番。

(6) 我厂有 100 多名干部,每人每天写 1 份材料,就将近 100 多份。

(7) 由于受灾严重,我乡今年粮食总产量为 2 000 万千克,比去年 4 000 万千克减少了 2 倍。

(8) 根据厂部规定,月请假在 3 天以上者,一律不发月全勤奖金。

4. 修改病句。

(1) ×××公司全体员工要从这次火灾事故中吸取经验教训,杜绝这类事故不再发生。

(2) 法规性文件的专一性很强,关于哪些人哪些单位适用,都必须有明确的规定。

(3) 对有些在上班时间谈天说地的人,要进行严厉的批评,并在经济上给予处罚。

(4) 党风是否端正,这是衡量一个单位党组织健康的标准。

(5) 检查团的意见是:我厂食堂的卫生不够严格。

(6) 他们违反财经纪律,滥用基建费用购买高档商品。

(7) 不少单位不同程度地发生了财务混乱、账目不实、乱摊成本、乱投资金、截留或挪用国家收入等现象。

(8) 尽管富裕了,但还应本着勤俭节约的精神,避免不必要的浪费。

5. 请在括号内填写下列各段的开头方式。

(1) (　　　　　)

根据《中华人民共和国民法通则》和《中共中央、国务院关于进一步清理整顿公司的决定》的规定,受全国清理整顿公司领导小组的委托,现对这次清理整顿公司工作中公司被撤销、合并后的有关事项通告如下:

(2) (　　　　　)

为进一步扩大对外开放,开发利用我国丰富的旅游资源,促进我国旅游业由观光型向观光度假型转变,加快旅游事业开展,国务院决定在条件成熟的地方试办国家旅游度假区,鼓励外国和我国台湾、澳门地区的企业、个人(以下简称外商)投资开发旅游设施和经营旅游项目。现将有关问题通知如下:

(3) (　　　　　)

今年以来,我市储蓄存款持续猛增。截至 3 月末,存款数达 417 万户,金额为××××××万元,一季度共增加 32 万户、×××××万元,比去年同期多增加 7.5

万户、××××万元,户数、金额分别多增30%和17%;完成我市全年增储任务×××××万元的61%。存款增加之多,完成任务比重之大,都是历年同期所没有的。

(4)(　　　　　　)

最近,个别单位出于恶意竞争、捏造事实、散布虚假的信息,损害了香港×××制药有限公司的商业信誉,严重侵犯了该公司的名誉权。香港×××制药有限公司为维护自身的合法权益,特授权本律师严正声明如下:

(5)(　　　　　　)

5月16、17日,梅州、河源、韶关三市连降暴雨到特大暴雨,一些地方山洪暴发、山体滑坡、倒房、淹田,水利、电力、通讯、道路设施等不同程度遭到破坏,受灾严重。根据省政府要求,5月21~23日,省建设厅城乡规划处、建筑管理处和省建设工程质量安全监督检测总站相关人员组成调查组,深入三市听取当地政府及建设行政主管部门的灾情介绍,实地查看房屋、市政设施的损毁情况,分析受灾原因,提出对策和建议。现将调查情况汇报如下:

(6)(　　　　　　)

加强会计职业道德教育,既具有深远的战略意义,又具有十分重大的现实意义。我们建议《财务与会计》开辟专栏开展对这个问题的讨论,以提高会计人员的政治思想素质,更好地为四化建设服务。

6. 阅读下文,指出其中用了哪些表达方式?并说明这些表达方式在文中的作用。

国务院、中央军委授予李鸿武同志
"抗洪抢险模范民兵营长"荣誉称号的命令(摘要)

国发〔1992〕13号

安徽省天长县龙集乡南兴村民兵营长李鸿武同志,1950年8月生,1969年2月入伍,1973年从南京军区舟嵊守备区退伍回乡,1977年担任村民兵营长,1980年6月加入中国共产党。

1991年抗洪救灾期间,李鸿武担任了村抢险突击队队长,带领抢险队员日夜坚守在大堤上。7月10日,李鸿武与洪水连续搏斗15个多小时,排除两处险情,由于极度疲劳和长时间潜水承受深水压力过大,导致颅脑内血管受损破裂出血,昏倒在堤坝上,经抢救无效,光荣牺牲。

李鸿武同志对党、对社会主义事业无比忠诚,对工作恪尽职守。在他担任村民兵营长14年中,该营多次被评为民兵工作"三落实"先进单位。他分管的治安、民政工作,样样走在前面……在抗洪抢险中,冒着被洪水吞没的危险,先后百余次潜入深水查堵漏洞,及时排除险情,保护了国家财产和人民群众生命安全。

　　李鸿武同志是优秀的共产党员,是人民武装战线的好干部,也是抗洪救灾斗争中涌现出来的先进模范人物的杰出代表。为表彰他的崇高思想和模范事迹,国务院、中央军委决定,授予他"抗洪抢险模范民兵营长"荣誉称号。广大民兵、预备役人员要以李鸿武同志为榜样,以实际行动向他学习,把李鸿武同志的崇高思想和宝贵精神发扬光大,为建设强大的国防后备力量而努力奋斗。

国务院　中央军委(公章)(略)
一九九二年二月二十八日

7. 阅读下文,指出主旨与选材中存在的问题。

××县人民政府关于严格控制使用木炭的通知

　　根据当前我县木炭使用情况,以及后果,有必要严格控制使用木炭。为此,特发布如下通知。

　　一、任何单位和个人不得生产和销售木炭。

　　二、由县节能办公室组织木炭的生产和销售。

　　三、严禁木炭外销。外销木炭必须持有县节能办公室的"准销证"。

　　四、生产用木炭要厉行节约,并逐步用其他燃料取代。

　　五、生活用木炭要实行指标供应,人均每年不应超过50千克。

　　六、县燃料公司要积极组织煤炭供应,保证厂矿企业的生产用煤和广大干部职工的生活用煤。

　　七、各级党政组织要严格执行本通知,违者查究。

××县人民政府
二〇××年×月××日

8. 阅读下文,指出在层次段落中存在的问题。

中国建设银行××省分行
关于××工程存库物资管理混乱浪费严重的报告

(文号略)

中华人民共和国××部:

　　××工程系国家重点工程,由于不按基建程序办事,物资损失、浪费严重,五年中,财务用款2 259万元,其中用去投资973万元,还余资金1 286万元。

　　该工程在地质勘探未全部搞清前,确定××省某地为建设地点,计划搞一座30万千瓦的电站。但是电站未建成,浪费则非常严重。××部××工程接收处接收后,派人整顿清理仓库,按物资类别登记入账,发现登记在册的账外物资达几十万元，有很多东西已不知去向。原工程筹建处负责期间，仓库物资霉烂变质，据查有143万元的库存器材因保管不善，锈蚀霉烂，××部接管后才开始重视对物资的保管工作。今年初还花了2万多元对汽车、变压器等设备进行除锈上漆，维护保养。

原工程筹建处物资管理混乱，账物不符，在移交时，无法按账面交接，却采取"交什么，接什么，交多少，接多少"的办法，劳保用品、文体用品、办公用品散失很多。这样以物代账，进行交换，不仅掩盖了物资管理的混乱，而且将造成新的漏洞，不符合财务管理制度。

在工地上、仓库里，到处可看到保管不善的物资被锈蚀、拆散。如20辆汽车，长期露天存放，铁锈斑斑，杂草攀附；一辆三轮摩托车已被拆散，不能装配还原；库存黑色金属共104吨，锈蚀严重；5 mm厚中板3.1吨因锈蚀严重，只能按七折处理；5.67吨十号槽钢，锈蚀剥落近2 mm，严重影响使用寿命。

至于木材损失更为严重。由于长期堆存，不少木材已闷酥霉烂，稍动一下就断裂，估计木材损失一百多立方米。

××工程物资管理不严，漏洞不少，浪费严重，这与工程方案多变，工程一再拖延有关。

该工程在地质勘探未全部搞清前，就确定××省地为建设地点，计划搞一座30万千瓦的电站，××工程部队开进工地后，修建了办公用房、宿舍、仓库和筑路等，以及征地费共花掉资金226万元。半年后，领导决定另外选址，于是226万元白白损失，还损失选厂勘探费、器材购买费等166万元，以后又两次更改建设地点，又造成很大浪费。据悉，某主管部门至今对该工程的选址问题尚犹豫不决，如再拖延下去，损失将更大。

目前，对××工程的损失浪费问题仍在深入调查中。

以上报告当否，请指示。

中国建设银行××省分行（章）
二○××年×月×日

9. 指出下列两文在语言表达上存在的问题，并改写第2则信函。

(1)

会计专业函授学习总结

金秋送爽的十月，正是瓜果成熟和收获的季节。苹果是那么红，葡萄像水晶，好一派欣欣向荣的景象！在这丰收的季节，我们会计专业函授学习胜利结束，也获得了丰收。我们带着丰收的喜悦，遥谢北京城里的老师，真是"丰收果里有你的甘甜，也有我的甘甜。"静思我们学习中有哪些收获，还存在哪些不足，该是认真总结的时候了！……

(2)

信　　函

×××女士：

　　最近的一段时期里，我们公司的工作人员一直在招聘有关人员，看到你的来信，我们很高兴，你能够勇于推荐自己，并且对我们公司表示很高的信任，在此，我们深深地表示真挚的感谢。也请你在收到我们的信以后，可不可以请你在这个月的25日下午(星期五)3点钟正，准时到我们公司的人事处来，见见面，详细谈谈你的情况。来的时候，最好带上你的身份证和学历、经历的证件，给我们参考，你看好吗？再一次对你的应聘，表示感谢。祝你取得成功，成为我公司的一员。

　　此致敬礼

××××公司人事处处长
××月××日

第二编　经济日用文书

　　经济日用文书是指人们在日常的工作、学习和生活中，处理各种公私事务时广为使用的一类文体，比如，因有事，不能上班，应写请假条；租房、招聘，应写启事；求职应聘，应写求职信等。经济日用文书种类繁多，大都有其固定、惯用的格式，如书信的格式：抬头的称呼要顶格写；问候语要另起一行，空两格写等。

　　这些格式看似简单，但在日常生活中，常见有错误的写法，故应引起重视。经济日用文书主要是写给他人看的，故在写作中，当注意语言的礼貌、得体和通畅明白，多用合乎礼仪的语词，而不能用生硬甚至不恭的语言。经济日用文书文种繁多，如书信、启事、条据、请柬、海报、日记、电报、讣告等，因篇幅有限，本编只介绍书信、条据、启事、声明、发言稿的写作。

第三章　书　　信

　　书信又称信函。广义的书信包括公文中的函，单位出具的介绍信、证明信和联系事务所发的便函，个人与亲朋好友间往来的私函，以及其他表示各种用途的信，如申请书、应聘信、感谢信、倡议书、聘书等。除公文中的函之外，现人们通常把其余的书信分为两大类：一般书信和专用书信。一般书信是指为沟通、交流、联系所写的书信；专用书信则指具有专门用途的书信，如介绍信、证明信和申请书等。

第一节　一般书信

　　一般书信由信文（又称信瓤）和信封两部分组成，两部分各有其惯用的格式、用语及写作要求。尤其现在与港、澳、台及其他国家的华人联系日渐频繁，在他们的信函中仍承袭传统函牍的习惯，还保留着大量的文言书信用语。对此，我们也应对传统书信的写法有所掌握，否则，用语不当，失礼于对方，影响双方间的关系，甚至还会造成不必要的损失。此外，有不少传统书信用语较白话更为庄重得体，表意更为准确、简洁,故掌握一些传统书信用语,既能提高自身的修养,又能增进与他人的感情,实为必要。

一、信文的格式、写法及常用传统书信语

(一)称谓

1. 称谓的位置

称谓是写信者对收信一方的称呼。称呼的位置一般放在首行,顶格写。也有将称呼放在正文后,落款之上,如"此致"后另起一行顶格写"×××公司"或"×××先生"。

2. 称谓的用语

称呼单位一般写全称,以示严肃和礼貌,也可用规范的简称,如"××市经济委员会",简称为"市经委"(本地区用)。

称呼个人则应视双方间不同关系而定,大体有如下几种:

(1)对家人亲属的称呼。常直接用关系称谓,如"父母双亲大人""岳父母大人""大哥""二姐"等。对晚辈则直书其名或爱称,不道姓,有的在名后加上"儿""女"等称呼。

(2)对朋友、同事、同学或其他平辈的称呼。一般常在其名后加"兄""吾兄""仁兄""兄台""姊""友"等语。对并不十分熟悉的人,则大多在其姓名后加上"先生""小姐""女士""同志"等语。

(3)对师长等其他尊敬者的称呼。一般只称姓,而不道其名,并在姓氏后根据不同身份给予不同的称呼。如"黄先生""李校长""张教授""王主任""陈书记""赵经理"等。对德高望重的人,常在其姓后加"老"字,如"徐老""王老"等。

在传统书信中,称谓可以多个并用。如,写给父母常用"父母双亲大人",写给老师常用"先生夫子道席"。

3. 称谓后的提称知照语

在传统书信中,称谓之后还要写上提称知照语,如"父母双亲大人膝下""××仁兄大鉴"中的"膝下""大鉴"。提称知照语是表示请求对方查阅的尊敬用语。提称知照语的使用应视对方的身份、职衔、地位等确定。略介绍如下:

对父母用:膝下,如以上"父母双亲大人膝下"。

对其他长辈常用:尊前、尊鉴、懿鉴(用于高龄女性)等,如"岳父大人尊前"。

对师长常用:函丈、丈前、座下、道席等,如"××夫子函丈"。

对尊者常用:钧鉴、赐鉴、尊鉴等,如"××部长钧鉴""××总经理尊鉴"。

对同事、朋友等平辈常用:台鉴、大鉴、英鉴、砚席、左右等,如"××先生台鉴""××仁兄雅鉴"等。

对女性常用:慧鉴、芳鉴、妆次等,如"××女士慧鉴""××小姐芳鉴"等。

以上有些提称知照语可在不同对象之间通用,如"尊鉴""钧鉴"等,在长辈、领导及其他受尊者间也可使用。有时称谓和知照语数个并存,以求更加尊重,如毛主席写给柳亚子的信中称谓知照语是:"亚子先生吾兄道席",名后用了两个称谓,一个提称语。

（二）问候语

白话书信中常用问候语开头,如"您好""近好""节日好"等语。问候语应写在称谓之下,另起一行,空两格写,不与正文并排。

传统书信中则不用问候语,而以"尊禀者"(对直系尊亲用)、"敬启者"或"径启者"（平行、下行书信用）等语发端,表示下面有话要说。现此种写法在内地已较少使用。

（三）正文

正文是全信的核心部分,正文的内容因人因事而异,关键在于事要明,情要真,文要简,言要得体。

事要明,是指信中所说的事一定要说清道明,不能话说得很多,但意思含混不清,令人不解其意、不得其要,甚至产生误会,那就会碍事。

情要真,是指信中所言要真诚坦率,真心实意,不能虚情假意,矫揉造作。

文要简,是指写信要尽可能做到简洁有序,事尽言毕,不能有事无事几大张,说一些无关紧要的话,尤其是在单位的便函中,更应如此,否则别人会认为这是思路不清,不善表达的表现。

言要得体,是指写信要看对象。对长者,尊者用语要谦恭、尊敬,多用谦词；对同事等平辈,要有礼,尊重；对己的下属,或小于己的人,用语庄重之外,也应体现关爱之心,而不能简单生硬。对一些不讲道理、无赖之徒,当正色直言,而不能使用伤人的话语,否则也会有失体面。

（四）收束语和祝颂语

1. 收束语

收束语又称申悃语,即收束全文的用语,传统中常用的收束语有:专此奉达、专此奉复、匆此布达、端此复候、端此函复、谨此奉达、谨此奉复、谨复等。

2. 祝颂语

祝颂语则是向对方表示祝愿或敬意的用语,其紧接收束语之后写。常用的祝颂语如"此致、敬礼""祝健康"等。"此致"可紧接正文写,也可另起一行,空两格写。"敬礼"则在"此致"的下一行,顶格写。

祝颂语不应千篇一律使用"此致、敬礼",应视不同的对象使用不同的祝颂语。在此,连同传统书信中的祝颂语一并介绍。

（1）对父母、祖父母,常用恭叩(或用敬叩、恭请、敬请等)金安或福安、崇安等。

（2）对尊者、师长,常用恭请(或用敬颂、敬请、恭祝、恭颂等)尊安或钧安、钧祺、台祺、教安、铎安等。

（3）对平辈、同仁，常用即请（或用即颂、顺请、顺问、顺颂、谨请、谨问等）大安或台安、近安、台祺等。

（4）对晚辈，常用即问（可用顺问、顺询、顺祝等）近安或近好等。

以上祝词后的颂语还可根据节日、时令写不同的祝颂语，如年禧、新禧、春安、秋安等；根据对方职业不同用：教祺（指教师）、学祺、学安（指学生）、戎安（指军人）、筹安、财祺（指商人）等语。

（五）具名、启告语和日期

1. 具名

即写信人名称。单位要写全称，个人署名则应与信首的称谓相呼应，如："学生××""弟××""友×××"等。对长辈及关系密切者，具名往往不写姓。上级对下属的签名通常是连名带姓一并写上。

为表示礼貌，尤其是对尊者、长者通信，具名后多加敬辞（又称启告语或启禀词），如：谨上、敬上、呈上、拜上、顿首、叩上等。平辈、陌生人之间常用"谨启""敬启""拜启"等。长辈对小辈，上级对下属则不用以上敬辞。父母常用"示"或"字"，上级官员常用"手泐""手谕"等。

2. 日期

单位的信函日期要写全称，以备查考。私人信件可写月日，现也多加年份。日期位置在具名之下。

（六）附言、附件

信完之后，尚有未尽之言、遗漏之事需告知，则可在信末空白之处补上。一般先写上"附"或"再者""再启"等字，然后写上所需告知内容，结尾再用"又及"或"又言"收结。

附件则指随信所附材料，如照片、邮票、转发他人信件等。如有附件应在信末注明，如"附上近照三张""附上复印件两份"等。

二、信封的写法及常用传统信封用语

信封有两种形式：横式和竖式。港、澳、台及海外华人横式、竖式都用，祖国内地则基本用横式信封。无论横式、竖式信封，都有如下部分组成：邮编，收信人地址，收信人姓名，寄信人地址、姓名（有时不写）和邮编。

需要注意的是：信封上收信人姓名后称谓用语的写法，不能写具有亲属关系的称呼，如"父母""爱妻""二姐""家兄"等语，而常用："先生""女士""小姐"等语，有的以对方的职务或职称称谓，如"××教授""×××主任""×××经理"等。称谓后常写：收、启或展字，也可不写。传统书信中则多用"启"字，如对长辈用"安启"；对尊者用"钧启""台启"；对平辈用"大启""台启"；对小辈一般用"收启"；如是唁信，则用"礼启"或"素启"。需要注意的是，在传统书封上对收信人不宜用"谨启"或"敬启"。

三、书信的写作要求

（一）言语得体、称谓得当

写信时特别要注意：根据不同的对象使用不同的写法。如对长辈与对小辈，对上级与对下属，对至亲好友与对不熟悉者，对单位与对个人的写信，在措辞、称呼和语气等方面，均应有所区别，否则，乱用一通，闹笑语是小事，损害关系则问题就严重了。如苏步青老先生过去收到一封信，信封上写"苏步青先生谨启"，拆开一看，信是一位年轻的讲师所写，请苏老修改论文。苏老未看下去当即退回。原因在于信封上一个"谨"字。"谨"是小心谨慎的意思，作为一位年轻教师怎能叫苏老"谨启"呢？一字之误，论文未改成，还伤了苏老感情。

（二）忌用红笔

按传统习惯，用红笔写信则表示与人绝交。另外，也不能用铅笔或色彩艳丽的水彩笔写，铅笔易磨损而模糊，表示对人的随便、不重视；水彩笔欠庄重。应用黑、蓝色墨水的笔写最得体。

（三）慎用"附言"

尤其是对上级或其他尊者，附言补上遗漏事项，易给人产生写信者办事欠仔细、考虑欠周全之感，所以，如信文不长，不妨重写一封，以免给人不好的印象。对亲朋好友则无关系。

第二节 求职信

一、求职信的性质和作用

求职信又称自荐信、应聘信，它是直接向用人单位介绍自己，并请求给予录用的书信。

随着市场竞争日益激烈，一个人要很快地找到一份工作较为困难，找一份理想、称心如意的工作则更难。如何在浩瀚的招聘广告中，或在人才市场的众多摊位前，寻找目标、推销自己、让人了解、得到赏识，求职信已成为众多谋业者所必备的材料之一。求职信如同一块敲门砖，要能有效地推销自己、成功地叩开理想职业之门，写好求职信至关重要。一份出色的求职信，若再加上自身的有利条件，幸运之神很快会降临到你的身旁；反之，即使有出色的条件，但求职信写得十分糟糕，或不能将自己的长处充分体现出来，则机会在你的面前也会稍纵即逝。

二、求职信的格式和基本内容

（一）称谓

求职信称谓写法有两种：如知道对方单位名称的，一般写上单位名称，有的还加上负责录用的部门名称,如"××公司人事处"。如事先不知对方单位名称的,往往写"尊敬的领导""贵公司负责同志"等。

(二)正文

1. 基本情况介绍

主要内容有:姓名、性别、年龄、学历、职称(务),如还未毕业,则应写明目前就读学校、专业及毕业时间等。

2. 业务情况介绍

业务情况介绍可分三种:一是所修专业知识介绍,如在校攻读何种专业,主要学习哪些主干课程。二是相关知识介绍,如应聘非所学专业的岗位,则应介绍些与应聘工作岗位相关知识的掌握或熟悉情况。如所学是会计专业,应聘是保险工作的岗位,则应介绍些你对保险这一行业有关知识的掌握情况,这样便于对方考虑录用。三是有关技能掌握情况的介绍,各行业都有所需的技能要求,如计算机应用能力、英语水平测试等级、会计上岗证书、厨师等级、水电工等级和技工等级等。如已取得相应证书的,则应在此说明。

3. 实践经验及成就的介绍

如以往从事的工作,担任的职务,取得的成绩、荣获的奖励等。如果是在校学生,则可以介绍在校期间的打工经历、实习单位的工作、在校担任的社会工作等情况。

4. 其他情况

这方面可以写自己的一些特长爱好,如弹奏钢琴、拉小提琴、绘画、书法、摄影、篮球、乒乓等。因为任何单位除了工作,也需要些文体娱乐活动丰富业余生活,在这方面如有擅长,也易被人看中录用,或给予优先考虑。

其他情况还可简要介绍些自己的性格、为人,对工作的态度等,如性格温和、开朗、大方;为人友善、乐于助人;对工作认真负责、不怕苦和累;等等。这些,一方面是给对方单位的一种承诺;另一方面也易获得对方的好感。

5. 结尾

主要向对方提出给予录用的请求,一般先请求给予面试机会较为妥当,然后再表示感谢。

6. 联系地址

即住址、电话、邮编和 E-mail 地址等。

三、表达形式

(一)文字表述式

文字表述式即按一般文章的写作方式分成若干段写,各部分内容应有所侧重,详略得当。如业务情况、实践经验、取得成就部分应详写,因这些是证明你能力的有力依据,而以往一些不重要的经历或事情则应略写。

（二）表格表述式

表格表述式即将正文设计成若干栏目，制成表格，依次填入相关内容进行表述。

（三）文字表格结合式

文字表格结合式即部分用文字说明，部分用表格说明的方式。如个人的基本情况和其他情况部分均可用文字表述。而对学习、工作的经历和课程的介绍等均可制成表格进行说明。

四、写作要求

（一）针对性强

求职信的内容应与用人单位的招聘岗位的要求相符合，不能是用人单位需要的是营销人员，而求职信中介绍的却是机械工程、食品加工或其他不相关的专业情况。即使所学专业与应聘的岗位要求不一致，也应写出自己能胜任该项工作的理由或有关证明。

（二）不过分夸耀、不过分谦虚

即在介绍自己情况时当符合自身实际，不能夸大其词，过分吹捧自己，似乎自己无所不能，那会给人留下一种不好的印象，自然不会被录用。当然，也不能过分谦虚，明明自己能胜任，却说自己还不行，懂得不多，让人信以为真，同样会影响自己的录用。

（三）内容简洁、清晰

求职信并非写得越长、越具体就越好。如果一封求职信洋洋数千言，一般情况下，别人很难有耐心看下去，故求职信内容宜简不宜繁，通常控制在一页（A4 标准纸）纸的篇幅内。在表述中，注重条理清晰，不要将所有内容集中于一段，应将不同情况分段介绍，便于招聘者审阅。

例文 1

××银行上海分行

×××经理台鉴：

　　日前我行×××君、×××君、×××君等一行三人赴国内考察学习，在沪期间，承蒙贵行关照支持，盛情款待，至深感激。相信今后，贵市与香港之交流合作，以及贵行与我行间的工作联系，必有所发展加深。专此布谢，谨祝贵行业务发展兴盛。顺颂

时祺

××银行

经理×××谨启

二×××年×月×日

例文 2

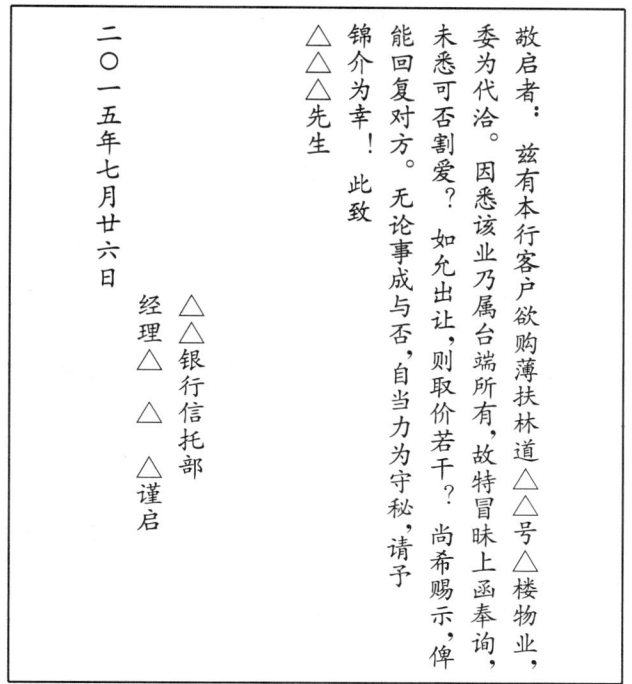

敬启者：兹有本行客户欲购薄扶林道△△号△楼物业，委为代洽。因悉该业乃属台端所有，故特冒昧上函奉询，未悉可否割爱？如允出让，则取价若干？尚希赐示，俾能回复对方。无论事成与否，自当力为守秘，请予锦介为幸！此致

△△△先生

　　　　　△△银行信托部
　　　　　经理△△△谨启

二○一五年七月廿六日

例文 3

母亲大人膝下：

　　敬禀者：四月廿四日来示，已经收到，第二次所寄小包，也早已收到了。上海报载廿六日起，北平大风，未知寓中如何，甚以为念。大人胃病初愈，尚无力气，尚希加意静养为要。上海天气亦不甚顺，近来已晴，想可向暖。寓中均安，海婴亦好，可请释念。男①身体尚好，但因琐事不少，故不免稍忙，时亦觉得无力耳，但有些文章，为朋友及生计关系，亦不能不作也。专此布达，恭请

金安

　　　　　　　　　　男树②叩上　广平及海婴同叩
　　　　　　　　　　　　四月三十日

① 男：儿子对父母的自称。传统书信中，"男"字小写以示自谦。
② 树：即鲁迅，鲁迅原名周树人。（注释原在页底）

例文 4

自 荐 信

尊敬的领导：

  恕我冒昧，向您自荐，如能拨冗审阅，不胜感谢。本人陈××，男，1980年8月生，中共党员，未婚，身体健康。现就读于××财经大学会计系，硕士研究生，于2004年7月毕业。

  在校期间，主修财务会计研究、现代审计研究、管理会计研究、决策学、管理控制系统等课程，成绩优良，连续两年获一等奖学金，并发表论文四篇(略)。

  2004年7月曾在×××会计师事务所实习，2005年7月在×××审计事务所实习。通过实习，本人不仅熟悉了会计、审计方面的业务，还懂得了如何优化资本结构，实施成本控制，组织纳税筹划，进行市场预测等一系列重要的经济管理活动。

  本人现已获得计算机水平中级证书、英语六级证书，具有较强的英语听、说、读、写、译的能力。

  本人为人热情、真诚，乐于助人。对工作负责、认真，勤奋、敬业。爱好文学、音乐、书法(曾获大学生书法二等奖)。

  本人愿从事：会计、审计、公司理财及教师等工作。

  如能赐予面试机会，再表深谢，谨祝

时祺

陈××敬上
二×××年×月×日

联系电话：(略)；邮编：(略)；E-mail：(略)。

联系地址：××省××市×××路××号××室。

思考与练习

1. 如给一位台商(或男或女，年龄四十左右)写信，商洽业务，信首应如何称呼对方，用什么提称知照语为好？在信尾祝颂语中，用"此致"和"敬礼"是否妥当？应用哪些较好？

2. 根据自己的情况，试给用人单位写一封求职信。

3. 以下是一封香港人士所写的信函，请用白话作解释，并分析其语言特点。

  敬启者：关于台端名下之楼宇贷款(编号略)积欠分期供款五期本息合共港币壹万玖仟柒佰圆整。本行由今年二月起曾多次函电促请尽清付，惟一直未蒙合作，谨再函达，至祈于本函发出之日起七天内清缴积欠期款及过期利息，否则，本行惟有循法律途径行使银主之权利,将物业拍卖。倘所得不足以清付余欠,则不足之数仍须由台端负责也。敬希察注为荷。

此致

×××先生

××银行有限公司

放款部××谨启

二×××年×月×日

4. 分析下列信函写得好不好,问题何在?作为 B 厂应该怎么写,A 厂又该如何回复,请代为两厂各写一封得体的信函。

A 厂财务科:

你们几次写来讨钱的信,我们早就收到。老实说,近一年来,厂里的货卖不掉,工人奖金也发不出,所以,没有钱还债。你们一定要还,要么把我厂里的存货折款抵押给你们,否则还不出。请你们谅解。

B 厂财务科

二×××年×月×日

第四章　条　　据

条据是人们在日常生活、学习、工作中,要办理某些事情,或发生财务往来时常用的一种简便文体。条据可以分为两大类:一类是说明性的条据,如请假条、便条等;一类是凭证性的条据,如领条、借条等,这类条据又称单据。条据虽然很简短,但也有其一定的写作要求和格式,不能随便乱写,否则也会给人带来不必要的麻烦,或引起纠纷。

第一节　说明性条据

一、便条

(一)便条概述

便条,顾名思义,是简便的字条。当人们有事要告诉对方,而对方不在,或者不便当面说时,往往留下字条给对方,或托人代交,这样的字条就是便条。大致有如下几种:如留言条、托事条、约会条和回执等。

(二)便条的写法

1. 称呼

第一行顶格写上对方的称呼。称呼可以根据双方的熟悉程度来写,如小王、李主任、张师傅、陈兄、孙先生等;给家庭成员留条,一般则以成员间的关系称呼,也可用小名、爱称,如爸、妈、毛毛等。总之要得体、文明。

2. 正文

另起一行空两格,写上需要告知对方的具体内容。这部分内容既要写得简单,又要交代清楚。正文结束,有的出于礼貌,还写上祝颂语,如"此请时安",格式与书信相同,也可省略不写。因便条在于简便,格式上不必和书信一样面面俱到。

3. 具名和日期

具名和日期写在正文右下方。具名也可写得随意简单,如只写姓,或只写名,或写爱称、小名等,只要对方理解便可。具名下面写上日期,由于是便条,日期也可简写,只写月日,或星期几,如对方一时走开而能马上回来,日期可以简写为"即日",有时因需要可写明几时几分。

二、请假条

(一)请假条的性质

因为有事、有病或其他原因,不能上班、上学或参加某项活动时,出于手续上的需要,应向单位或有关负责人请假,说明请假的原因和时间,这样的字条便是请假条。有时,请假条还需附上有关证明,如医生开具的病假单、住院凭证,或电报、电传和信件等,以便于人事部门审核,加强考勤管理。请假条一般应由本人书写,必要时也可由他人代写。

(二)请假条的写法

1. 称呼

请假条的称呼不能像便条中的称呼那么随意,它必须要写尊称,如张老师、李经理、王科长、陈班长等。

2. 正文

正文首先要写明请假的原因。请假的原因不写清楚,就会使对方缺少准假的依据。如经常有人这样写:"今因有事请假一天",而究竟是什么事,不得而知,这样就不便于对方准假了。而且原因不写明,也是对对方的不尊重(除非有要紧事或涉及个人的隐私,不便于在请假单上写明)。其次要写明请假的时间,是一天还是两天、三天。如果是两天以上的话,须写明从哪天始至哪天止,这样便于统计考勤,不易产生误会。正文结束,往往写上"请予批准""请准假"等语收结。而祝颂语"此致敬礼"则经常省略不写。

3. 具名和日期

正文右下方写上请假人姓名,切不可以写简称。姓名之下写上具体的年月日。

例文1(便条)

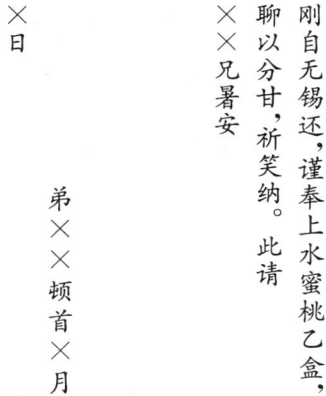

刚自无锡还,谨奉上水蜜桃乙盒,聊以分甘,祈笑纳。此请

××兄暑安

弟×××顿首×月××日

例文 2（便条）

李经理：

　　××商厦来电说有两只柜台可供出租,是否需要?请见条后速与该商厦王小姐联系,电话××××××××。

办公室小王
即日

例文 3（请假条）

请　假　条

王科长：

　　昨晚患重感冒,并有39℃高热,现仍未退,故请假今明两天,请予批准。

　　附医院病假单一张。

请假者:财务科陈××
二×××年×月×日

第二节　凭证性条据

一、凭证性条据概述

1. 凭证性条据的性质

凭证性条据又称单据,它是单位之间、个人之间,或单位与个人之间发生财物往来时,一方写给另一方的字据凭证,这样的字据称为凭证性条据。

2. 凭证性条据的种类

凭证性条据常用的有借条、收条、领条和欠条等。

（1）借条。它是指一方借另一方钱财或物品时,写给对方的字据,以此作为日后偿还的凭证。待钱物归还,才可收回借条或销毁借条。借条又称借据。

（2）收条。收条是一方收到另一方的钱财或物品时,交给对方的字据,以此作为钱财、物品去向的凭证。收条又称收据。

（3）领条。领条是一方到另一方领取所需钱财或物品时,交给对方的字据,以其作为钱财、物品去向的凭证。

（4）欠条。欠条是指因付而未付或未全部付清对方的财物时而交给对方的字据,以此可作为日后偿还的凭证。

二、凭证性条据的写法

1. 单据名称

单据因其种类不同,故在每张单据上应标明单据种类的名称,如"借条""收据"

等,或写"今借""今收到""今欠""今领到"等名称。单据的名称写在首行居中。

2. 正文

单据不用写称呼,直接写正文。正文要写明立字据的事由或事实,具体钱财、物品的名称、数量,如果是借条或欠条,还应写上还款日期、还款方式、利息支付等其他事项。正文结束,还应写上"此据"收结,以防别人在文后添加其他内容。"此据"可紧接在正文后面写,也可另起一行空两格写。

3. 具名和日期

正文的右下方签上立字据人的姓名,在签名时,应在姓名前写上"借款人""欠款人""收款人""领取人"或"经手人"等名称,有的还写上单位名称。一般单位立的字据都应加盖公章。重要的字据,私人也应加盖印章。具名之下应写上具体的年月日。

三、写作要求

1. 财物数额要大写

在各类单据中,总金额或物品数量部分,一定要大写,数额前不留空格。如果是钱币,还应写上币种名称,如"人民币""美元"等。如果金额末位数不是"分"的话,则应在金额末尾数后写上"整"字,以防被人在后添加数字。

2. 单据不宜涂改

单据里涉及的财物名称、数额和时间一定要写清楚,单据写好后,不宜改动,如需改动,应在涂改处加盖责任人的印章,以示负责,如能另写一张则更好。

3. 书写端正清楚

单据一般要保留一段时间,单据又涉及财物,所以稍不小心,很容易引起矛盾纠纷,故单据要写得清晰、字迹端正,而且不能用铅笔或其他易褪色的笔写。一般用黑色或蓝黑墨水的钢笔书写,这样保留时间长而不易变色。

另外,所立借据、欠条,在付清所借的财物后,当向对方索回字据,必要时还应请对方写一张收条,作为归还所借(欠)的凭证。

例文 1(借条)

借　　据

今因装修房屋尚缺资金,特向×××借人民币伍仟元整,借期壹年,至二×××年十二月三十一日前归还,利息不计。此据。

借款人:×××
二×××年十二月二十八日

例文 2（收条）

今 收 到

×××公司赞助的×××电脑贰拾台，赞助的人民币壹拾万元整。此据。

经手人：×××
××市××××学院
二×××年×月×日

例文 3（领条）

今 领 到

本厂福利科劳保服装壹拾套，手套壹拾双。此据。

领取人：×××
×××车间
二×××年×月×日

例文 4（欠条）

欠 据

今在本厂小卖部购饮料3箱，计人民币叁佰元整，已付贰佰伍拾元整，尚欠伍拾元整，定于本月五日归还。此据。

欠款人：×××
××××车间
二×××年五月三日

思考与练习

1. 下列条据中有哪些错误？请指出并作修改。

（1）

请 假 条

老李：我因病请假3天。
此致敬礼

王小刚 4月5日

(2)

今 领 到

厂劳资科发给的劳动布工作服96套,白纱手套87副,高筒胶鞋82双。此系工人劳保用品。

××车间娄××
2×××年5月18日

2. 根据下列材料写3张单据。

(1) 因班级开联欢会,向学生科借收录机2台,电视机1台,话筒2只,预支活动经费250元,还期请自订。

(2) 某商店向××帽厂批进新式童帽200顶,每只定价20元。当场付现金3 000元,尚缺1 000元,经帽厂同意,余款在3天内付清。

(3) 一位个体饭店经营者在集市上向一位农村妇女买了5只老母鸡,每斤8元钱,一共有20斤;又买大白鹅3只,每斤5元钱,一共30斤。因这位农妇不具有发票,且不会写字,请你为她代立一单据。

3. 请为单位设计一张表格式的请假单。

第五章　启事、声明、发言稿

第一节　启　　事

一、启事概述

（一）启事的性质

"启"即告知、陈述的意思，启事是单位、个人因有事向社会告知或请求别人帮助所写的一种经济应用文。启事是公开的，一般张贴于公共场所或刊登在报纸杂志上，也可在广播电台、电视台中播出。

（二）启事的种类

启事的种类繁多，不胜枚举，大体上可归为三大类：

（1）告知类启事。即因有事要向社会宣布或告知，并希望引起人们注意所发的启事，如开业、停业、迁址、更名、改期、讲座和举办活动等启事。

（2）征求类启事。即出于某种需要，请求别人帮助、关照时所发的启事，如征集、征订、征地、征稿、征婚、征租、招聘、招标和招商等启事。

（3）寻求类启事。即因丢失物品、资料，或因有人走失、下落不明所写的启事，如寻人启事、寻物等启事。

二、启事的写法

（一）标题

启事的标题有多种写法：一是笼统式，只写"启事"两字；二是事由和文种式，如"开业启事""招聘启事"；三是事由式，即只有事由，没有文种，如"招租""饭店转让""寻人""征婚"等；四是单位名称、事由和文种组合而成的标题，如"×××公司招聘启事"。一般而言，第一种笼统式效果不太好，标题不引人注目，容易被人忽略，而写明事由，则较为醒目，而且针对性强，便于人们分类查找。另外，有的启事为表明诚意，还在标题中加上敬辞，如"诚聘""敬聘"；有的要紧启事，还在标题中注明"急聘""急征""紧急寻人启事"，这样更容易引起人们注意。

（二）正文

由于启事种类繁多，正文内容也不一致，要分别而论。一般而言，启事的正文要概括说明启事的目的或原因、具体事项和要求、联系地址和方法。如招聘启事，正文需写明所招聘的缘由、招聘工种、专业或岗位，条件、人数、要求，以及应聘方法、联系地址等内容。而开业启事则应写明开业单位的名称、开业地点、经营服务项目、有何特色、具体营业时间，最后往往写上一句"敬请广大顾客光临"等客套话收结。总之，启事的正文要根据不同的种类来安排内容。关键在于具体、明确。启事由于内容简短，所以通常不另结尾，全文大多只设一段文字，如具体事项较多，也可分条目逐一表达。

三、启事的写作要求

（一）标题需醒目

一般应标明事由，以便人们按需查找。

（二）内容要单一

启事应做到一事一启，不能将几件事放在一起。

（三）语言要简洁

启事的语言要尽可能简洁达意，通俗明白。

（四）内容要真实

启事中的内容必须客观真实，诸如招工启事、征租启事、征婚启事等都应实事求是，不能从中作假进行欺骗。

例文 1

找 寻 失 物

20××年×月×日，我厂运货车在×××路至×××路行驶过程中，遗失一箱货物，内装××器械××只。请拾到者或知情者与上海×××厂×××同志联系，电话××××××××，并当面酬谢。厂址×××路××号。

例文 2

民航××管理局航务管理中心
招 聘 启 事

民航××管理局下属的航务管理中心系事业单位（副局级），担负××地区的交通管制任务。为适应民航事业发展的需要，经××市人事局、劳动局同意，招聘空中交通管制人员 14 名。

（一）招聘范围：本市××区、××区、××区、××区的常住户口，在市区全民所有制单位工作的在职干部和工人。

（二）招聘条件：具有中专以上学历（懂英语），男性，年龄在28周岁以下，身体健康，视力1.0以上，无色盲，口齿清楚，会讲普通话。

（三）报名时间、地点：时间为20××年×月×日至×月×日两天，上午8:30～11:30，下午13:30～16:30；地点为本市×××路××号。报名时请带本人户口簿、工作证、学历证明和近期一寸免冠照片一张。

20××年×月×日

例文3

××市粮油工业公司门市部开业启事

本门市部翻修工程已顺利完工，自即日起继续营业。本门市部向您提供自产各式面包，价廉物美，营养丰富；堂内供应各式饮料，可堂吃也可外卖，方便、经济、实惠。

营业时间：9:00～21:00

门市部地址：×××路680号

20××年×月×日

例文4

××××××××公司迁址启事

由于业务发展，我公司现有办公地址已不能满足需要，经研究，我公司定于20××年6月9日迁至新办公地址，具体如下：

地址：××市××区望京中环南路甲2号××××国际商务大厦A座28层

邮编：××0102

电话：8610-××××××××（公司原有各部门及人员的分机号码不变）

传真：8610-××××××××

为方便客户服务，我公司的24小时服务中心同时也迁至上述地址。24小时服务热线800-810-××××将保持不变。

我公司将永远秉承"客户第一"的宗旨，为全体经销商伙伴和最终用户提供一流的产品、一流的技术、一流的支持和一流的服务。

借此机会，我们衷心地感谢阁下长期以来对我公司的关心与厚爱，并真诚地希望，在未来的日子里能得到您一如既往的支持与关注。

20××年5月28日

第二节 声 明

一、声明概述

（一）声明的性质

声明也是公开说明的意思，在这一点上它与启事相近。但声明是带有庄重、严肃性的说明。它是单位或个人在日常生活、工作中就一些较重大紧要的事或因自身的合法权益受到损害、侵犯，需郑重地告知公众或侵权者所发的应用文。它与国家机关发表的声明（属公文）是不同的。

（二）声明的种类

（1）遗失声明。当单位或个人的较为重要的物品遗失后，需及时刊登遗失声明。如有关营运证、营业执照、签证、护照等证件，支票、发票等票据遗失，有可能产生不良后果，所以应及时声明作废，以防被人利用，造成不必要的损失。

（2）警告性的声明。当单位或个人的合法权益受到侵犯、损害时，常发表警告性的声明，以维护自身的合法权益。

（3）其他事项的声明。如因侵犯别人权益所作的道歉声明，与原合作伙伴脱离关系的声明等。

二、声明的写法

（一）标题

声明的标题由声明的种类决定，如："遗失声明"；警告性的声明；道歉声明等。

（二）正文

声明的正文也因其种类不同而不同。

（1）遗失声明的写法。遗失声明写法简单，只要写明遗失物品的单位或个人名称，遗失物品的具体名称（是营业执照，还是支票等），如是证件、票据，还应写上号码、份数，最后写上"声明作废"收结全文。

（2）警告性声明的写法。通常由声明的缘由、被侵权的事实、声明者的态度和立场等组成，如"必须停止生产和销售，如继续生产和销售，一经发现，即将依法追究法律责任。"有的还写上对于举报者的奖励办法。最后写上"特此声明"作结。

三、声明的写作要求

（一）事实要清

对于警告性的声明来说，文中指出的侵权事实一定要清楚、确凿。确凿的事实才能作为声明有力的依据。

（二）措辞要严

侵犯当事人的合法权益是违反国家法律的行为，故声明的措辞应义正辞严，毫不留情。即严正地指出侵权者的违法事实，及由此造成的严重后果或不良影响，严正地要求侵权者停止侵权行为，严正地阐述当事人的态度和立场。措辞严厉，才能对侵权者产生威慑力，有效地抵制违法行为，严肃国家的法律。

例文 1

香港×××制药有限公司授权律师严正声明

最近，个别单位出于恶意竞争，捏造事实、散布虚假的信息，损害了香港×××制药有限公司的商业信誉，严重侵犯了该公司的名誉权。香港×××制药有限公司为维护自身的合法权益，特授权本律师严正声明如下：

1. 香港×××制药有限公司是"×××"产品的合法权利人，该公司自1964年起在香港制造和销售各类药油产品。该公司制造和销售的活络产品获得香港政府卫生署、贸易署、香港中医药管理委员会批准，其生产的产品符合香港政府关于药油产品各种法例。

2. 香港×××制药有限公司在中国内地销售的"×××"牌活络油产品均在香港制造，并获得香港政府授权的香港中华厂商联合会核发的《原产地证明书》，该公司生产的"×××"牌活络油产品自1989年起获得国家卫生部、国家药品监督管理局批准注册，并获得《中华人民共和国进口药品许可证》《中华人民共和国医药产品注册证》，核准在内地销售。所有销往中国内地的产品均经中国海关合法进口，并经广东省药品检验所的检验为合格品。该公司制造的"×××"牌活络油产品的质量、产品的进口和销售符合中国内地的各项法律，从未受到过任何行政部门或司法部门的处罚。

3. 有关该产品的任何查询可联系香港×××制药有限公司授权的中国内地代理商：

珠海市×××药业有限公司，查询电话：0756-××××××××；
深圳市×××药业有限公司，查询电话：0755-××××××××。

4. 任何捏造事实、散布虚假信息，毁坏香港×××制药有限公司的商业信誉、产品信誉的行为均属违法。该公司授权本律师追究有关侵权单位和个人的法律责任，情节严重的，本律师将循法律途径依照《中华人民共和国刑法》第二百二十一条的规定追究其刑事责任。

特此声明

广东××××律师事务所
高级律师：×××
二×××年四月二十日

例文 2

道 歉 声 明

上海××贸易发展有限公司发表声明如下：

上海××贸易发展有限公司在产品宣传广告资料中，由于公司设计部门的工作失误使用了××集团产品广告资料中的三幅广告图片。对于这一侵权行为给××集团造成的不良影响及损失我公司深表歉意，并做以下保证：

1. 本公司立即停止散发印有侵权图片的广告资料；
2. 本公司立即将回收及现存的侵权广告资料销毁；
3. 今后不再对被侵权人发生侵权行为。

特此公开道歉

上海××贸易发展有限公司
二×××年三月十二日

第三节 演 讲 辞

一、演讲辞概述

（一）演讲辞的性质

演讲是在大众面前就某一问题、或观点发表见解、阐述事理、抒发情感的口头语言活动。日常生活与工作中的一些会议发言、学术讲座、典礼致辞、竞选演说、就职演说、法庭陈述等，都带有演讲的性质。演讲辞是为演讲准备的书面材料。常规意义上的演讲辞，又叫演说稿或讲演稿。

演讲辞是人们在工作和社会生活中经常使用的一种文体。它可以用来交流思想、感情，表达主张、见解；也可以用来介绍自己的学习、工作情况和经验；等等，通过演讲，它可以把演讲者的观点、主张与思想感情传达给听众，并在思想感情上产生共鸣。

（二）演讲辞的特点

1. 针对性

演讲者既然是面对广大听众，故其所说的内容、提出的问题必须是听众所关心的问题，要能为听众所接受，故写作时要根据不同场合和不同对象，为听众设计不同的演讲内容。否则，自己说得再好，脱离了听众，也无实际意义，如同对牛弹琴。

2. 鼓动性

演讲者要取得听众的认同，激发听众情绪，赢得听众的好感，这就要求演讲辞思想内容丰富、深刻，见解精辟，有独到之处，发人深省；语言表达形象、生动，富有说服力和感染力。若是平淡无味,没有新意,那么听众也就失去兴趣。起不到应有的效果。

3. 通俗性

演讲者的演讲首先是要让人能听得懂,听得明白,所以,演讲辞要能"上口""入耳",必须口语化、大众化、生活化,把较为正规严肃的书面语言转化为易听易明的口语,以便演讲。演讲辞的语言还需适应演讲人的讲话习惯,同演讲者的自然讲话节奏一致。

4. 演示性

演讲是"演"和"讲"的统一体。既要向观众传输有声语言,又要把自己的态度、姿势展现给观众,因此具有极强的表演色彩。这就要求演讲者不仅要注重口头语言的表达,而且要运用各种技巧,以达到较好的效果。

(三)演讲辞的作用

演讲未必都准备演讲辞,不少著名的演讲都是即兴之作,但对于初学者或演讲经验不足者而言,或是在重大及重要的场合,事先准备好演讲辞还是十分有必要的,因为演讲稿至少有四个方面的作用:一是能准确地提示演讲的内容,二是能很好地理清演讲者的思路,三是能有效地掌握演讲的速度,四是能帮助演讲者消除临场紧张、恐惧的心理,增强演讲者的自信心,做到临场不乱。另外,思路清晰的演讲辞也能使听众更好地理解演讲的内容,增强语言的感染力。

二、演讲辞的写前准备

(一)确定演讲目的

演讲辞是为演讲服务的,因此,在写演讲辞时就要考虑讲演的目的是什么,应达到什么样的效果。总体而言,演讲的目的就是演讲者与听众取得共识,使听众接受自己的主张、观点和立场,并在此基础上激发听众的实际行动,向自己所期望的目标发展。如美国第 16 任总统林肯的解放黑奴的演讲,目的就是动员美国人民为解放黑奴、废除奴隶制而斗争;杨振宁、李政道两位科学家发表的学术演讲,目的就是宣传他们的科学发现,让社会接受其观点,从而推动科学文化的进步。闻一多在昆明的《最后一次演讲》的目的就是揭露和痛斥敌人、鼓舞听众、发展民主运动;而曲啸、李燕杰、刘吉等的演讲则是向广大青年进行理想、道德等方面的教育。

(二)分析听众

要取得良好的演讲目的,首先必须了解演讲的对象,即听众的背景,包括其国籍或民族、职业及职务、受教育程度、年龄层次、兴趣与爱好、家庭背景及情况、个性特征及弱点等,了解得越多越细越好。其次,了解听众对所讲内容的了解程度如何,可能会提出什么样的问题或会有什么样的异议等。

总之,了解对象,演讲辞的写作才能有的放矢,演讲者才可以在讲演中运用最恰当的态度和语言去感染、打动听众。

具体而言，演讲辞在写作前应考虑做到以下几方面：

(1) 确定演讲主题，清楚演讲所要达到的目的。

(2) 根据演讲时间，控制演讲辞内容，制订演讲提纲。

(3) 了解听众对你的期望，并确定在演讲结束后是否安排有提问和解答的时间。

(4) 确定采用什么样的演讲方式。

(5) 收集并研究相关资料，有条件的话，不妨试讲一次。

尽管现在有些演讲不乏即兴演讲，也应就以上事项打好腹稿，做到有备无患。

三、演讲辞的结构和写作

演讲辞的结构和一般文章大致相同，分开头、主体和结尾三部分。

（一）开头

演讲辞的开头，也叫开场白。俗话说，好的开头，是成功的一半。倘若讲演能在一开头就能引起听众的兴趣，那么后面的内容讲起来就会更加轻松自如。这就要求演讲辞的开头应该匠心独运，以其新颖、奇趣、智慧之说，吸引听众的注意力，激发听众的兴奋点，给听众留下深刻印象，从而为接下来的演讲内容顺利地搭梯架桥。

开场白一般采用以下几种方式：

1. 开门见山法

开门见山法即开头直接进入正题，揭示演讲的主旨。例如，宋庆龄《在接受加拿大维多利亚大学荣誉法学博士学位仪式上的讲话》的开头："我为接受加拿大维多利亚大学荣誉法学博士学位感到荣幸。"运用这种方法，必须先明晰地把握演讲的中心，把要向听众提示的论点摆出来，使听众一听就知道讲的中心是什么，注意力马上集中起来。

2. 说明事由法

说明事由法即简要说明这次演讲的缘由，以使听众急于了解下文。例如，恩格斯在1981年12月5日发表的《在燕妮·马克思墓前的讲话》的开头："我们现在安葬的这位品德崇高的女性，在1814年生于萨尔茨维德尔。她的父亲冯·威斯特华伦男爵在特利尔城时和马克思一家很亲近；两家人的孩子在一块长大。当马克思进大学的时候，他和自己未来的妻子已经知道他们的生命将永远地连接在一起了……"这个开头对发生的事情、人物对象作出必要的介绍和说明，为进一步向听众提示论题作了铺垫。

3. 提出问题法

这种方法是根据听众的特点和演讲的内容，提出一些激发听众思考的问题，以引起听众的注意。如有一篇演讲稿开头是这样写的:"年轻的朋友,如果在你的面前同时有金钱、爱情、知识和名誉,你准备选择哪一样呢?"这样的开头引人深思,发人深省,为演讲的成功打好了基础。

4. 自嘲幽默法

自嘲就是"自我开炮",用在开场白里,目的是用诙谐的语言巧妙地自我介绍,这样会使听众倍感亲切,无形中缩短了与听众间的距离。胡适在一次演讲时这样开头:"我今天不是来向诸君作报告的,我是来'胡说'的,因为我姓胡。"话音刚落,听众大笑。这个开场白既巧妙地介绍了自己,又体现了演讲者谦逊的修养,而且活跃了场上气氛,也沟通了演讲者与听众的心理。

1990年中央电视台春节联欢晚会播出时,许多观众对台湾影视艺术家凌峰先生还很陌生,可是他在开场白时说:"在下凌峰,我和文章不同,虽然我们都获得过'金钟奖'和最佳男歌星称号,但我以长得难看而出名……一般来说,女观众对我的印象不太好,她们认为我是人比黄花瘦,脸比煤炭黑。"这一番话幽默风趣,一下子被观众认同并受到了热烈欢迎。不久,在"金话筒之夜"文艺晚会上,只见他满脸含笑,对观众说:"很高兴又见到了你们,很不幸你们又见到了我。"观众报以热烈的掌声。至此,凌峰的名字就传遍了祖国大地。

开场白的方式有多种,除上述方式外,还有交代背景式、揭示主体方式开头等。可以根据演讲的实际情况进行选择。

(二) 主体

演讲辞的主体是对开场白的展开,也是演讲的中心内容所在,即演讲中最精彩、最激动人心的部分。故在主体部分的行文上,要在文理上能说服听众,在内容上能吸引听众,在感情上能感染听众。所以,演讲辞在写作上的要求如下。

1. 深化主题

深化主题即主体部分应运用多种论据,调动各种手法,对主题进行深入地阐述或论证。

2. 层次清晰

根据听众以听觉把握层次的特点,在演讲中树立明显的有声语言标志,从而获得层次清晰的效果。比如,演讲辞中可以用"首先""其次""然后"或用"第一""第二"等语词来区别层次。层次清晰就能在结构上环环相扣,衔接紧密,不易跑题。

3. 内容生动

演讲辞中应适当地插入幽默、诗文、轶事等内容,这样可以引发听众的兴趣,也可使听众的注意力保持高度集中。否则,平铺直叙,呆板沉滞,空洞的说教,很容易使听众产生疲劳,造成听众注意力涣散。

4. 通俗易懂

演讲是要让听众听懂。如果使用的语言十分深奥,或专业术语过多,听众不太熟悉,那么这篇演讲稿就失去了听众,因而也就失去了演讲的作用、意义和价值。为此,演讲稿的语言要力求做到通俗易懂。不少著名人物在演讲中常常插入些大众俗语,甚至是一些流行语,反而能引起听众的好感,也就是这个道理。

(三)结尾

演讲辞的结尾没有固定的格式,可以是对演讲全文进行简明扼要的小结,也可以用号召性、鼓动性的话收束,或以诗文名言及幽默俏皮的话结尾,等等。美国作家约翰·沃尔夫说:"演讲最好在听众兴趣到高潮时果断收束,未尽时戛然而止。"这也是演讲稿结尾最为有效的方法之一。如果在演讲处于高潮的时候突然收束演讲,那么保留在听众大脑中的最后印象就特别深刻。

四、演讲辞的写作要求

在内容上,既要言之有物,又要独到新颖。只有独树一帜,才能给人以鲜明的印象。力戒陈词滥调,无病呻吟,无的放矢。

在语言上,既要做到通俗精炼、准确,富有概括力,也应做到生动、形象、幽默、风趣。可以多举例证,多打比方,多使用名言警句,但不要乱开玩笑,尤其不是讲低俗话或脏话。

在情感上,应当做到情理融合,发自肺腑,真情实感,当喜则喜,当悲则悲。切忌平淡无味,无病呻吟,矫揉造作。

在结构上,无论演说辞是长是短,都必须有条不紊地将它组织好,如各部分内容怎样安排,选择怎样的材料,引用哪些事例、名言格句等。结构严谨,逻辑严密才能使全文阐述得更为有力和清晰。

例文

奥巴马在韦克菲尔德高中开学时的演讲稿(摘录)

(奥巴马在 2009 年 9 月 8 日中午在弗吉尼亚州阿灵顿县韦克菲尔德高中发表的演讲。)

嗨,大家好!你们今天过得怎么样?我现在和弗吉尼亚州阿林顿郡韦克菲尔德高中的学生们在一起,全国各地也有从幼儿园到高三的众多学生们通过电视关注这里,我很高兴你们能共同分享这一时刻。

……今天我站在这里,是为了和你们谈一些重要的事情。我要和你们谈一谈你们每个人的教育,以及在新的学年里,你们应当做些什么。

我做过许多关于教育的讲话,也常常用到"责任"这个词。

我谈到过教师们有责任激励和启迪你们，督促你们学习。

我谈到过家长们有责任看管你们认真学习、完成作业，不要成天只会看电视或打游戏机。

我也很多次谈到过政府有责任设定高标准严要求、协助老师和校长们的工作，改变在有些学校里学生得不到应有的学习机会的现状。

但哪怕这一切都达到最好，哪怕我们有最尽职的教师、最好的家长和最优秀的学校，假如你们不去履行自己的责任的话，那么这一切努力都会白费。除非你每天准时去上学、除非你认真地听老师讲课、除非你把父母、长辈和其他大人们说的话放在心上、除非你肯付出成功所必需的努力，否则这一切都会失去意义。

而这就是我今天讲话的主题：对于自己的教育，你们中每一个人的责任。首先，我想谈谈你们对于自己有什么责任。

你们中的每一个人都会有自己擅长的东西，每一个人都是有用之才，而发现自己的才能是什么，就是你们要对自己担起的责任。教育给你们提供了发现自己才能的机会。

或许你能写出优美的文字，甚至有一天能让那些文字出现在书籍和报刊上，但假如不在英语课上经常练习写作，你不会发现自己有这样的天赋；或许你能成为一个发明家、创造家，甚至设计出像今天的iPhone一样流行的产品，或研制出新的药物与疫苗，但假如不在自然科学课程上做上几次实验，你不会知道自己有这样的天赋；或许你能成为一名议员或最高法院法官，但假如你不去加入什么学生会或参加几次辩论赛，你也不会发现自己的才能。

而且，我可以向你保证，不管你将来想要做什么，你都需要相应的教育。你想当名医生、当名教师或当名警官？你想成为护士、成为建筑设计师、律师或军人？无论你选择哪一种职业，良好的教育都必不可少，这世上不存在不把书念完就能得到好工作的美梦，任何工作，都需要你的汗水、训练与学习。

不仅仅对于你们个人的未来有重要意义，你们的教育如何也会对这个国家乃至世界的未来产生重要影响。今天你们在学校中学习的内容，将会决定我们整个国家在未来迎接重大挑战时的表现。

你们需要在数理科学课程上学习知识和技能，去治疗癌症、艾滋那样的疾病和解决我们面临的能源问题与环境问题；你们需要在历史社科课程上培养出观察力与判断力，来减轻和消除无家可归与贫困、犯罪问题和各种歧视，让这个国家变得更加公平和自由；你们需要在各类课程中逐渐累积和发展创新意识和思维，去创业和建立新的公司与企业，来制造就业机会和推动经济的增长。

我们需要你们中的每一个人都培养和发展自己的天赋、技能和才智，来解决我们所面对的最困难的问题。假如你不这么做，假如你放弃学习，那么你不仅是放弃了自己,也是放弃了你的国家。

当然,我明白,读好书并不总是件容易的事。我知道你们中的许多人在生活中面临着各种各样的问题,很难把精力集中在专心读书之上。

我知道你们的感受。我父亲在我两岁时就离开了家庭,是母亲一人将我们拉扯大,有时她付不起账单,有时我们得不到其他孩子们都有的东西,有时我会想,假如父亲在该多好,有时我会感到孤独无助,与周围的环境格格不入。

因此我并不总是能专心学习,我做过许多自己觉得丢脸的事情,也惹出过许多不该惹的麻烦,我的生活岌岌可危,随时可能急转直下。

但我很幸运。我在许多事上都得到了重来的机会,我得到了去大学读法学院、实现自己梦想的机会。我的妻子——现在得叫她第一夫人米歇尔·奥巴马了——也有着相似的人生故事,她的父母都没读过大学,也没有什么财产,但他们和她都辛勤工作,好让她有机会去这个国家最优秀的学校读书。

你们中有些人可能没有这些有利条件,或许你的生活中没有能为你提供帮助和支持的长辈,或许你的某个家长没有工作、经济拮据,或许你住的社区不那么安全,或许你认识一些会对你产生不良影响的朋友,等等。

但归根结底,你的生活状况,你的长相、出身、经济条件、家庭氛围,都不是疏忽学业和态度恶劣的借口,这些不是你去跟老师顶嘴、逃课或是辍学的借口,这些不是你不好好读书的借口。

你的未来,并不取决于你现在的生活有多好或多坏。没有人为你编排好你的命运,在美国,你的命运由你自己书写,你的未来由你自己掌握。

而在这片土地上的每个地方,千千万万和你一样的年轻人正是这样在书写着自己的命运。例如,得克萨斯州罗马市的贾斯敏·佩雷兹(Jazmin Perez),刚进学校时,她根本不会说英语,她住的地方几乎没人上过大学,她的父母也没有受过高等教育,但她努力学习,取得了优异的成绩,靠奖学金进入了布朗大学,如今正在攻读公共卫生专业的博士学位。

我还想起了加利福尼亚州洛斯拉图斯市的安多尼·舒尔兹(Andoni Schultz),他从三岁起就开始与脑癌病魔做斗争,他熬过了一次次治疗与手术——其中一次影响了他的记忆,因此他得花比常人多几百个小时的时间来完成学业,但他从不曾落下自己的功课。这个秋天,他要开始在大学读书了。

又比如在我的家乡,伊利诺伊州芝加哥市,身为孤儿的香特尔·史蒂夫(Shantell Steve)换过多次收养家庭,从小在治安很差的地区长大,但她努力争取到了在当地保健站工作的机会、发起了一个让青少年远离犯罪团伙的项目,很快,她也将以优异的成绩从中学毕业,去大学深造。

贾斯敏、安多尼和香特尔与你们并没有什么不同。和你们一样,他们也在生活中遭遇各种各样的困难与问题,但他们拒绝放弃,他们选择为自己的教育担起责任,给自己定下奋斗的目标。我希望你们中的每一个人,都能做得到这些。

因此,在今天,我号召你们每一个人都为自己的教育定下一个目标,并在之后,尽自己的一切努力去实现它。你的目标可以很简单,像是完成作业、认真听讲或每天阅读,或许你打算参加一些课外活动,或在社区做些志愿工作;或许你决定为那些因为长相或出身等原因而受嘲弄或欺负的孩子做主、维护他们的权益……不管你决定做什么,我都希望你能坚持到底,希望你能真的下定决心。

我知道有些时候,电视上播放的节目会让你产生这样那样的错觉,似乎你不需要付出多大的努力就能腰缠万贯、功成名就——你会认为只要会唱 rap、会打篮球或参加个什么真人秀节目就能坐享其成,但现实是,你几乎没有可能走上其中任何一条道路。

因为,成功是件难事。你不可能对要读的每门课程都兴趣盎然,你不可能和每名带课教师都相处顺利,你也不可能每次都遇上看起来和现实生活有关的作业。而且,并不是每件事,你都能在头一次尝试时获得成功。

但那没有关系。因为在这个世界上,最最成功的人们往往也经历过最多的失败。J.K. 罗琳的第一本《哈利·波特》被出版商拒绝了十二次才最终出版;迈克尔·乔丹上高中时被学校的篮球队刷了下来,在他的职业生涯里,他输了几百场比赛、投失过几千次射篮,知道他是怎么说的吗?"我一生不停地失败、失败再失败,这就是我现在成功的原因。"

他们的成功,源于他们明白人不能让失败左右自己——而是要从中吸取经验。从失败中,你可以明白下一次自己可以作出怎样的改变;假如你惹了什么麻烦,那并不说明你就是个捣蛋鬼,而是在提醒你,在将来要对自己有更严格的要求;假如你考了个低分,那并不说明你就比别人笨,而是在告诉你,自己得在学习上花更多的时间。

没有哪一个人一生出来就擅长做什么事情的,只有努力才能培养出技能。任何人都不是在第一次接触一项体育运动时就成为校队的代表,任何人都不是在第一次唱一首歌时就找准每一个音,一切都需要熟能生巧。对于学业也是一样,你或许要反复运算才能解出一道数学题的正确答案,你或许需要读一段文字好几遍才能理解它的意思,你或许得把论文改上好几次才能符合提交的标准。这都是很正常的。

不要害怕提问。不要不敢向他人求助。——我每天都在这么做。求助并不是软弱的表现,恰恰相反,它说明你有勇气承认自己的不足,并愿意去学习新的知识。所以,有不懂时,就向大人们求助吧——找个你信得过的对象,例如父母、长辈、老师、教练或辅导员——让他们帮助你向目标前进。

你要记住,哪怕你表现不好、哪怕你失去信心、哪怕你觉得身边的人都已经放弃了你——永远不要自己放弃自己。因为当你放弃自己的时候,你也放弃了自己的国家。

……今天我想要问你们,你们会作出什么样的贡献?你们将解决什么样的难题?你们能发现什么样的事物?二十、五十或百年之后,假如那时的美国总统也来做一次开学演讲的话,他会怎样描述你们对这个国家所做的一切?

你们的家长、你们的老师和我,每一个人都在尽最大的努力,确保你们都能得到应有的教育来回答这些问题。例如我正在努力为你们提供更安全的教室、更多的书籍、更先进的设施与计算机。但你们也要担起自己的责任。因此我要求你们在今年能够认真起来,我要求你们尽心地去做自己着手的每一件事,我要求你们每一个人都有所成就。请不要让我们失望——不要让你的家人、你的国家和你自己失望。你们要成为我们的骄傲,我知道,你们一定可以做到。

谢谢大家,上帝保佑你们,上帝保佑美国。

选自:http://www.gzu521.com/essay/speech/kykm/200909/38950.htm

1. 请同学们任意选择下列题目提前准备,然后轮流登台进行讲述。
(1) 我经历过的最难堪的一件事。
(2) 我对某一社会现象的看法。
(3) 我的家庭。
(4) 我最喜爱的一本书。
(5) 我的处世哲学。
(6) 我做过的最得意的一件事。
(7) 我的一次成功经历。
2. 请同学在班级上分别做自我介绍,时间限制在5分钟。
3. 写一篇6分钟左右时间的演讲词,并在班级中演讲。
4. 指出下列启事中存在的问题。
(1)

期货经纪人的摇篮

×××期货经纪公司拥有一流的通信设备及信息终端,因业务需要经上海市人事局同意委托××大学培训经纪人员可在公司模拟期货市场交易感受期货市场魅力。培训结束,××大学颁发结业证书,我公司择优录用带薪实习。报名地址:

×××路××号××室。公司另聘计算机管理人员一名,需具备计算维修经验和网络维护经验,有意者将本人简历及证明寄本市×××路××号××期货人事部。

(2)

征 婚 启 事

男36岁,身高1.70米以上,身体健康,貌端且酷,独子,独居,有煤卫,以后住房条件会更好,大学同等学力,现在外资企业上班,月薪3 000元左右,爱好广泛,牌艺精湛。舞技出众,深受女士欢迎,为过理想生活,开创美好的未来,现找一位22岁以上,高1.60米以上女性,如容貌秀丽,婚否、地区不限,附照必复,来信请寄××市×××路××号,来电打:××××××××。

5. 根据材料写启事。

(1) 有一单位现有二层的楼面空置,一层面积有500 m²,第二层有450 m²,可作为办公、展览、餐饮等用房,也可用作休闲娱乐活动场所和证券公司的营业所。大楼内装有电话线,配有电脑,水电煤一应俱全,大楼面临×××路,周围居民多,交通也十分便利,位置很优越。该单位要将这两层楼面租借出去,希望有意者来洽谈。请你为该单位拟一则启事。

(2) 现因学校招生人数多,学生宿舍已无法满足学生的住宿需要,请你为学生拟一则租房启事,具体内容自拟。

(3) 学校学生会要成立某协会、组织或社团,如摄影协会、文学社、话剧队、英语会话兴趣班、足球队、乒乓队等,请你择一写一则招聘启事,内容自拟。

第三编　常用经济事务文书

　　经济事务文书是党政机关、社会团体、企事业单位内部处理日常事务工作时经常使用的业务文书,主要有计划、总结、简报、调查报告和规章制度等。

　　经济事务文书一般限于在本系统、本部门单位内部制发、传送,有时也送上级主管部门备案,或与同行业单位进行交流。其作用主要在于反映情况、传递信息、交流经验以及制订人们所应共同遵守的行为准则和工作规程等。经济事务文书在性质、格式、制作和处理等方面虽然有别于国家行政机关公文,但也有一定的写作规范和要求,故亦可称之为准公文。

第六章　计　　划

第一节　计划的概念、作用和种类

一、计划的概念

　　计划是机关、团体、企事业单位或个人,为完成某项任务或采取某种行动之前,事先拟定目标、要求及其相应的方法、步骤、措施、时限等所形成的事务文书。古人云:"凡事豫则立,不豫则废。""豫",即"预",就是事先有了准备。一切成功都与事先准备充分紧密联系着的。未雨绸缪,早作安排,事情就容易成功,否则盲目瞎干将导致或事倍功半,或劳而无功。

　　计划虽然不是正式公文,但在计划制订的单位、部门管辖的范围内,具有一定的权威性,它要求所属人员必须执行。如果计划经过法定的会议或通过法定代表人的批准,它同样具有正式文件的效力。

二、计划的作用

　　制订计划是工作、生产、学习中不可或缺的重要环节,也是一种科学的工作方法。对一个单位来说,为了把握一定时期的工作目标和重心,圆满完成各项任务,制订计划是十分重要的。

（一）有了计划，就有了明确的奋斗目标

目标是行动的动力。干部、群众通过计划明确了一段时间内行动的方向，就会激发工作热情，增强主人翁意识，把个人的具体行动同集体的奋斗目标紧密结合起来。有些比较宏观的计划，通过层层分解、细化，变成若干阶段化、具体化的小计划，就能增强人们达到工作目标的信心。

（二）有了计划，就可以合理配置各种资源

制订了计划，干部和群众对工作目标的具体内容和方法步骤了然于心，就可以掌握主动权，根据实际情况，合理地安排人力、财力和物力，减少盲目性和时间、人员的浪费。同时，计划也可以使工作富有条理，工作者与各种活动内容组成和谐有机的联系，从而提高工作的效率。

（三）有了计划，就可以指导人们的行动

人们要实现一定的目的，就要对自己的行为进行有效的控制和约束，使自己的行为有利于任务的完成和目标的实现。计划正是这种约束和控制的依据。计划执行者随时检查自己的活动与计划要求之间的差距，就可以保证计划顺利完成。另外，计划的制订，还有利于领导掌握工作进程，随时进行指导。

总之，计划可以帮助我们克服盲目性，增强自觉性，发挥积极性。它对学习、工作和生产都有重要的指导、推动和保证作用。

三、计划的种类

计划是一个统称，常见的还有规划、安排、打算、设想、要点、意见和方案等名称。虽都属计划，但在选择使用时，要考虑它们在时间、内容和成熟度方面的差异。一般地说，预定在短时间、小范围内要做一些具体的事情，可用"安排"，而对其中的指标或措施等考虑得还不很周全的则可用"打算"。"规划"是比较全面的长远的发展计划，内容比较概括。"设想"是初步的，提供参考的未成型计划。"方案""要点""意见"往往是领导机关向所属单位布置一定时期的工作，交代政策，提供工作方法时使用，侧重于原则性指导。其中，"方案"对某项工作，从目的要求到方法步骤都要作出全面的安排。

按照不同的标准，计划还可以分为不同的种类。如按性质划分，有生产经营计划、学习计划、工作计划、科技发展计划、新产品开发计划等；按范围划分，有国家计划、部门计划、单位计划、班组计划、个人计划等；按内容涉及面划分，有综合计划、单项（专题）计划等；按时间划分，有长远规划、年度计划、月度计划、周计划等；按写作形式划分，有条文式计划、表格式计划、图画式计划、混合式计划等。上述分类，可以是重合的。如《建设银行××分行 2000 年第一季度贷款计划》就分属工作计划、单位计划、专题计划、季度计划和混合式计划。

第二节　计划的写作结构和基本内容

一般的日常计划,在写作上比较灵活、自由,但以文件形式下发或上报的计划,则在写作格式上有一定的要求。不论采用何种写作形式的计划,一般都由标题、正文、结尾这三部分组成。

一、标题

计划的标题即计划的名称,应居于首行正中,字体可大一些。它通常由制订计划的单位名称、计划时限、计划的内容和计划种类四部分组成。如《××药材有限公司20××年度新产品开发计划》《××大学20××～20××学年寒假工作安排》。若发文纸上已印有单位名称,或计划结尾处写上单位名称,则标题中的单位名称可以省略。如果计划还未经正式讨论通过,是征求意见稿或讨论稿,就应在标题后用括号注明"草案""初稿""供讨论用"等字样。

二、正文

正文是计划的内容,也是计划的主体,从第二行空两格写起。这部分要围绕"做什么""为什么做""怎样做""做多久"进行表述,要求具体明确,主次分明,条理清晰,简明扼要。正文一般包括下列几项内容:

(一)前言

前言是计划的灵魂和总纲,主要说明制订计划的依据或目的,即说明为什么要制订这个计划。它包括上级指示、指导思想以及今后总的工作任务等。文字要求十分简练。例如:"遵照上级指示,今年我厂要发动全厂职工深入、广泛地开展增产节约运动,努力增加产量,不断提高质量,降低消耗,增加积累,用最少的物化劳动为社会主义多作贡献。我们的奋斗目标是:全年变压器比去年增产28%以上,费用节约××万元。"这段前言,简要地说明了制订计划的依据和奋斗目标。有的前言是在对本单位目前基本状况简要介绍后,就如何做好下一步工作作概要的说明。前言部分的末尾常用"现制订计划如下""为此,本年度要抓好以下几项工作"等句过渡到下文的计划事项。

(二)任务和目标

这是计划的主要内容。任何一份计划都要根据需要和可能,提出一定时期的具体任务和目标,也就是明确规定"做什么"。计划的任务、目标要写得具体、明确,突出重点。计划中表示数量、质量、工作步骤、时间进程等内容,切忌模棱两可,责任不清。"大概""左右""尽量""有所""可能的情况下"等模糊语言不宜多用。否则,任务和目标的弹性太大,计划就不易落到实处。对那些不能用具体数字表达的工作任务,如精神文明建设、素质教育等,也要有具体、明确的要求,比如主要抓哪几方面的工作，应达到什么程度等。

（三）步骤和措施

任务和目标确定之后，就要解决"怎样做"的问题，也就是要根据实际条件，确定工作方法和步骤，采取必要的措施，以保证计划任务的完成。计划的步骤安排要科学、合理。要确定先做什么，后做什么，主要抓什么，次要抓什么，一项工作分成几个阶段来开展，以及在何时完成何项任务，各阶段如何衔接等。有了时间和程序上的安排，还必须采取切实有力的措施。比如，组织领导的加强，有关部门的配合，制度的保证，人力、财力、物力的合理配置，等等。

（四）有关事项

计划正文假如还需写入相关的内容，如检查、评比、修改办法等，可以放入"有关事项"中加以明确。

三、结尾

结尾的内容一般包括在执行计划时应注意的事项，有关说明，或者提出要求、希望、号召等。最后写明制订计划的单位或部门的名称及日期。如果已在标题中写明，则可省去。

第三节 计划的写作要求

一、要服从大局

我们制订计划的目的，是为了更好地贯彻和执行党和政府的有关方针政策，把上级政策与本单位、本部门的实际结合起来，圆满完成各项任务。因此，在制订计划时必须贯彻下级服从上级、局部服从全局的原则，自觉地把本单位、本部门的小计划纳入国家和上级机构的大计划之中，正确处理好局部与整体、当前与长远、个人与集体的关系。这样，计划符合正确方向，就能充分发挥积极作用。

二、要实事求是

制订计划，一定要从本单位、本部门的实际出发，既要尽力而为，又要量力而行。切忌采用"倒口袋"的方法，照搬照抄上级主管部门的计划，致使计划的目标、内容、措施、步骤严重脱离实际。由于计划是事前订的，随着客观情况的变化，可能要进行修改、调整和补充，所以制订时要有一定的灵活性，必须留有余地。

三、要明确具体

计划是要执行的，写得越具体明确，操作性就越强。无论是任务、要求、指标，还是措施、办法、步骤，都应当写得清清楚楚，实实在在。有的任务还需按层次分出大小项目，每一项都要写清楚需要做哪些具体工作，怎样做，如何完成，完成的时限以及具体分工等。当然，每一时期只能有一个中心工作，因此计划写作时要注意突出每一时期的重点,而避免报流水账似的泛泛而谈。

例文1

20××年全国食品药品专项整治工作安排

为全面落实《国务院关于进一步加强食品安全工作的决定》(国发〔2004〕23号),严格实施《药品管理法》等法律法规,依照20××年全国整顿和规范市场经济秩序工作要点,现将20××年食品药品专项整治工作安排如下:

一、食品专项整治工作安排

今年要以农村和城乡接合部为重点区域,以小作坊和无证照黑窝点为重点对象,抓好粮、肉、蔬菜、奶制品、豆制品、水产品、饮料、酒、儿童食品、保健食品等重点品种的整治。通过整治,使食品生产经营秩序进一步好转,人民群众消费安全感进一步增强。具体目标,由各级食品安全监管综合协调机构会同有关部门,针对人民群众反映强烈的突出问题研究制订。整治的目标一定要符合当地实际,具有可操作性,便于检查和考核。

(一)加大对农产品生产环节的整治。

1. 狠抓农产品污染源头治理。深入开展农药、兽药、畜产品、水产品专项整治工作,加快对高毒高残留农业投入品的禁用、限用和淘汰进程;严厉打击制售假劣种子、农药、肥料、饲料、兽药的行为;开展"放心农资下乡进村"试点。

2. 健全农产品质量安全例行监测制度。继续实施对蔬菜农药残留、畜产品"瘦肉精"等污染和水产品氯霉素污染的监测工作;将畜产品监测范围扩大到20个城市。

3. 建立农产品质量安全追溯制度。以蔬菜等农产品为重点,以北京等8个农产品质量安全监管试点城市为依托,探索"IC卡管理""联户联保"等多种形式的农产品质量安全追溯办法。

(二)加大对食品生产加工环节的整治。

1. 突出抓好重点品种、重点区域、重点企业的整治。严厉查处粮、肉、蔬菜、奶制品、豆制品、水产品、酒、饮料、儿童食品和保健食品等10类食品生产加工过程中滥用食品添加剂和使用非食品原料的违法行为;下半年开始实施肉制品等新10类食品无证生产查处行动;加大对50种食品监督抽查力度;着力打击城乡接合部等监管薄弱地带长期存在的食品制假售假行为;取缔无证生产的小作坊,对有制假劣迹和质量不稳定的企业进行重点监管和整治,从严审查企业生产条件,督促企业严格按标准组织生产。

2. 完善规章制度,强化日常监管。建立食品质量安全区域监管责任制,通过巡查、回访、年审、监督抽查、强制检验等方式强化日常监管；进一步完善预警制度、快速反应机制、奖励举报制度、行政辖区打假责任制、制假"黑名单"等五项执法打假制度；建立假劣食品召回制度；建立食品检验检测机构和人员资质审核、注册管理制度。

3. 开展食品卫生许可证专项整治。规范保健食品、婴幼儿配方食品、面粉、熟肉制品、调味品、食品添加剂和饮料生产企业的食品卫生许可证发放和监督，清理无证和不符合卫生许可条件的企业。

4. 开展保健食品专项整治。加强对保健食品生产企业的监管以及企业注册申请资料真实性、安全性的审查；严格保健食品标准备案工作；认真开展保健食品清理、换证工作；严厉打击未经审批生产销售保健食品和非法添加药物成分行为。

（三）加大对食品流通环节的整治。……

（四）加大对食品消费环节的整治力度。……

（五）加快食品安全长效机制建设步伐。……

二、药品专项整治工作安排

针对药品市场的薄弱环节、薄弱地区、薄弱领域和人民群众反映突出的问题，继续开展药品、医疗器械市场专项整治，全面巩固和深化农村药品监督网和供应网建设，加强药品生产经营企业和特殊药品的监管，促进药品市场秩序进一步规范、有序，进一步提高人民群众用药安全水平。

（一）开展药品、医疗器械专项整治。

1. 严厉查处涉及面广、影响较大、群众反映强烈的制售假劣药品、医疗器械方面的大案要案，继续保持高压态势。

2. 打击非法回收药品、非法邮购药品、非法添加药品的违法行为。进一步明确药监、卫生、公安、城管、电信、社保等部门的工作职责，形成打击合力。重点打击并取缔药贩和集聚药品的"黑窝点"，清理和收缴回收药品非法"小广告"，打击向药贩出售药品和回收药品的违法行为。

3. 整顿和规范中药材专业市场。各地要切实加强对行政区域内的中药材专业市场的整治和中药饮片生产、经营、使用的监督。对不合格或严重违法违规的中药材专业市场，要坚决予以关闭。依法查处制售假劣中药材、中药饮片和违法违规制售中西成药、中药饮片的行为。支持和鼓励中药材市场探索先进流通模式及管理方式。

4. 开展医疗器械说明书、标签和包装标识的专项检查。重点选择影响面广、问题突出的产品，检查注册批准内容和实际说明、标识内容的一致性，以及是否符合相关法规要求。

5. 开展对各类药品、医疗器械展示活动的专项整治。重点对展示的药品、医疗器械的质量和经营行为进行监督检查,规范药品、医疗器械展示活动。

（二）加强农村药品监督网、供应网建设。……

（三）加强药品生产经营企业监管。……

三、工作要求

这次食品药品专项整治的指导思想、基本原则和工作要求,按照《国务院办公厅关于实施食品药品放心工程的通知》(国办发〔2003〕65号)和《国务院办公厅关于印发食品安全专项整治工作方案的通知》(国办发〔2004〕43号)执行。地方各级人民政府要对本地食品药品安全负总责,农业、商务、卫生、工商、质检、食品药品监管等部门要认真履行职责,公安、监察、司法机关和新闻宣传单位要积极配合和支持,确保专项整治取得实效。各地区、各有关部门都要注重发挥消费者协会等中介组织的维权和自律作用,强化社会各方面的责任,形成全社会齐抓共管的打假治劣工作格局。

各省、自治区、直辖市2005年食品药品专项整治工作安排要在4月底之前报送食品药品监管局。2006年春节前,食品药品监管局将会同公安部、农业部、商务部、卫生部、工商总局、质检总局和海关总署等部门,对各地实施情况进行检查并将结果报国务院。

中华人民共和国国务院办公厅
二〇××年三月三十日

例文2

省级财政专项资金清理工作方案

为贯彻落实《省委常委会议决定事项通知》(〔2003〕51号、〔2004〕9号)精神,进一步加强省级财政管理,全面清理各项专项资金,现提出工作方案如下:

一、指导思想

按照省委、省政府对财政工作提出的"生财有道、聚财有方、用财有规"及集中财力办大事的原则,转变理财思路,通过对省级财政专项资金的清理,进一步规范支出管理,调整支出结构,严格审批程序,努力堵塞漏洞,提高存量资金的使用效益。

二、清理范围

除用于人员经费、日常公用经费等基本支出的资金外,由省级财政预算内资金（含纳入预算管理的政府性基金）设立的,具有专门用途的各项专项资金。

三、工作目标

（一）摸清基本情况。通过清理,掌握现有省级财政各项专项资金的规模、分布、管理和使用情况。

（二）分类清理。对已到期的或不符合公共财政要求的专项资金予以撤销；对性质相同或相近的专项资金实行归并管理；对支出结构不合理的专项资金进行结构调整。

（三）制订和完善管理办法。在分类清理的基础上，按照规范、公开的原则，研究制订和不断完善对各项专项资金的审批分配管理办法。

（四）建立监督控制体系。要将专项资金的审批分配、监督检查与绩效评价结合起来，建立事前审核、事中检查、事后评价的全过程监督控制体系。

本次清理工作采取部门（单位，下同）自查和财政重点抽查相结合、全面清理和重点剖析相结合的方法，由省财政厅牵头，省有关部门配合，按照职责分工组成工作小组。各小组组成单位要指定负责人和联络人，做到人员到位，责任到位，确保按时保质完成任务。

四、清理原则

（一）已列入清理范围的专项资金，在清理过程中一律不予追加数额或延长安排年限。

（二）经清理认定符合《转发省财政厅关于编制2004年省级财政收支预算的指导思想和原则意见的通知》（粤府办〔2004〕15号）规定的资金，予以保留；金额安排过大，年限过长的，其资金或安排年限相应压减。

（三）凡不符合粤府办〔2004〕15号文件规定的，一律予以取消。凡涉及人大议案的项目，按程序报请批准。

五、工作步骤和时间安排

（一）清查摸底阶段

以省财政厅为主，通过财政内部清查，摸清现有省级财政专项资金的分布、规模、种类和结构。

1. 拟订方案：由省财政厅提出专项资金的清理范围、时间安排、工作目标要求，研究制订工作步骤。

2. 内部清查：省财政厅进行内部清查，摸清专项资金设立的依据、年限、分配、管理办法及资金规模、种类、分布等情况，并将省级财政专项资金情况及下一阶段清理工作目标向省政府报告。

上述工作于20××年4月10日前完成。

（二）分类清理阶段

由省有关部门对其经营范围内的专项资金进行自查，省财政厅根据部门的自查情况进行重点抽查，并提出清理意见。

1. 部门自查：省有关部门对各自经营范围内的专项资金分配、使用情况进行全面清查,对专项资金投入的绩效进行评价后,向省财政厅提交书面报告和初步清理意见。

自评报告内容:

(1)项目概况:项目单位基本情况,项目实施依据,项目的基本性质、用途、主要内容、涉及范围等;

(2)项目预期绩效目标:申报或安排项目时所确立的预期目标;

(3)项目执行情况:项目执行管理、资金落实、项目支出、财务管理以及项目完成进度与质量等情况;

(4)项目绩效自我评价:项目执行与预期绩效目标分析比较,预算执行情况,绩效结果,项目经济、政治、社会效益和影响,对项目绩效实现程度的总结评价等。

2. 重点抽查:对金额较大、影响面较广的专项资金,省财政厅要对资金管理和使用情况进行财务检查;对资金投入效益进行绩效评价,并提出专项资金撤销、归并及调整支出结构等意见,报省政府审定。

上述工作于20××年5月31日前完成。

(三)整改总结阶段

1. 实施整改:省财政厅根据各部门的清理情况,草拟省级专项资金清理工作意见,报经省政府审批同意后具体实施。此项工作于20××年6月30日前完成。

2. 完善资金管理:经清理同意保留的各专项资金,要进行规范管理。具体管理办法,由省财政厅会同省有关部门研究制订。

××省财政厅
二〇××年三月十二日

思考与练习

1. 计划的主要作用是什么?试结合本单位或本部门的情况说明之。
2. 规划、设想、打算、要点之间有何不同?
3. 制订计划要注意些什么?
4. 根据计划的写作要求,指出下文存在的问题。

信息技术工作计划

一、积极配合学校艺术节活动,为艺术节各项活动准备资料。

二、做好信息技术的尖子生培训,培训内容为:网页制作、平面绘图、电子小报制作。培训以四五年级为主,重点是基础训练。在平面绘图的培训上拟与美术组合作,由美术老师进行创意、构图、配色等美术专业指导。

三、积极参加四月份的全国学生电脑比赛。

1. 积极动员学生参加。

2. 进行针对性的培训。

3. 精心选材、认真指导、优选作品。

四、鼓励教师积极运用现代教育手段进行教学,保证电教室的使用率。

五、继续规范教师电子备课室的使用管理。专人管理、认真维护、加强使用指导。

六、做好实验年级的现代教育设备配备、管理以及教师培训工作。

七、积极进行信息技术课的教学改革。

八、做好各领导办公室电脑的维护、管理。定时对重要部门的电脑资料进行备份。

九、为校庆累积资料。(优秀作业、相关的绘图、网页、小报等)

十、做好学校电脑设备的维护管理,规范电脑器材的使用维护、报废登记制度。

十一、努力在本学期内建立一个初步的学校资源共享库。

十二、对教师进行电脑技术基础培训,内容主要有:系统重装、系统维护及备份、系统恢复、课件制作等。

二〇××年二月二十日

5. 就你下学期的学习或打工等将要做的事,拟写一份详细的计划书。要求目标清楚明确,措施具体周到,步骤先后有序,600字以上。

第七章 总　　结

第一节　总结的概念、作用和种类

一、总结的概念

所谓总结,就是对过去一定时期内的实践活动或某一方面工作进行回顾、分析、评价,从中认识客观事物、把握事物的发展规律,为指导今后工作所写的一种事务文书。

总结同计划一样,是人们生活、学习、工作中不可缺少的一部分。人们只有对社会实践活动不断地进行总结,才能更好地认识世界,改造世界。诚如毛泽东所言:"人类总得不断地总结经验,有所发现,有所发明,有所创造,有所前进。"[①]

总结和计划也是一对孪生姐妹,两者密不可分。有计划就有总结,有总结也就有计划。总结是在计划落实的基础上而写,计划是在总结的基础上而订。计划是始,总结是终,同时又是下一步计划的开始,计划——总结——计划——总结……周而复始,从而推动事物不断向前发展。

二、总结的作用

(1)通过总结,可以更好地帮助人们把握客观规律,提高认识水平,指导今后的实践。

(2)通过总结,可以全面地对自己成绩与教训、长处与不足进行客观评判,为下一步工作理清思路,明确目标,制定措施提供参考和保障。

(3)通过总结,可以进行相互沟通、取人之长、补己之短、不断改进工作。同时,也可以让上级及时了解下级工作的情况,为上级决策提供依据。

(4)通过总结,可以随时发现好人好事、优秀成果,或是错误问题、不良倾向,及时加以表扬推广或批评教育,扬善抑恶,不断推动社会的进步。

总之,总结是一面镜子,通过它可以照见自己的美与丑、得与失、善与恶,找出成败之因,更好地认识自己,改变和提高自己。

[①] 《毛泽东著作选读》下册,人民出版社1986年版,第845页。

三、总结的种类

总结也是一个统称。在日常工作、学习中还有"小结""体会""回顾""××经验之谈"等名称。总结的分类与计划的分类大致相同,故不再赘述。一般可根据总结的是全面的工作还是单项的工作,分成专题性总结和综合性总结两种。

(一)专题性总结

专题性总结就是对在一定时期内完成的某一项工作,某一侧面或某一具体问题作出的分析评价,如《××公司20××年人力资源部工作总结》。这种总结内容集中、单一,分析比较深入透彻且具体,在微观方面,给人启迪、借鉴和了解。

(二)综合性总结

综合性总结亦称全面总结,它是单位、部门或个人对一定时期内所做的各项工作的全面回顾。如《××保险公司20××年工作总结》。这类总结,涉及范围广,内容全面,常用于单位或个人的年终总结中。

第二节 总结的写作结构和基本内容

总结一般的格式为标题、前言、主体和结尾四部分。

一、标题

总结的标题大致有三种写法:

(一)文件式标题

它类似于行政公文的标题,主要由单位名称、时间期限、内容范围、总结种类四部分构成。这种标题通常用于工作总结。如《××公司20××年人力资源部工作总结》。

(二)一般文章式标题

这种标题多用于经验总结。标题的拟制比较灵活,大都无"总结"两字,而以"怎样""回顾""经验介绍"等字眼来提示总结的文体。如《我们是怎样打开市场销路的》《××有限公司的成功之道》等。

(三)新闻式标题

这种类似新闻标题的写法分正标题和副标题。正标题概括总结的主题,副标题则为正标题的引申,多为总结的单位、内容、文种等。如《改革,迸发出青春的活力——××厂双增双节工作总结》。

二、前言

前言一般是对所总结的工作作简要的概述,如工作的期限,工作的指导思想,工作的大体情况等。它是工作总结的引言,便于把下面的内容引出来,同时给人先有一个总体的印象。

例如："20××年是人保财险股份制改革上市后的第二个年度。这一年,是我司面临压力攻坚克难的一年,是面对新变化、落实新机制、执行新规定的一年。我公司在市分公司党委、总经理室的正确领导下,在全体员工的奋力拼搏下,取得了一定的经营业绩。我公司实收毛保费××××万元,同比增长×％,已赚净保费×××万元,净利润×××万元,赔付率为××％。较好地完成了上级公司下达的任务指标。"

三、主体

主体部分是总结的核心,要对前言所述的基本情况具体展开,主要写所做的具体工作,主要成绩与经验、问题与教训等内容。

(一)主要成绩与经验

这一部分一方面要回顾做了哪些主要的工作,取得了哪些主要的成绩;另一方面要着重分析取得成绩的根本原因所在,采取的措施或方法。既要知其然,又要知其所以然,这样才能总结出事物成功的客观规律,以利推广学习和再接再厉,发扬成绩。

(二)主要问题与教训

任何工作都不可能十全十美,有时成绩多些,有时问题多些,但只要存在问题,都是应该总结的,如哪些工作未完成,哪些做得不够;造成哪些损失,产生哪些影响等。随后寻找问题根源,分析其中原因,是客观的,还是主观的;是人为的,还是意外的;是管理不当,还是决策失误等。同样只有知其所以然,才能总结出教训,提高认识,改进工作,避免在今后工作中犯同样的错误。

四、结尾

结尾部分通常写今后的打算(亦称努力方向)。无论是总结经验还是总结教训,都有一个重新认识的问题。如有了成绩如何百尺竿头更进一步,争取做得更好;对于教训,应采取什么措施,怎样弥补,怎样防患于未然等。

总结的正文在结构安排上,大体采用如下几种形式:

一是总分式。即在开头,对工作的依据、指导思想、基本情况,作一个总的、简要的概述。随后,就所开展的各项工作作具体的分述。每一部分或用小标题分开,或用序号分列。总分式的写法,在综合性的总结中使用较多。

二是顺流而下式。即把工作实绩、经验介绍、存在问题和今后打算等,按习惯顺序依次叙述。这种写法在个人的总结或专题工作总结中较多使用。

总结的结构有各种不同的说法和用法,比如,有横式结构、纵式结构、横纵式结构;有贯通式结构、小标题式结构、序数式结构等。具体运用应根据内容表达的需要而定。

第三节　总结的写作要求

一、突出重点,忌事无巨细

总结不能事无巨细,包罗万象地对所有工作进行总结,应突出重点,择其要,即主要工作、主要成绩、主要问题来写,有详有略,这样才能真正把握总结的实质。

二、实事求是,忌浮夸虚假

总结不能好大喜功,只写成绩,不谈问题。也不能避重就轻,对问题大事化小,小事化了。而应实事求是,"不虚美,不隐恶"。用事实和数字说话。

三、知其所以然,忌无评析

总结成绩或问题时,应找出成败之因、其中规律,把零散的、肤浅的感性认识上升为系统、深刻的理性认识,从而得出科学的结论,以便更好地发扬成绩,克服缺点,吸取经验教训,使今后的工作少走弯路,多出成果。写总结,应达到以上基本要求。

例文

××市银行营业部年终工作总结

今年以来,我营业部在市行党委的正确领导下,按照市行2008年工作会议确定的认真贯彻总分行工作会议精神,以科学发展观为指导,以价值创造为主线,突出发展、管理两大主题,抓住转型、合规、执行三个关键,进一步统一思想、优化结构、真抓实干、争先创优,全面打造中心城市竞争优势,努力实现做强做大的目标,以向零售网点转型为奋斗目标,解放思想,求真务实,深化股份制改造和实施双贯标工程,加快结构调整步伐,紧紧以经济增加值为核心,抓班子带队伍,克服困难,奋力拼搏,不断解放思想,锐意改革,强化管理和服务,广开筹资门路,优化贷款投向,各项业务呈现出一定的发展势头。现将2008年主要工作开展情况汇报如下:

一、各项指标完成情况

截止到十二月三十一日,我营业部全口径存款万元,比去年同期增加万元,其中:企业存款余额万元,比去年同期减少万元,个人存款余额万元,比去年同期增加万元。截止到十二月三十一日,贷款余额为万元(不含票据中心及保全部的数据),五级分类口径不良率为××%。截止到十二月三十一日,我营业部个人类贷款余额达××万元,五级分类口径不良率为××%;累计发放公司类人民币贷款××万元,回收公司类人民币贷款××万元,发放美元贷款××万,回收公司类外汇贷款××万美元,发放信用证××万美元,签发银行承兑汇票××万元,回收××

万元。实现收费类收入××万元。实现报表利润××万元,实现税后净利润××万元。

二、主要工作

(一)顺利通过总行零售网点转型验收

我营业部作为全国的五个第一批试点转型行,自4月5日实施转型工作以来,经过六个月的试运行,在10月18日总行零售网点转型项目组验收中,获得一致好评,顺利通过总行零售网点转型验收。网点转型后成效显著,在装修一新的营业大厅,客户不仅可以一站式办理传统的"存取款"业务,而且还可以购买基金、保险及办理银证转账业务。突出表现为:

1. 客户等待时间明显减少。正在营业部进行数据测量的人员惊喜地发现,自4月5日实施转型工作以来,前来办理业务的客户虽不见减少,但客户等待时间明显减少,平均每个客户办理业务的时间较转型前减少3～5分钟。

2. 差别化服务提高了客户接受服务的耐心。在营业大厅内,虽人流如织,但秩序井然,高柜区、低柜区客户分流导引客户凸显,两三个大堂经理穿行在客户中。

3. 员工的营销意识逐步加深。鼓励前台人员在办理业务时,积极向客户推荐我行的电子银行业务,同时按日下达营销任务。这意味着客户一走进营业大厅就有大堂经理迎上前去,对客户应办理的业务有初步的了解,然后,引导到高柜区、低柜区或自助设备区办理,现场指导客户一直到客户离开建行。对于到高柜区、低柜区的客户,大堂经理引见给柜员,由柜员深入挖掘客户潜在的金融产品需求,积极推荐适合的产品及服务。

(二)大力开展旺季营销活动。

1. 强化组织领导,成立营销活动领导小组。

2. 精心制订营销方案并按旬调度营销进展情况。活动期间,共下发通报××期,个人存款日均新增××万元,完成旺季营销计划的××%,营销乐当家理财卡白金卡××张,完成旺季营销计划的××%,个人消费贷款余额新增××万元,完成旺季营销计划的××%;个人网上银行××个,电话银行××个,完成电子银行业务交易量××笔,交易额为××万元。

(三)细分市场,强化市场营销。

市行明确指出:要坚持以客户为中心,进一步巩固政府类、绩优类客户,积极拓展机构及基金类客户,稳妥发展中小客户,大力发展个人类客户。根据这一市场定位,我营业部进一步细分了客户,一户一策,细化营销方案。

1. 进一步做大做强对公业务。营业部业务的主体是对公业务,是全体员工绩效工资的主要来源,对公业务只能加强,不能削弱。多年来,营业部在市行的直接领导下,营造了一大批政府类客户和机构客户,伴随着他们与营业部的业务往来,带动了营业部连年的业务增长,提升了全体员工的个人收入。因此,我营业部始终紧紧抓住这项业务。资产业务要抓集团贷款到位这根主线,兼顾煤矿贷款的整合。在完善手续、防范风险的前提下,继续大力发展贴现业务。

2. 成功营销证券公司客户交易结算资金银行独立存管业务。银行存管业务是一项综合收益较高的业务,可以带来大额的、稳定的同业存款、中间业务收入以及储蓄存款和企业存款,并为我营业部导入大批优质客户资源。今此一项在全年就为我营业部带来中间业务收入15万元。

3. 大力发展个人银行业务。坚持大个银的工作思路,人人都当个银客户经理。坚持上下联动,公私联动。大力培育高中端个人客户群体,积极做好代发工资、贷记卡、POS商户、VIP客户、本外币理财产品的营销等工作,大力发展个人银行业务。力争使个银业务做成今年我营业部赢利的重要增长点。如我营业部组织的到市教委及在大厅内组织的精确集中营销收到了明显的效果,现场推介的电子银行产品受到客户的一致好评。

(四)中间业务取得突破性进展。

我们高度重视收费类业务的发展,以代理发行基金、扩大客户群体和资产负债业务为依托,及早动手,强化创新,在竞争策略和产品上实现了新突破。全年共实现中间业务收入万元,完成全年计划的××％,完成去年全年计划的××％。

全年单位电子银行客户签约××户,发行信用卡张,信用卡消费额××万元,电子银行渠道占比××％,新增电子银行客户××户,其中:个人网上银行客户数新增××户,个人电话银行客户数新增××户,个人手机短信客户数新增××户,手机银行客户数新增××户。实现电子银行中间业务收入××万元,电子银行交易额实现××万元。

(五)大力加强合规文化建设

为在全部营造良好的合规氛围,进一步提高全员合规风险管理能力,推动合规文化的构建,我营业部积极实施合规文化教育活动。……

(六)强化风险管理,打好清收不良贷款"攻坚战"。

……

三、存在的问题

(一)成熟的经营管理理念及科学的发展观尚未深入人心。经营思路不太开阔、思想不太解放,分析风险防范风险的能力还需进一步提高。

(二)业务之间发展不平衡。

(三)制约我营业部发展的个人存款指标完成的虽好,但波动幅度过大。

(四)持续发展能力不足,存款受制于几个大户,公司类资产业务的优质客户太少,贴现业务与兄弟行相比有较大差距,国际业务尚未建立稳定的客户群体。

四、明年工作安排与打算

针对以上存在的问题,在明年,我营业部将在市行党委的领导下,从我营业部实际出发,进一步深化各项改革,力求工作平稳快速发展。基本工作思路是:

重点做好各项业务指标的发展工作。发挥好营业部大客户较多的优势,以公司业务为突破点,促进存款、中间业务的开展;以大客户贷款业务为龙头,拓展新的形势下的综合理财业务,提升我行竞争力;以VIP客户、个人理财业务促进个人存款的增长;以提升、稳定服务水平为手段稳定个人存款。具体措施有:

(一)继续狠抓存款工作不放松,确保我营业部存款工作。

稳步攀升。公司存款以抓新开户为重点,个人存款以保持稳定年初存款余额和发展代发工资业务为重点。

(二)提高员工服务意识,优化服务环境,推动服务工作向纵深发展。

(三)继续强化风险防范工作,确保各项业务健康发展。

(四)突出收费类业务优先发展地位,继续促进我营业部收费类业务快速发展。

(五)加强领导班子建设。

本文选自学习网 www.gzu521.com/essay/summary/nzgzzj/201001/42796_2.htm

思考与练习

1. 总结与报告有何区别?
2. 总结的正文结构安排有哪几种形式?
3. 指出下列两则总结中存在的问题。

(1)

上半年工作总结

半年来本乡在精神文明和物质文明方面做了许多工作,取得了很大成绩。半年来,主要做了以下工作:动员组织乡、村干部和广大群众学习中央一号文件;安排、落实全年生产计划;推行、落实承包合同制;帮助专业户发展;修建乡小学校舍;建乡食品厂方便面生产车间厂房;推销乡果脯厂、食品厂、编织厂的产品;为乡机械加工厂解决原材料不足问题;美化环境,街道两旁栽花种草;封山植树;办了一期果树栽培技术培训班;健全了乡政府机关,调整了工作人员,开始试行乡干部招聘制。

半年来,在工作繁杂,头绪多而干部少的情况下,能做这么多工作,主要是:

一、上下团结。乡领导和一般干部能同甘共苦,劲往一处使。工作中有不同看法,当面讲,共同协商。互相有意见能开展批评和自我批评,不犯自由主义。例如经管科同志对乡长不同他们商议,擅自更改果脯厂奖励办法,影响产量一事有意见。经当面提出,乡长接受,做了自我批评,并共同研究了新的奖励办法,使产量又有增加。

二、不怕困难。本乡企业刚刚起步,困难很多,技术力量薄弱,原材料不足;产品销路没打开等等。为此,经管科的同志和全乡干部共同想办法,他们不怕跑路,不惜自己的休息时间,忍饥受冻,四处联系,终于解决了今年所需要的原料,推销了一些产品。

三、领导带头。乡的几位主要领导带头苦干、实干。他们白天到下边去调查了解情况,解决问题,晚上才开会,研究问题,寻找解决的办法。领导干部夜以继日地工作,带动了全乡工作。

(2)

20××—20××学年我的个人总结

炎日当空,天上无一丝云彩,火辣辣的太阳简直叫人不敢出门,空中没有一点风,只有知了在树上不停地叫着,好像在说:"放假啦,放假啦"。又一学年过去了,我应该利用暑假对这一学年的学习情况作一些总结,以迎接新学年。

在这一学年里,我学习了成本会计、管理会计、审计原理、经济法、计算机应用、外贸会计、大学英语、应用文写作、体育、职业道德、概率论等课。其中成本会计82分,管理会计86分,审计原理77分,经济法89分,计算机应用90分,外贸会计90分,大学英语72分,应用文写作68分,体育是中,职业道德是优,概率论是中。总的来说,成绩还是可以的,在班上属中等水平。其中计算机应用和外贸会计成绩好些,而大学英语、概率论和应用文写作差些。下一学期,我要继续努力,争取取得更好的成绩,最好都在80分以上,这样就可以获得奖学金,减轻家庭的经济负担,更可以在择业时增加自己的实力。

058011班×××

4. 就前阶段的学习情况或所开展的工作、活动,拟写一份总结。要求内容真实,无论成败得失,都要作分析,写出经验教训和下一步的努力方向,600字以上。

第八章 简 报

第一节 简报的概念和作用

一、简报的概念

简报,顾名思义,就是简明扼要的情况报道。它是党政机关、企事业单位、社会团体为及时反映情况、汇报工作、沟通信息、交流经验等而编发的一种内部事务文书。简报只在有关单位内部交流,一般不公开报道。有的简报在报头部分印有"内部文件,注意保存"字样,有的还有一定的保密性,只送上级机关或有关领导人。

简报最初是行政机关重要公文之一。1956年6月9日,国务院就在《关于所属各部门工作报告制度的规定》中明确要求:"各办、外交、计委、建委、体委、民委、侨委,每两周向总理写一次简报,明白扼要地报告所掌管的范围内重大问题的处理、工作中的重要情况和经验。"此后,简报的使用范围不断扩大,在日常的工作中和所辖范围内出现的一些值得注意的动态都可以写入简报中,成为各单位内部定期或不定期的刊物。

简报是一个总称,其他常用的名称还有《××简讯》《××动态》《情况反映》《内部参考》《××通讯》《××信息》和《××工作》等。

二、简报的作用

1. 下情上报的作用

简报最初就是向上级反映重大问题和重要情况的报告,现作为内部信息交流的刊物,同样可以作为上级机关的"耳目",随时将工作进展情况以及工作中出现的新情况、新问题、新经验,及时反映给上级领导,便于上级领导及时了解下情,为决策部门指导工作、制定政策提供参考依据。

2. 上情下达的作用

简报还可以下行,及时快速地向下级宣传党和政府的方针政策,传达有关文件精神,通报有关情况,宣传推广典型经验,布置安排任务,指导工作实践等。

3. 交流沟通的作用

简报也可以平行,用于同行单位、部门之间交流经验、沟通情况,传递信息,促进相互了解，相互学习借鉴，以他人之长补己之短，不断改进和推动工作。

第二节　简报的种类和特点

一、简报的种类

简报的形式多样，内容广泛，从不同的角度，用不同的方法可以对简报作出不同的分类。如按时间分，有定期和不定期的；按性质分，有工作简报、学习简报、生产简报等；按内容分，有综合性简报、专题性简报等。一般可分为以下三大类。

（一）综合简报

综合简报亦称为集锦式简报。这类简报一般由数篇简要报道组成，它比较全面、综合反映编发单位工作进展、思想动态、成绩缺点等概况。综合简报多定期编发，或 10 天，或 15 天等。如某机关办公室编的《××工作简报》。

（二）专题简报

专题简报是反映本系统、本单位、本部门某方面的工作动态或情况的简报。有时候也用来对某一重要文件或精神的传达。这类简报通常不定期制发。如"某市防火安全情况简报"。

（三）会议简报

会议简报通常是在大型会议、重要会议举行期间编发的，这类简报的内容包括会议概况、议程、议题及会上研讨的问题、与会人员的发言摘要、会上议定的事项等。其作用是便于会议主持者及时了解会议进程，组织和引导会议，也便于与会者了解会议的进展情况，更好地把握会议精神。如"中国人民政治协商会议北京市第十届委员会第一次会议简报"。

二、简报的特点

（一）新

"新"指简报反映的内容一定要有新意。即要努力反映新情况、新事物、新经验、新思想、新动向，向上级机关和领导提供新动态，让下属了解新发展。如果报道的都是一些司空见惯的事情，就无多大价值和意义。"新"是简报的价值所在。

（二）真

"真"是指简报所反映的内容必须真实。简报既是本单位的工作的反映，又直接关系到上级领导对有关情况的判断，故其所反映的人和事不能有任何虚构，所有的数据都要确凿。"真"是简报的生命。

（三）快

"快"是指简报的编写要快，反映情况要快，传递信息要快。简报有强烈的时效性。只有快速反应,才能更有效地发挥其应有的作用。"快"是简报的效率体现。

（四）简

简报本姓"简",就是指简报在内容上就必须提纲挈领,不枝不蔓,精简扼要,篇幅短小。如果有事无事几大张,动则千言万语,篇幅臃肿,那么既影响简报的快捷,也不便于别人的阅读。"简"如同简报的形态。

第三节　简报的写作格式和基本内容

简报的格式总体上可分为三个部分:报头、报核和报尾。

简报的格式如下图所示。

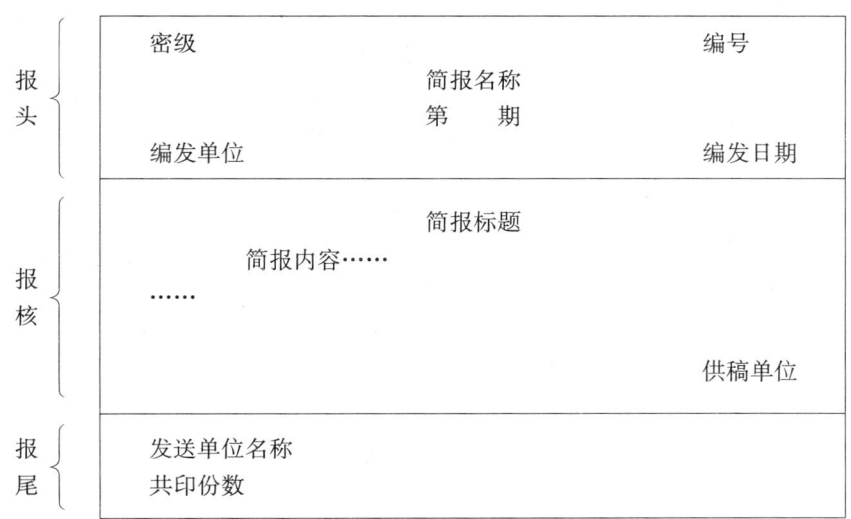

一、报头部分

报头部分的内容主要包括:简报的名称、期号、编发单位和发行日期等。

简报名称位于报头正中地方；编发单位,应标明全称,位于报头左下方,顶格写；编发期号,位于简报名称之下,一般以年度依次排序,有的在期号旁括号内标出累计的总期号；编发日期,位于报头右下方；秘密等级,位于简报名称的左上方,常用"内部参阅""秘密""机密""绝密"等标明。一般的简报不必写,有时只写"内部资料,注意保存"字样。报头部分结束,常用一根粗深色的线与报核部分隔开。简报的报头通常都统一印制好,只需将期数、日期按位置填入即可。

二、报核部分

报核部分即简报的核心部分，位于报头横线下方。它由简报的标题和正文组成，有的根据内容需要，还列出本期简报的目录，还在标题下面加上编者按语。

（一）标题

简报的标题要求能准确地概括正文的内容，引人注目。在写法上大都采用新闻报道的标题写法，可以用单标题，如《××市节水型社会建设格局基本形成》。也可以用双标题，如《垃圾处置如何现代化——中外专家沪上作研讨》。

（二）正文

简报的正文一般由导语、主体和结尾三部分组成。

1. 导语

导语即简报的开头部分。导语部分的内容主要是概括全文的内容或主要事实。在写法上可以先交代何人、何事、何时、何地、何果，使读者对全文有一大致的了解；也可以先对所反映的情况作简要的评论，阐述其性质和意义；还可以先在开头部分反映事件的结果等。写法不一，可灵活运用。

2. 主体

主体即对导语部分的具体展开。在结构上，可以按照时间的顺序来写，如按事情的发生、原因、发展过程、其结果等内容，依次写来。也可以按照逻辑关系来写，层层推进，由表及里，由此及彼，进行原因剖析，反映情况和问题的简报常用这种方式来写。较长的简报，在主体部分还可采用小标题的方法，概括每一层次的内容，便于读者理解把握内容。

3. 结尾

简报的结尾常用一段话或简要的几句话收结全文，或对全文作概要性的小结，给人加深印象；或提出建议、措施，以改进工作；或提出希望、要求，给人鞭策。有的简报在主体部分事情交代完毕，就此结束，不另作结尾。

另外有一些简报，它是由多篇内容简短的文章汇编而成的。由于其各篇的篇幅简短，往往只有几行字，所以不另设标题，只在每一篇的开头，用一句话作段旨（也称段旨撮要），把该篇的内容精要地概括出来。除不设标题外，导语、主体和结尾都不分开，合为一体，这样更精简，更紧凑，短小精悍。这种简报，反映面广，信息量大，便于阅读。

三、报尾部分

报核部分结束，常用一道细的横线将报核分开，以下部分即是报尾。报尾一般写明该简报发送的范围、印发份数、打字、校对者姓名等。

例文1（专题简报）

工 作 简 报

第十三期

中国注册会计师协会　　　　　　　　　　　　　　　2×××年4月27日

中注协召开具有证券期货业务资格会计师事务所会议
要求事务所扎实做好新会计审计准则的贯彻实施工作
坚决防止准则实施前个别企业的不规范会计行为

　　为进一步贯彻落实财政部"中国会计审计准则体系发布会暨贯彻实施会议"的精神，4月5日，中国注册会计师协会在京组织召开70家具有执行证券期货业务资格会计师事务所负责人会议，要求相关会计师事务所高度重视新会计审计准则体系的贯彻实施工作，切实做好上市公司年度财务报表审计，坚决防止准则实施前个别企业的不规范会计行为。财政部王军副部长专门作出批示，要求上市公司和会计师事务所认真学习和扎实贯彻新准则体系，提高会计信息质量，切实承担起社会责任。财政部会计司司长刘玉廷、监督检查局副局长郝进兴，中国证监会首席会计师张为国，中注协副秘书长杨志国等有关负责同志就新准则体系实施前上市公司年报审计中应予关注的重点，以及新准则体系执行中应予注意的问题作出要求。中注协陈毓圭秘书长主持了会议。

　　王军副部长在批示中指出，高质量的会计审计准则，对于提高会计信息和经济运行质量，规范资本市场发展和市场经济秩序，推动对外经济交流意义重大。新会计审计准则体系来之不易，是在全面总结、继承和发扬我国会计审计改革发展经验基础上，紧密适应经济社会发展要求而进行的制度创新；是在科学民主决策精神指导下，体现各方面的智慧，维护社会公众利益的制度安排；是努力处理好中国特色与国际趋同关系的成功范例。准则好，还要执行好，希望各上市公司、注册会计师行业和相关部门高度重视、扎实做好新准则体系的贯彻实施工作，不折不扣地把新准则体系培训到位、执行到位、监管到位、贯彻到位。

　　王军副部长表示，财政部正在全面部署和推进新准则的培训工作，其中包括上市公司、企业和会计师事务所的培训，以及有关监管部门的培训。相信绝大多数企业和会计师事务所，都能正确理解和认真执行好新会计审计准则。但同时，也要防患未然，高度重视和防范新老准则体系转换过程中，可能出现的极少数不规范做法。王副部长要求，上市公司和执行上市公司审计业务的会计师事务所，要深入学习、透彻理解、正确掌握新准则的要求，讲诚信，讲原则，讲责任，在新准则体系的贯彻实施中发挥模范带头作用，切实维护资本市场的健康稳定发展。

王军副部长表示，为确保新准则体系贯彻实施到位，在广泛深入做好培训工作的同时，财政部将把新准则体系的执行情况作为今后一个时期会计监管的重要内容。王副部长强调，当前要从2005年上市公司业绩审计抓起，注册会计师要严格把关，相关部门要严格准则执行情况的监督，切实防止少数上市公司利用新老准则体系的转换过程来人为调控损益，一旦发现恶意违规操作的行为，要严肃处理，杜绝规范前的不规范做法。

与会代表一致认为，两大准则体系的发布是行业进步的里程碑，为行业发展提供了新的契机。在新准则体系实施之前召开这次会议，非常及时，非常必要，对事务所在当前和未来一年中做好年报审计工作，把握原则，控制风险，杜绝上市公司操纵损益行为起到了及时的警示作用。

与会代表们表示，会后将及时向全体员工传达部领导的重要批示和这次会议精神，严格遵守会计审计准则，高度警惕上市公司利用新旧准则转换之机操纵损益的行为，切实起到对证券市场会计信息质量把关的作用。同时，与会代表还就两大准则体系的贯彻实施以及当前行业中存在的问题，提出了许多很好的建议。

报：财政部领导

送：中注协各位会长、副会长；各位理事；财政部各司局和单位

发：各省、自治区、直辖市注册会计师协会，深圳市注册会计师协会（印400份）

例文2（综合简报）

工作简报

第 17 期

中国××科技基金会秘书处编 20××年×月×日

目　录

◆ 中国××科技基金会第四届理事会第四次会议在京召开
◆ 基金会召开20××年业务研讨会
◆ 基金会承办中宣部等5部门向灾区孩子捐赠少儿读物活动
◆ 中国劳动社会保障出版社向基金会捐赠1000万码洋图书

- "××青年创业大讲堂"上半年活动圆满结束
- "××××璐比青年创业教育计划"走进四川
- "捐物助困行动"举行捐赠仪式
- ××护士基金秘书处组织国内医学护理院校赴英考察
- 首届"××杯——梦想与责任"系列讲座比赛落下帷幕

中国××科技基金会第四届理事会第四次会议在京召开

中国××科技基金会于20××年6月15日在北京召开了第四届理事会第四次会议。本次会议对基金会第四届理事会以来取得的成绩给予了充分肯定,并对基金会今后的工作思路、发展方向进行了认真讨论和部署。共青团中央书记处书记贺军科同志出席会议并发表重要讲话。基金会理事会成员田××、陈××、任××、苏××、查××、徐××及部分理事代表出席了本次会议。

会议首先对秘书处所做的工作报告进行了认真审议,各位理事对基金会目前的工作及今后的发展提出了宝贵的意见和建议。随后,大会对理事会的部分成员进行了调整,选举任××同志担任中国××科技基金会理事长,增补张××同志为中国××科技基金会理事、副秘书长。

共青团中央书记处书记贺××同志在认真听取基金会工作报告以及理事们的意见和建议后,发表了重要讲话。他指出……书记处对于基金会所取得的成绩给予充分的肯定。下一步,基金会要向可持续发展的目标不懈努力,为共青团事业的发展作出更大的贡献,不断提高基金会的公信力和美誉度,继续提升基金会内部管理水平,给基金会工作的员工创造更好的发展的条件。希望基金会早日跨入5A级行列,成为中国公益事业第一梯队的成员和领跑者。

基金会召开20××年业务研讨会

7月12日,基金会召开了20××年业务研讨会。本次研讨会邀请了民政部的相关领导和专家就基金会行业发展状况以及基金会评估工作和项目财务核算等内容做专题讲座;并对基金会上半年的工作进行总结。

民政部基金管理处处长刘××、民政部民间组织服务中心管理服务处副处长朱××,北京中证天通会计师事务所副主任会计师李××分别为基金会全体人员带来《我国基金会情况介绍》《基金会评估工作介绍》和《非货币性资产捐赠相关问题》的精彩讲座。三场讲座内容丰富,有很强的针对性、专业性。不仅使基金会全体员工增长了知识、开阔了视野,更对明年的评估工作明确了方向。

最后,任××理事长对基金会上半年工作进行总结,并对下一阶段工作进行部署。他指出,基金会上半年各项工作取得明显进展,标志着基金会进入了新的发展阶段。但发展中仍存在着问题和不足、面临着挑战，我们必须时刻警醒，不能有任何松懈。只有这样，基金会才能保持可持续发展。要想方设法、扎实工作，不断提高工作水平和能力。通过认真做好评估工作、培训工作、部门和项目的反思总结工作，完善新的机制和激励措施等，使基金会永葆发展动力，争取实现更大发展。

基金会承办中宣部等 5 部门向灾区孩子捐赠少儿读物活动

5月10日，中央宣传部、中央文明办、共青团中央、教育部、新闻出版总署5部门向全国人民发出倡议："关心灾区孩子成长，捐赠优秀少儿读物"，并明确社会捐赠工作由中国光华科技基金会负责。期望动员社会各界向灾区4 000多所中小学急需图书的孩子们捐赠450万册以上图书。

基金会在接到任务后，立刻抽调业务骨干，部署相关工作。第一时间在基金会网站上公布《向地震灾区中小学生捐赠优秀出版物实施办法》，详细介绍了企业、机构及个人参与捐赠方式，捐赠地址、账号及联系方式等，并将所有捐赠信息在网站上公示。随着活动的持续开展，基金会得到社会各界的踊跃捐赠，并开展丰富多样的活动支持灾后重建。

截至20××年6月底，基金会共收到捐赠图书逾21万册、现金100余万元。央视国际、新华网、SOHU网、中国广播网、YAHOO网、信报、中国青年报等国内数千家媒体也纷纷就活动进行报道。

中国劳动社会保障出版社向基金会捐赠1 000万码洋图书

6月19日，中国劳动社会保障出版社捐赠图书仪式举行在基金会会议室举行，中国劳动社会保障出版社此次捐赠1 000万码洋图书支持基金会书海工程发展。中国劳动社会保障出版社社长兼总编辑张××女士，基金会理事长兼秘书长任××参加仪式并讲话。……

"××青年创业大讲堂"上半年活动圆满结束

3月16日至5月19日，"××青年创业大讲堂"活动上半年活动圆满结束，其中"诺基亚青年创业大讲堂"开展33场次，"××青年创业大讲堂"开展18场次，共计涵盖23个城市49所高校，天津××股份有限公司总经理吴树桐、江南集团董事长刘轩华等30余位企业家应邀担任青年创业导师，与2万余名大学生分享创业经验，共话创业故事。创业大讲堂活动的举办在高校和企业之间建立了一个很好的公益平台，点燃了同学们的创业激情，尤其是后期的创业大赛和资金、政策支持，为大学生的创业提供了帮助。

"××××青年创业教育计划"走进四川

6月19日至20日,由基金会和欧迪芬国际集团联合发起,旨在培养青年创业意识、提升青年创业能力的"××××青年创业教育计划"走进四川,与四川师范大学、四川城市职业学院、四川美术学院等十几所四川高校互动,并取得圆满成功。

本次"××××青年创业教育计划"共包括三项主题活动:××××创意·创业赛事、捐赠"××××青年创业实践基地"以及开设"××××青年创业大讲堂"。6月19日,"××××创意·创业赛事"和"××××青年创业大讲堂"在四川城市职业学院成功举行;同时,首个"××××青年创业实践基地"已捐赠给四川师范大学服装服饰文化研究所。

"××××青年创业教育计划"是一项长期的、从实际出发的教育计划。为了配合大赛和创业实践基地的建立,"××××青年创业教育计划"将随着大赛进程走进更多的院校,把创业之路铺垫到更多的校园中去,使学校的老师和学生与品牌、社会真正互动起来。

"捐物助困行动"举行捐赠仪式

5月12日,"送一本图书,传递一份爱"校园关爱行动启动暨捐赠仪式在北京市第十一中学举行。基金会副秘书长查××、××国际教育集团总裁胡××等领导出席了捐赠仪式,并将1 100册、总价值22 000元的《胡××读故事记单词高中英语词汇》和配套学习光碟捐赠给该校家庭经济困难学生。此次捐赠活动拉开了"送一本图书,传递一份爱"校园关爱行动的序幕,将为北京市18个区县325所中学10万名高中学生无偿捐助10万册《胡××读故事记单词高中英语词汇》和10万张配套学习光碟,总价值200万元人民币。活动将邀请国内著名英语教育学家、"中国雅思之父"胡××先生在北京市18所中学开展《怎样学好英语》公益巡回演讲。

……

××护士基金秘书处组织国内医学护理院校赴英考察

4月22~30日,基金会下设的××护士基金组织国内医学院校代表赴英进行考察与交流。期间,考察组参观了Hampstead语言进修学院、英国最大的认证中心Edexcel、英国养老集团下设的两家养老院,并与机构领导和实习学生作了深入的交流。该项目得到了英国内政部、英国驻华大使馆、英国克莱斯特(Crest)学校等英方机构的大力支持,同时也得到国内医学院校领导、学生、家长的好评。项目开展两年来,已经有700多名学生受益,实现赴英实习的梦想。

首届"××杯——梦想与责任"系列讲座比赛落下帷幕

7月13日,基金会举行首届"××杯—梦想与责任"系列讲座比赛颁奖仪式。基金会领导为获得"最佳主讲人""最佳点评人""最佳主持人"和"最佳组织奖"的个人和部门颁发了奖杯、证书及奖金。

此次讲座比赛是基金会为打造专业化、能力强、素质高的工作队伍,展现员工健康饱满的精神风貌,提高员工工作能力、学习能力和沟通协作能力于5月初开始举行的。基金会全体员工共同参与系列讲座比赛,共有来自基金会的10名员工作为主讲人,结合自身工作和感悟,为大家带来精彩纷呈的讲座。

基金会副秘书长张××在对此次大赛进行总结时指出:本次讲座比赛是基金会历年来参与人数最多、规模最大的一次业务交流活动。本次比赛培养了员工勤于思考、勇于创新的意识和学习热情,促进了员工之间、部门间的交流,提升了基金会的凝聚力。希望大家以此次讲座比赛活动为契机,勤奋学习,勇于创新,在实践中学习,在实践中成长,为推动基金会发展作出更大的努力。

选自:http://www.ghstf.org/2009-04-02-09-17-42/528-17.html

1. 简报有哪些作用?简报的特点是什么?
2. 简报的报头部分包括哪些内容?
3. 请根据本学期以来,班级或学校举办的活动、会议,或针对学生中出现的一些情况,编写一份班级综合简报。
4. 给下列各段文字添上段旨。

(1)(　　　　　　　　　　　　　　)

×××大学"深化文化素质教育,全面推进素质教育工作"会议在一号楼学术报告厅举行。教育部原副部长、中国高等教育学会会长周××,教育部高等学校文化素质教育指导委员会主任杨××院士、副主任兼秘书长刘××教授,校领导朱××、李××出席了大会。校长李××为大会致开幕词。周××在讲话中充分肯定了文化素质教育对提高人才培养质量的作用(略)

(2)(　　　　　　　　　　　　　　)

4月12日,中共中央党史研究室副主任李××应邀来到我校,以《科学发展观与构建和谐社会》为主题,为我校教师作了一场精彩的形势政策报告。李××从理论与实践相结合的高度,详细阐述了深化认识和贯彻科学发展观,全面把握科学发展观的基本内涵和精神实质,如何把握科学发展观与邓小平理论和"三个代表"重要思想的关系,和谐社会的内涵及其提出的中国特色社会主义价值体系问题,正确处理发展与和谐社会的关系等方面的问题。两个多小时的演讲中,李××用鲜活的数据、生动形象的事例和精彩的论述,赢得了热烈的掌声。

(3)(　　　　　　　　　　　　　　　　)

为加强学生爱国主义教育,积极营造健康向上的校园氛围,同时大力开展社会主义荣辱观教育,展现当代大学生的青春活力,增强同学之间的凝聚力,学生处将在五月份举办我院首届"五月鲜花歌咏比赛"。本次比赛共有14支参赛队伍,由我院14个大班选送,每班选派50人参加,比赛曲目分必唱曲目和选唱曲目两首。必唱曲目为《八荣八耻歌》,选唱歌曲是由各参赛队任选一首积极健康的,能展现自身特色和风采的歌曲进行演唱。目前各参赛队伍已精心挑选了适合本班演唱的歌曲,曲目已经全部反馈团委。为了方便合唱训练,学生处联合教务处为每个参赛队伍开辟了专门的训练教室,各参赛队伍正在抓紧时间练习歌曲,策划队形,争取以最好的姿态向全院展示各自的风采。

(4)(　　　　　　　　　　　　　　　　)

2006年3月24日,学校在图书馆十五层报告厅召开中央民族大学2006年就业工作会议。参加会议的有学校办公室、招生就业处、研究生院、教务处、学生处、财务处等职能部门负责人和各院系党政领导、主管学生工作的领导以及就业工作专职人员。会议由校党委书记、校长鄂××主持。会议主要内容是中央民族大学2005年就业工作总结;表彰2005年就业工作先进集体和个人;部署2006年本科毕业生就业工作;院系及职能部门代表发言,交流就业工作先进经验。主管招生就业工作的陈×常务副校长在讲话中肯定了学校2005年就业评估工作卓有成效,涌现了一批先进。同时他指出学校就业形势十分严峻,要通过提高教学质量、积极开展学生推介工作以及加强就业工作研究等途径提高学校学生的就业率。他要求各相关单位要制订规划、加强指导、提高就业信息的搜集、整理和流通能力。

(5)(　　　　　　　　　　　　　　　　)

2006年3月24～25日,学校团委组织全校81名团学干部赴怀柔区怀北镇大水峪村开展了以"京郊农村现状观察与思考"为主题的团日活动。活动旨在让学生了解京郊农村的现状以及京郊农村经济发展举措,激发广大共青团员对新农村建设的热情,为同学参与北京市基层服务打下一定的思想基础。本次活动由学校团委组织,活动内容主要包括京郊农村生态调研、农村经济发展新举措、团队精神培养等。活动中,同学们与当地农民进行访谈,积极主动了解当地情况,尤其关注京郊发展过程中生态环境的保护问题。参加此次活动的团员们都将就自己在实践活动中的体会及收获做文字总结。学校团委以后将继续开展类似活动,响应"基层就业,建设社会主义新农村"的时代要求,让更多的青年团员有机会了解和接触农村,为积极投身到新农村建设做好服务。

5. 请根据下列材料写一则报道,如有所缺内容,请自行补上,字数300字以上。

在××大学的南区食堂,在门口收拾饭后餐具的校工肖大叔告诉笔者,学生多有浪费现象。"以前,米饭是免费供应的,现在要收费了,学生都根据自己的饭量打饭。"据肖大叔观察,"女生一般买一两饭,男生一般要三两饭,基本都能吃完,剩下的只是少量的饭菜。"他介绍,食堂每天都会把剩菜剩饭装进专用桶内,每个桶的容量大概是50千克,"每一餐大概收两桶左右"。笔者在食堂出口观察发现,吃完饭的同学餐盘里大都会有少量剩菜剩饭,每人剩的量不多,但许多人都倒的话,就不免积少成多。××校区有3个这样规模的食堂,一年内除去寒暑假和双休日后大概有170天,一天按两餐粗略估算,一年的剩菜剩饭就有百吨之多。全市有59所高校,以此推算,一年的剩饭剩菜该有多少!

正在食堂内吃饭的廖××同学告诉笔者,他平时很少浪费饭菜,"米饭很少会剩,因为自己能吃多少大概都清楚","有时候吃饱了就会剩下一点菜,有时候买的菜不合口味,就吃不完了"。××大学的郑××同学介绍,一年前食堂的米饭是0.5元无限量的,所以浪费比较多,后来改为按量收费,大家就会考虑自己的食量。

笔者在采访中发现,女生剩饭剩菜的情况比男生多些。正在就餐的女生夏妃同学说,考虑到菜的营养搭配,一般会要一两米饭,一荤一素两个菜,但经常是饭吃完了还剩不少菜。还有些女生比较注意体形,所以一份饭一份菜也显得比较多。李××同学说,节约光荣、浪费可耻的教育从幼儿园开始就没间断过,"所剩饭菜多,会觉得浪费,提醒自己要节约点;但如果剩得少了,也就不太在意。"

笔者在食堂对几位剩饭菜较多的同学进行了现场采访,他们都表示"只是偶尔为之"或者"实在吃不下了"。采访中,也有不少同学提出希望食堂改善饭菜口味、质量,实施诸如半份菜等举措,可以更好地避免剩菜情况发生。

第九章 调查报告

第一节 调查报告的概念和作用

一、调查报告的概念

调查报告,顾名思义是两个名称的合二为一,一是调查;二是报告。所谓调查报告,首先是对事物进行深入实际地了解,掌握第一手资料,然后对此进行分析研究,将其结果写成书面报告。调查和报告两者之间的关系是:调查是报告的基础,报告是调查的反映;调查是报告的依据,报告是调查的说明;调查是报告的灵魂,报告是调查的体现。

在实际应用中,调查报告与总结时常容易混淆,不易区别。之所以容易混淆,在于它们都是对以往的事作了解和反映。它们之间的区别主要在于:

1. 行文的目的不同

调查报告行文的目的侧重于对事物情况的探讨、发现、研究,认识和把握事物的客观规律。总结侧重于对自己所做的事进行评价,总结经验教训,以推动下一步的工作,是对计划落实情况的检查。

2. 行文的时间不同

调查报告的写作是不定期的,发现新情况、新问题,随时可以展开调查,事前事后均可以调查。而总结大多是定期的,年末、月末,或者某一阶段工作结束,都要作常规总结,是一种事后的行为。

3. 反映的范围不同

调查报告所反映的范围,可以是本单位的,也可以是外单位的,更多的是社会上的人和事。而总结局限于对本单位、本部门、本地区的人和事作总结,不涉及外单位及社会上的事情。

4. 熟悉的程度不同

调查报告中调查者对被调查的人或事,大多并不十分熟悉和了解,正因为如此,故需展开调查,弄清事实真相。而总结则相反,只有对自己所做过的事或经历的事方可总结,否则无法加以总结。

5. 所用的人称不同

调查报告的作者不是以当事人的身份出现,所以常用第三人称写作,或直指调查对象。总结因为是当事人对自身工作的回顾、分析,所以常用第一人称写作,文中多用"我(我们)"。

二、调查报告的作用

毛泽东曾说过:"没有调查,就没有发言权",同理,没有调查,也就不能很好地开展工作。江泽民指出:"坚持做好调查研究这篇文章,是我们的谋事之基,成事之道。"还有的领导同志说:"领导机关制定政策要用百分之九十以上的时间作调查研究工作,最后讨论作决定用不到百分之十的时间就够了。"这些话都强调了调查研究的重要性。任何工作都离不开调查,尤其是当今世界,瞬息万变,更不能没有调查。凭经验,想当然做事情,势必会在市场经济面前碰壁。作为新时期的经济工作者,都应学会调查研究,学会写调查报告,以便更好地为工作服务。调查报告的作用大体如下:

(一)为制定决策,指导工作提供依据

积极地开展调查,可以更好地认识世界,改造世界,深入实际,了解实情,找出问题,抓住机遇,明确方向,为制定政策、方针,提出切实可行的依据,正确地指导今后的实践,避免主观性,减少盲目性,使之更有成效地开展工作。

(二)及时发现事物发展的新动向,把握工作主动权

客观世界和主观世界时时刻刻都在不断变化,随时调查,可以随时发现客观世界和主观世界的新情况、新动向,及时分析研究,采取对策,顺应世界的发展规律,把握工作的主动权,以减少因被动而给工作带来的损失。

(三)及时总结经验教训,为两个文明建设服务

对一些成功经验,先进事迹,写成调查报告,可以以点带面,发扬推广;对一些失误教训,严重问题,写成调查报告,也可以给人警醒,引以为戒,防微杜渐。成功的经验,深刻的教训,都能给人教育,以此促进物质文明和精神文明的建设和发展。

(四)获取大量的信息、资料

调查报告从某种意义上说,就是不断地获取新的资料、新的信息、新的发现。经常调查,一方面,可以扩大知识面,掌握新知识;另一方面,它更有助于工作决策,科学管理,开发新领域,加快建设的步伐。

第二节 调查报告的种类和写作步骤

一、调查报告的种类

调查报告的种类很多,分法也各有不同,在此不做赘述。较常用的主要有:社

会情况的调查报告、典型经验的调查报告、揭露问题的调查报告、新生事物的调查报告。

（一）社会情况的调查报告

此类调查在实际运用中最为普遍。它涉及的领域广泛，既可以是意识形态的，也可以是物质形态的；既可以是宏观世界的，又可以是微观世界的。如政治、经济、文化、生活、工业、农业、科技、教育等领域的调查；人生观、社会实践、消费、住房、婚姻、教育、就业、人口等诸多项目的调查。

（二）典型经验的调查报告

典型经验是指具有一定代表性和具有普遍推广意义的做法或事迹，以此推动本单位、本地区，甚至全社会的进步。典型经验调查的对象可以是先进人物，也可以是取得显著成就的单位。而一般的好人好事，并不十分突出的经验，不宜写成调查报告，可在简报或其他文章中加以报道。

（三）揭露问题的调查报告

揭露问题的调查报告主要是针对一些危害国家和人民利益的人和事，社会上一些不良倾向、不正之风及其他存在的问题，并造成一定影响的事件，写成调查报告，以揭露和批判，探究问题产生的原因，分析问题的症结所在，提供解决问题的思路和方法。这类调查报告可以帮助人们接受教训，提高认识，引以为戒，自觉抵制不良风气，加强自身建设，提高管理水平。

（四）新生事物的调查报告

新生事物体现一种新思维、新观念，体现了它与旧传统做法、观念的决裂与抗衡。在社会发展的进程中，总会有新事物、新风尚不断地涌现，而任何一种新生事物的涌现，都有其必然性，都有其发展的趋势和规律，这就需要展开调查，如其产生的条件或背景，发展过程中的特点，给社会产生的积极影响等。通过调查分析研究，提高了人们对它的认识，从而对新生事物的进一步完善、发展起到推动的作用。

二、调查报告的写作步骤

（一）确立调查的主题

主题是纲，是方向，主题确立后，才能合理地安排人力、物力、财力，确定调查的方法，展开有目的、有针对性的、行之有效的调查。

（二）搜集整理材料

主题一旦确定，就要搜集相关材料。调查材料好比是"米"，没有米，巧妇难为炊，没有材料，也无法写成调查报告。材料还有数量和质量的要求，从数量上来说，调查材料必须充分，过少容易以偏概全，依据不足，影响观点的阐述。从质量上来说，不能抓到篮里都是菜，必须经过整理，去粗取精，去伪存真，选择有代表性的、具有说服力的材料。

（三）分析研究材料

有了材料，还需对它进行归类、分析、比较，如这些材料反映了什么情况，说明什么问题，如何进行由表及里、由浅入深的研究等。材料通过分析，才更具有价值，否则，材料只能是一堆死的数据。

（四）编写提纲，形成报告

提纲也即调查报告的框架，如分哪几部分写，各部分的观点，最后的结论等。编写提纲，可以使调查报告在写作中脉络分明，条理清晰。

第三节 调查报告的写作结构、基本内容和表达方式

一、标题

调查报告的标题一般可分为两大类：单标题和双标题。

（一）单标题

单标题的写法不一，可以是公文式的，也可以是报道式的。

（1）公文式的标题。如《关于当代大学生流行文化调研报告》，通常用介词"关于"引出事由加上文种"调查"或"调查报告"构成。

（2）报道式的标题。如《供销系统联营企业经营情况的调查》。通常由"调查对象的名称""调查的项目"和"文种"构成。也可以不加文种，如《二十世纪九十年代中国的物价》。还可以是提问式的标题，如《上大学要花多少钱可以承受？》等。

（二）双标题

如《别给企业添乱——×××厂经营情况的调查》《聚焦校园消费——大学生的钱怎么花？》它通常用主标题概括事由或揭示主题，用副标题对主标题作补充，副标题后面通常加上"调查"或"调查报告"文种名称。

二、正文

（一）正文的基本内容

1. 前言

调查报告的前言一般写以下几方面的内容。

（1）说明调查的依据、目的，以及调查的对象、范围、地点、时间、调查的项目和调查的方式。

（2）概括调查的主要内容，以及阐述基本观点。

（3）介绍被调查对象的基本情况。

（4）用设问句直接提出疑问，使主体部分有针对性地展开调查。

前言的写法不一，形式多样，关键在于简明扼要，具有吸引力。

2. 主体

主体是前言的延伸和展开,它是全文的重点。主体一般包括两方面的内容。

(1) 列举调查的材料和数据,反映调查的事实。即着力写清被调查对象的具体情况,如分哪几方面展开,有哪些材料和数据,事实情况如何等内容。

(2) 分析、研究材料和数据,得出规律性的认识。在列举材料和数据的基础上,进行深入细致的分析,由表及里,由此及彼,反映事物的本质,探索事物的发展规律,提高对事物的认识,阐明观点,得出结论。

3. 结尾

调查报告的结尾是对全文作归纳总结,不同种类的调查报告结尾的写法不一。如揭露问题的调查报告,结尾可以提出处理意见和改进措施;新生事物的调查报告,结尾可以阐述其重大意义,也可以提出问题,启发人们进一步思索和探讨;对推广经验的调查报告,结尾可以提出希望和要求等。总之,调查报告结尾的写法也应视内容表达需要而定,简明扼要,意尽言止,不要说空话、套话。

(二) 正文的结构形式

调查报告在写作上的结构形式常用的有三种:横式结构、纵式结构和横纵结合结构。

1. 横式结构的写法

有些调查报告,材料数据较多,反映的面也较广,需要分几个方面或几大部分来展开阐述,或者从不同的几个角度反映事物的性质。而这几方面、几部分之间的关系是互相并列的,在逐个阐述之后,再加以汇总、概括成总的观点,这样的写法为横式结构。如在《万户农民问卷调查》的调查报告中,对农民的变化从三个不同的角度加以反映:一是穿的方面;二是住的方面;三是用的方面,然后得出农民生活水平的变化和存在问题,这就是采用的横式结构。在横式结构中可以用小标题对各部分内容加以概括,这样便于理解和阅读。

2. 纵式结构的写法

纵式结构的写法通常是按照事物发展变化的时间先后顺序组织编写。如对一事件的调查,就可从事件的起因,发展的经过,造成的结果,产生的影响,采取的对策或相应的措施,一步一步依次组织编写。

3. 横纵式结构的写法

它是横式结构和纵式结构的结合,横中有纵,纵中有横。如调查农民的生活变化,可以从衣、食、住、行等几个方面的情况变化中加以反映,采用横式结构的写法。而每一方面的变化,又可以按时间的顺序加以编写,从过去衣、食、住、行的情况写到现在的衣、食、住、行的变化,采用纵式结构。全篇横中有纵,同样脉络清晰,井然有序。

以上三种结构形式,在具体写作中,可结合内容需要确定其中一种,在写法上,三种结构均可采用"小标题式"或"条目式"的写法,以分清各层次或各段落之间的关系。

调查报告的种类很多,内容也各不相同,在写法上,往往因人而异,因材料而异,因主题而异,因刊载媒体而异,可以百花齐放,各有千秋。

（三）正文的表达方式

主体内容常以叙述、说明和议论的方式进行表达。

（1）用叙述的方式展开调查的过程。如由谁,在何时,对哪些人,采用什么方式展开调查,其中克服了什么困难,调查的结果如何等,均可用叙述的方式表达。

（2）用说明的方式展开材料数据。调查报告主要是用材料数据说明事实真相的。调查报告中的说明可以用语言表达,也可以用图表将数据列出作说明。尤其是数据较多材料,用语言较难表述清楚,而用图表显示,则更具直观性,且清晰明了,起到语言所不能起到的效果。

（3）用议论的方式对材料展开分析评价。即对材料数据进行分析,形成观点,提高认识,更好地把握事物的本质和发展的规律。

第四节 几种常用的调查方法

一、普遍调查法和抽样调查法

根据对调查范围内的对象是作全部的调查还是抽取部分调查,其调查方法大体可分为普遍调查法和抽样调查法两种。

（一）普遍调查法

普遍调查法又称普查法,它是对调查范围的每一个对象进行毫无遗漏的调查。其人数一般较多,材料数据真实全面,从而达到对总体准确无误的反映和了解。

普遍调查的范围可以是全国性的,也可以是地方性的;可以是整个行业内的,也可以是其中某一单位内的。如人口普查、婚姻普查、住房普查、健康状况普查、受教育情况普查等。普查因其对象多,所以费时较长,工作量大,但其准确率高。

（二）抽样调查法

它是从研究对象中选择部分对象（又称样本）进行调查,然后根据研究结果来推断总体。抽样调查在选取样本时又有两种方法:随机抽样法和非随机抽样法。

1. 随机抽样法

随机抽样又称概率抽样,它有两个特点:其一是遵守随机原则,即它在抽取对象样本时,总体中每一个个体的中选机会都是均等的,完全排除研究者或其他人的主观愿望。其二是可以从数量上推断整体,即要保证一定的数量,否则样本数量太少,就会影响调查的质量,以偏概全,易出偏差。随机抽样又分数种方法,常用的有如下几种:

(1) 简单随机抽样。即从总体中随意抽取一定数量的样本,比如采用抽签或摇号抽取法。

(2) 等距抽样。即从总体中按一定的标准和顺序编上号,然后按抽样的比例将总体划分成一个个相等的距离,抽取所需的样本。

(3) 分层抽样,又称分类抽样。即将总体中的个体按一定的属性、特征或其他标准分成若干层次,如按性别、文化层次等,然后在各层次中采用简单随机抽样或等距抽样来选取样本。

2. 非随机抽样法

非随机抽样法又称非概率抽样法。以往人们常用的"典型调查法",从本质上说,就是非随机抽样法。非随机抽样法往往根据调查者或研究者的主观意愿来选择少数具有代表性的对象,进行深入、细致的调查研究,以此取得调查结果。这种方法的好处在于:由于抽取的对象少,所以省时、省力,方便易行。不足之处是:因其带有调查者的主观意愿,且样本少,有时并不具代表性,所以调查结果难免会出现偏差,准确率不及普查法和随机抽样法高。

二、问卷调查法、观察法、访谈法、实验法

根据在调查过程中对调查对象所采取的具体方法来分,又有问卷调查法、观察法、访谈法、实验法等。

(一) 问卷调查法

问卷调查表格是调查者根据调查的内容设计成若干问题,然后由调查对象填写答案的一种表格。这种表格又分三种形式:

1. 结构型问卷

结构型问卷又称封闭型问卷,这种问卷是根据调查者的需要,在表中列出数项问题,并把每项问题可选择的几个答案同时列出,被调查者只需在规定的答题格内打"√"即可,无需作文字解答。这种调查不暴露被调查人的身份,所以答案可具真实性,又省时,回收率较高。

2. 无结构型问卷

无结构型问卷又称开放型问卷,这种问卷不提供选择答案,需要被调查者对每一项问题用文字回答。无结构型问卷保密性差,又较结构型问卷费时、麻烦,有时还会因填写者有顾虑,作不真实的填写,造成调查的事实失真。一般用于不便提供选择答案、不涉及个人隐私的调查,如需要对方提供建议或点子时,无结构型的问卷就便于人们发挥想象力,使调查者收到意想不到的效果。

3. 半结构型问卷

半结构型问卷是结构型问卷和非结构型问卷的结合,即一部分题有可供选择的答案,一部分题需作文字解答。

设计问卷调查表时,要遵守以下原则:

第一,目的要明确,范围要确定,不要为凑数而提些与主题不相关的问题。

第二,问题的设计要具合理性、科学性、可答性。

第三,答案的设计也应讲究合理性,数量要适当,不宜过多。

第四,答案之间不能相容,否则难以进行选择。

第五,措词要严谨、准确,不能产生歧义。

(二)访谈法

根据调查的内容,用访问、谈话的形式取得有关调查的资料数据。

(三)观察法

调查者直接(或派人)到现场作观察,记录所要了解的事物情况。

(四)实验法

实验法分室内和室外两种。它是通过做实验来取得有关数据,得出调查的结论。

第五节 调查报告的写作要求

一、忌表面化的调查

调查要深入实际,才能掌握真实资料数据,否则,走马看花,浮在表面,甚至道听途说,根据少数人提供的情况,匆匆写成调查报告,这样得出的结论就不可能真实、可靠,还会产生误导,造成不良的影响。

二、忌堆砌数据,不作分析

写调查报告的目的,就是要反映问题,认识问题,揭示事物的本质和发展规律。调查报告中如果只有材料数据,而没有分析,那就无法说明问题,证明观点,这样的调查报告就没有意义和价值可言。

三、忌脱离材料,空发议论

调查报告中的结论、观点,要依靠事实说话,否则即便讲得头头是道,环环紧扣,也会因缺少事实根据,而不能令人信服。另一方面,材料要与观点一致。所举的事例、数据一定要典型,要能充分说明问题,要防止犯主观性、片面性的错误。

例文1

关于梅州、河源、韶关三市
"5.17"洪灾造成部分农房损坏的调查报告

××省人民政府:

5月15、17日梅州、河源、韶关三市连降暴雨到特大暴雨,一些地方山洪暴发、山体滑坡、倒房、淹田,水利、电力、通讯、道路设施等不同程度遭到破坏,受灾严重。根据省政府要求,5月21～23日,省建设厅城乡规划处、建筑管理处和省建设工程质量安全监督检测总站相关人员组成调查组,深入三市听取当地政府及建设行政主管部门的灾情介绍,实地查看房屋、市政设施的损毁情况,分析受灾原因,提出对策和建议。现将调查情况汇报如下:

一、基本情况

三市共有13个县(市、区)、90多万人受灾,29人死亡,598人受伤、1人失踪。因山体滑坡致使3 713间农房倒塌;因水库泄洪致使4 000多间农房受淹,2 387间倒塌,1 191间农房损坏。其中梅州市5县(市、区)124个镇75.6万人受灾,约3万人受洪水围困,14人死亡,……河源市3县39个乡镇受灾,……韶关市5县受灾……

二、受灾原因

从各地的汇报材料及实地查看的情况分析,这次洪灾造成房屋倒塌,人员伤亡(集中在山区村镇)主要有以下几方面原因:

(一)选址不当。由于山区村镇用地紧张,为节约耕地,农房多为紧贴山坡而建,但山坡的地质情况农民知之甚少。许多农房选址于存在严重地质灾害隐患的山坡地,特大暴雨引发山体滑坡,冲塌房屋。如梅州市平远县大坪镇部分农房建在表层为浮土、下层为岩土的软硬相间的山体上,暴雨引发山体脱层后滑坡,造成房屋倒塌。

(二)缺乏防灾意识。农民建房缺乏预防山体滑坡的常识,人为开挖坡脚、削坡取地建房,破坏了山坡原有的稳定性,并且无任何防护措施,造成山体失稳,暴雨诱发山体滑坡,导致房屋严重崩塌。如河源市龙川县赤光镇再香村,全村1 032人,195户,集中建房在斜坡地上,大部分采用削坡建房,并且无任何支护措施,暴雨的天灾加削坡的人祸,导致54间农房严重崩塌,村办小学教室受损,无法上课。

(三)泄洪淹毁。如梅州市梅江区城北镇部分村舍建在下游水库泄洪区域内,因水库水量激增被迫泄洪,导致库区下游村庄房屋全部被淹,部分房屋倒塌。

(四)监管乏力。农民建房缺乏有效监管,质量较差,无法抵御自然灾害的袭击。这次在洪灾中坍塌的绝大部分农房是"干打垒"土瓦房,没有任何抗击灾害的能力,灾害发生时造成损失相当严重。相反有一些近年建设的砖混结构房屋,在受到小面积滑坡危害时,具备一定抵御能力,没有出现全面坍塌,仅局部房屋受损,保证了人员安全。

三、对策与建议

针对洪灾暴露出来的问题,结合当前我省村镇建设工作的实际,建议采取"一落实,两把关",即:

(一)落实村镇建设管理职能

据统计,2002年全省村镇新建住宅建筑总面积为3 669.22万平方米,其中村庄新建住宅面积达2 432.6万平方米,比上年同比增长17.26%。但据了解,全省村镇建设管理仍较为薄弱,农村建房疏于管理现象不同程度存在。建议各镇都应按省编委粤机编〔2001〕35号文的要求,建立或明确村镇建设管理部门,确保村镇建设工作有机构、有人员负责;同时,每个村应有一名农房建设协管员,具体负责农房选址、设计、质量等方面的监督和指导工作,并相应加强对村镇建设管理人员的培训。

(二) 严格执行村镇建设规划,把好房屋建设的选址关

河源市近年来积极开展了农房改造工程,市、县各级财政支持农民改建住房,统一规划,统一设计,集中建房,真正把好农房建设的选址关。其中,龙川县共有11万多农户,60 310户需改造,从1999年以来,已改造4万多户,在这次洪灾中几乎没有农改房受损,取得了较好效果。

小城镇及自然村房屋建设用地安排要符合规划布局,同时必须满足地质灾害防治规划的要求,在存在地质灾害隐患和灾害易发地区,要将防灾专项规划的内容作为规划许可的重要条件,不得在软硬相间的山体附近建房,严禁挖坡脚取地建房。各级规划行政主管部门应严格控制水库泄洪区内的规划建设,统一划定不可建设区的范围,禁止在此区域内选址新建农房。

(三) 严格执行工程建设质量监督制度,把好房屋建设的质量关

新建、改建、扩建建筑面积在60平方米以上和三层以上(含三层)的农民自有住房,施工前必须办理质量监督手续,工程建设的全过程必须纳入质量监督管理。工程竣工后,必须经验收合格和办理竣工验收备案,方可交付使用。办理上述手续,不得向农民收费,增加农民负担。

改进农民传统的建房方式,有条件的地方,要逐步推行统一组织、综合开发的工程建设模式,按照规划进行农民住房建设,严禁无证设计、无证施工。对于山区建房要根据地质条件采取必要的护坡、挡土墙、排水等防灾措施,提高工程建设整体水平,确保工程建设质量。

××省建设厅
二×××年七月二十三日

例文2

关于北京市民社会公德的抽样调查

人无德不立,国无德不强……社会的和谐发展需要每个公民都自觉地提高自己的公德水平。作为一个城市,市民的素质体现了这座城市的精神风貌,也预示着这个城市的发展潜力。北京是我们国家的首都,应该是"首善之区"。……

然而,当前处于一个历史性的社会转型期,由此带来了政治体制、精神文化和社会生活方式的深刻变化。在此过程中,功利主义对道德观念产生了冲击,社会不公正现象的存在以及不同阶层利益的悬殊落差,导致很多人心理失衡,价值取向发生扭曲,相当普遍地出现了道德缺乏症:无羞耻心,无道义感,无公德意识,爱心冷漠,自私为荣。北京社会心理研究所曾于2004年、2005年连续两年针对某些市民在社会公德方面表现出的诸如随地吐痰、乱扔杂物、乘坐公交车争抢拥挤等陋习,对北京市城区居民进行了抽样调查,给市民的公德表现"画像",请那些有违反社会公德行为的市民对号入座。报告公布后,在社会上引起了强烈的反响,谴责各种陋习的声音越来越响亮。

但是,正如一个硬币有两面,对社会公德的研究绝不止于仅看硬币的反面——公众的"失德"行为,还应该将硬币翻过来,看看它的正面——公众自觉的良好行为示范中体现出的"美德"。因为一个民族的美德是这个民族的精神和生存发展的根基,是维系社会健康发展的基本保障。……

就北京这座有着悠久历史和现代文明的既古老又年轻的文明古都和世界名城来说,皇城根下所形成的深厚历史文化底蕴,潜移默化地影响着每一个北京人。据北京文化网、老北京网以及其他一些文献资料记载:北京民风淳厚,北京人性格直爽实在,待人透着亲切、热情、淳朴劲儿;他们历来讲斯文、讲规矩、讲秩序、讲礼貌,父母对子女的教育也是"助人为乐"不离口;他们还随和大度,开朗幽默,喜欢聊天,关心国事。由此,2006年3月北京社会心理研究所在过去两年的调查基础上,首次从发掘市民美德行为、彰显今日北京市民美好德行的角度出发,对北京市民在维护市容环境、关心环境保护、注重文明礼貌以及热心公益事业四个方面的态度与行为表现进行了初步调查,来了解北京市民如何看待、评价自身,以期更全面、更立体、更准确地描述北京市民的社会公德现况。

此次调查采用随机拨号的方式对分布于北京市八个城区16岁以上的居民进行电话访问,成功样本702个。年龄在36岁以下的被访者占53.8%,性别比例约为1:1。调查结果如下:

一、政府、社团、个人多方共同努力摒除陋习,乱扔杂物等各种不良现象比去年有所改善

1. 针对随地吐痰、乱扔垃圾和宠物随地便溺等突出的不文明行为,北京决定依法严格管理,增强即时处罚力度

北京社会心理研究所2004、2005两年的调查均显示,北京市民最讨厌的违反社会公德的三大陋习是:随地吐痰、乱扔杂物以及宠物在公共场所随地便溺后,主人不予清理。

今年2月19日,首都精神文明办公室向媒体表示:针对随地吐痰、乱扔垃圾和

宠物随地便溺等突出的不文明行为，北京决定依法严格管理，增强即时处罚力度。据精神文明办公室介绍，今年北京将加强基础设施建设，在北京的主要大街及公共场所合理配置保洁桶（箱），并在桶体上印贴违规惩处警示语。"我们还将在部分主要地段提供'纳痰袋'……并表示，如果在这样的情况下仍有随地吐痰者，将会进行即时处罚。如违规者没有钱交纳罚金，将考虑给其提供工具，让其清除自己以及周边部分范围的痰迹。乱扔垃圾和宠物随地便溺等行为也可以依照以上做法进行即时处罚。"

本次调查中，77%的被访者认为此项措施对治理"随地吐痰"等有悖公德的行为能发挥一定的效力，其中34.8%的人认为"很管用"；同时有37.3%的被访者认识到，已经形成习惯的"随地吐痰"恐怕一时很难改，需要坚持不懈地提高自身素质和公德意识才能摒除。

2. 小区成立"宠物俱乐部"制订《会员守则》对会员行为进行约束，力求解决养宠物带来的"影响环境"以及"扰民"两大难题。……

3. 乱扔杂物等各种陋习正在逐渐远离北京市民

调查显示，66.8%的被访者认为市民不注意或不太注意维护北京市的市容环境。例如京城里随处可见的小广告，除了喷涂在墙上、贴在车站牌或栏杆上，甚至地上之外，还有很大一部分是被人们随地乱扔的。在本次调查中，八成被访者对小广告的态度是不使用、不纵容。他们中的多数人通常向发小广告的人摇摇头表明自己不需要，不去接散发的小广告印刷品。他们认为随地乱扔小广告不应该成为市民对抗小广告的方式。……

二、助人为乐、待人热情、尊老爱幼、热心公益、礼貌平和是今日北京人较为突出的五项美德

当问到"作为北京人，您认为在社会公德方面，北京市民有哪些比较突出的美德？"时，"助人为乐（38.8%）、待人热情（38.6%）、尊老爱幼（27.5%）、热心公益（22.9%）、礼貌平和（21.0%）"是被访者提及频率最高的字眼，如下图所示。

1. 市民的美德体现之一——超过七成的乘车市民经常把自己的座位让给老弱病残孕乘客

在北京这样的超大城市，七成以上（73.7%）的市民日常出行需要乘坐公共电汽车、地铁或城铁。尽管通常车上乘客很多，尤其上下班高峰时间车内非常拥挤，在这些乘坐公共交通工具出行的市民中最近一年内给别人让过座的比例依然达到了86.4%。35.2%的被访者乘车时总是将自己的座位让给老弱病残孕乘客；35.7%的人在多数情况下能这样做。即有超过七成（70.9%）的乘车市民经常把自己的座位让给老弱病残孕乘客。

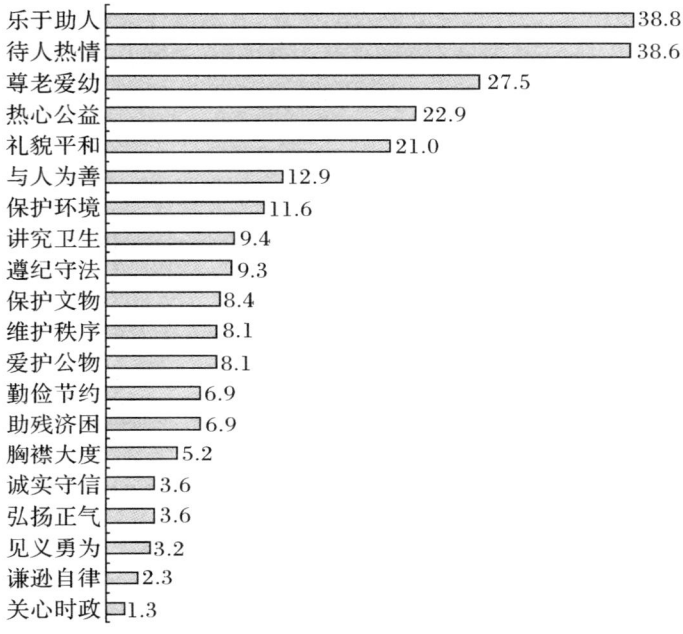

今日北京人具备的美德(%)

通过进一步的交叉分析,我们发现在各个年龄段的市民中,给他人让座的行为都很普遍。20世纪80年代出生的人(16~26岁)与70年代出生的人(27~36岁)乘车时"经常"给老弱病残孕让座的比例没有显著差别,都超过了80%;甚至56岁以上的中老年市民在乘车时,他们中44.7%的人也会将自己的座位让给儿童、孕妇或比自己更年长的人。

看来北京市民不论老中青都能较好地履行"乘坐公共交通工具时给老弱病残孕让座"这一道德细节,由此反映出北京人确实具备"尊老爱幼、助人为乐"的美好品德。

2. 市民的美德体现之二——94.4%的市民能为问路人帮忙指路

北京的城建发展日新月异,有些"老北京"出门都快不认识道儿了,更别提"新北京"或外地来京人员了。据说在早先,你在道儿上碰着的老大爷、老大妈们问个路,他们能给你说个明白,生怕你找不着。现今的北京人如何对待问路人呢?

调查结果令人欣慰,94.4%的被访者遇到有人问路时,在知道的情况下都会给人家指路;甚至有10%的被访者会亲自给人带路。可见绝大多数的北京人承袭了老北京人待人热情、乐于助人的优良传统。

3. 市民的美德体现之三——88.1%的市民参加过为灾区人民捐款捐物、为边远地区教育献爱心等公益活动

调查显示,34.5%的市民曾经义务献血。他们认为献出200cc的鲜血对自身

的健康并没有太大损害,却可以挽救他人的生命,是敬畏生命的善举。

进一步的数据分析可以发现,学历越高的市民,自愿参加义务献血的比例也越高——在接受本次电话访问的 57 名具有研究生或博士生学历的市民中,半数以上参加过义务献血,如下图所示。

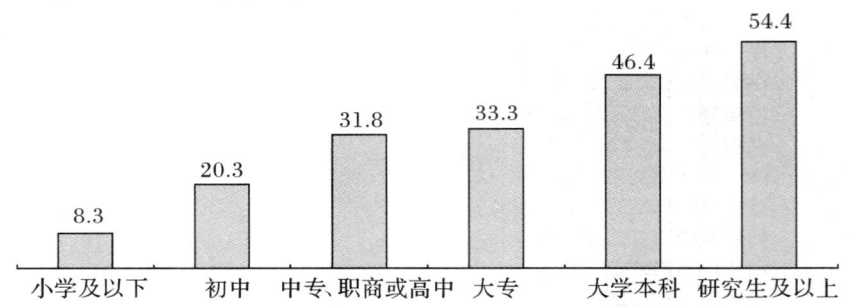

不同文化程度的市民参加义务献血的比例(%)

对于为灾区人民捐款捐物、资助贫困家庭的孩子读书等公益活动,有 95.4% 的被访者表示乐于解囊。并且除 8.7% 的人不了解参与渠道外,多达 88.1% 的市民已经将对公益事业的支持付诸实际行动。

4. 市民的美德体现之四——大多数北京人礼貌平和,对外来人口较为友好

北京具有博采众长、兼收并蓄的文化特质,在对外来人口的包容方面,也比其他同类大城市要好得多。因为北京历来就是一个各地政治、经济、文化精英不断汇集,具有向心凝聚力的城市,纯正的老北京或说三代以上的老北京为数并不多。北京人的地域观念也不强,大多数老北京人并不排斥外地人,他们跟外地人一起生活得很融洽;没有什么人在意你是哪里的人;整天南腔北调的听惯了,也没有人在意你说话有没有口音;只要努力工作,干出了成绩,都会受人尊重——身居要职的领导人基本都来自外省。

……如果用 5 分制给北京人对外来人口的态度打分(5 分表示"非常友好",1 分表示"非常不友好"),本次调查得出北京人对外来人口的友好程度为 3.29 分,属于比较友好。

调查还显示,85.9% 的被访者日常交际中所遇到的北京人大都注意文明用语;其中 25.5% 的被访者认为自己身边的每个市民在礼貌待人方面都做得很好。

三、当前首都市民的社会公德水平为中等偏上并且在逐年提高

1. 北京市民的社会公德保持在中等偏上水平

本次调查请被访者用 5 分制(5 分代表优、4 分代表良、3 分代表中、2 分代表差、1 分代表劣)给北京市民在"维护市容环境""关心环境保护""注重文明礼貌"以及"热心公益事业"四方面的公德表现打分。分数分布如下图所示。

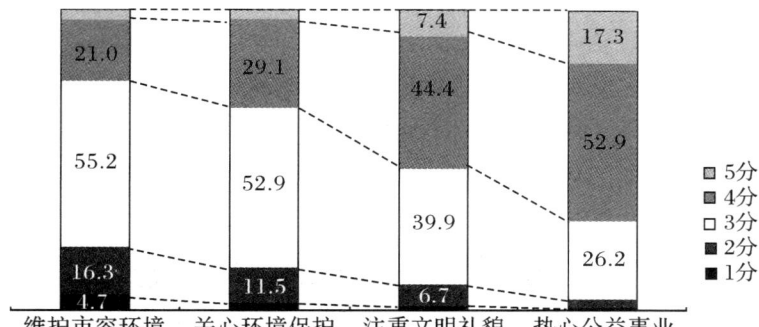

公德四方面的分数分布情况(%)

从上图可以大致看出,被访者对市民在维护市容环境方面的文明程度评价最低;对关心环境保护方面的文明程度评价略高;对注重文明礼貌方面的文明程度评价较高(评为 4 分、5 分的比例之和超过了 50%)。认为北京市民"热心公益事业"方面的文明程度优良(5 分或 4 分)的被访者则超过了七成,说明市民在"热心公益事业"方面的公德水平最高。

如果以平均数作为社会公德指数来衡量北京市民在上述四方面的公德水平,可以得到:维护市容环境方面 3.01 分;关心环境保护方面 3.20 分;注重文明礼貌方面 3.49 分;热心公益事业方面 3.83 分,如下图所示。也就是说,上述四方面的文明程度保持在中等偏上的水平。

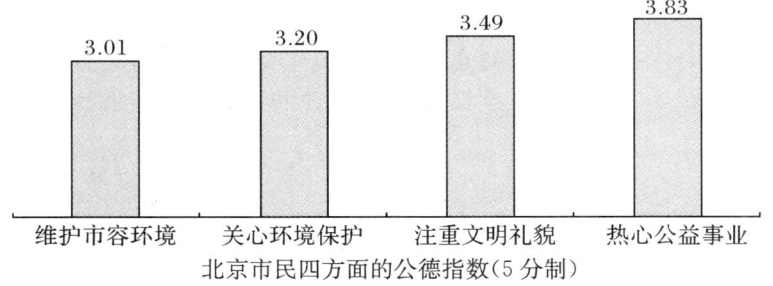

北京市民四方面的公德指数(5 分制)

2. 六成市民认为北京市常住人口的社会公德水平高于去年

此次调查显示,认为北京市民在社会公德方面与 2005 年相比有进步的被访者达 64.1%。其中 6.7% 的被访者认为一年来,北京市民的公德水平有很大提高,如下图所示。

3. 自 2004 年以来,北京市民的公德水平呈逐年平稳上升态势

回顾去年的调查,有 74.1% 的被访者明确表示北京市 2005 年的社会公德状况比 2004 年有所改善。如果以 2004 年的调查数据作为基点(1.0),从下图可以欣喜地看出 3 年来北京市的社会公德水平呈现出逐年提高的变化趋势。

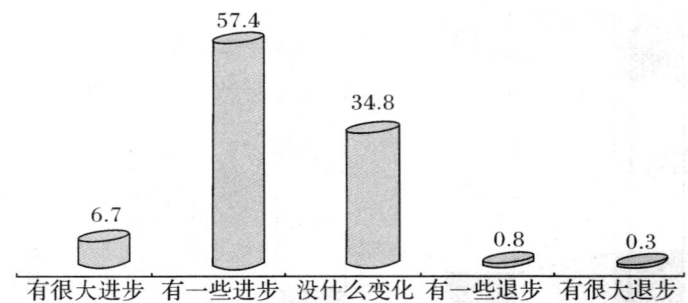

市民对 2006 年与 2005 年相比，北京市民社会公德状况变化的评价（%）

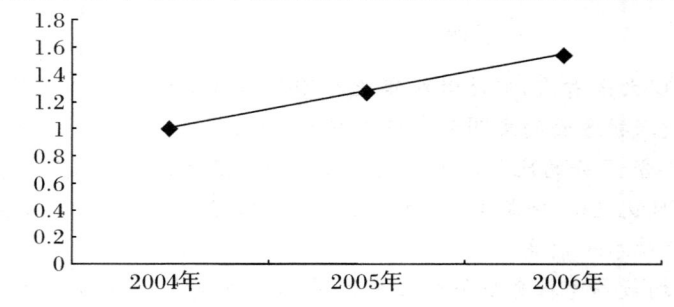

北京市民社会公德水平变化趋势

总而言之，北京社会心理研究所延续性的公德调查，通过前两年的揭批陋习，基本起到了敦促市民"知耻而后勇"，改掉不文明社会生活习惯的作用。今年的调查通过发掘美德，显现出北京市民"助人为乐、待人热情、尊老爱幼、热心公益、礼貌平和"的美好德行。今日北京人的良好精神风貌需要积极倡导，大力发扬。知荣知耻，北京市的公德水平才能进一步提高，从而逐步构建和形成和谐社会的良好人文环境。

2006 年 3 月 24 日

调查设计：黄×、康×、聂×、王×、张××、陈××、张×

调查执行：北京社会心理研究所电话调查系统

数据统计分析：康××、聂×

报告执笔：聂×

（节选中国民意网 http://www.minyi.org.cn）

思考与练习

1. 什么是调查报告？它与总结有何不同？
2. 调查报告在写作前应开展哪些工作？

3. 什么是抽样调查法？

4. 设计调查问卷表应注意哪些问题？

5. 根据班级同学的择业观或业余生活安排等情况展开调查（题目还可根据现实情况自拟）。要求：先设计一张调查问卷表进行调查，然后进行统计，根据统计数据，写一份带有分析的调查报告。

6. 分析下文，指出存在问题。

《关于高中男同学抽烟情况的调查》

在日常生活中，我们发现有不少中学生有抽烟的不良现象。因此我们做了这次的调查，调查的内容是中学生抽烟的动机及它的危害等。调查方式是以问卷调查为主，根据这次调查，我们总结出了中学生抽烟存在的问题。

一、中学生抽烟的大致情况

1. 中学生抽烟的费用大都是父母给的生活费。

2. 平均每天抽5支烟。

3. 一般在饭后抽烟。

4. 在家长，老师不知的情况下抽烟。

二、中学生抽烟是由什么因素造成的

1. 是个人原因。因为个人的控制力不强造成的。

2. 有家庭原因。因为家里有人抽烟而受影响。

3. 有社会因素影响。社会当中有很多人抽烟，而且受到了社会当中的一些不良影响："不抽烟就不像个男人"。

三、对自身会造成哪些影响

1. 影响自己身体的发育。

2. 会荒废学业。

3. 会影响自己未来的发展。

对于上面的情况，我们提出以下一些建议：

1. 学校应当开展一些活动向学生介绍吸烟的危害，对学生进行相关的心理教育。

2. 社会加强吸烟有害健康的宣传力度。

3. 家庭应该为孩子的健康成长营造良好的无烟环境。

中学生已是处于青春年华的黄金时期，应集中精力用于学业方面，为自己的将来着想，为自己的父母着想。

第十章 规章制度

第一节 规章制度的概念、作用和特点

一、规章制度的概念

规章制度是国家党政机关、社会团体和企事业单位在一定范围内为规范人们的行为而制订的一种具有特定约束力和权威性的应用文书。规章制度是一个总的称呼,日常所见的各种制度、公约、章程、条例、规定、规则、细则、守则、办法、标准、须知等均属于规章制度。规章制度的应用范围极为广泛,任何单位、部门、社会团体,为保证工作、学习、生活正常有秩序地进行,都可以根据各自具体的实际需要,制订若干规章制度,要求有关人员共同遵守、严格执行。

按照《宪法》和有关法规文件规定,制订各种规章制度的权限如下:

1. 全国人民代表大会及其常务委员会制订法或法律。
2. 国务院制订行政法规。
3. 国务院各部委制订行政规章。
4. 省、直辖市的人民代表大会及其常务委员会可制订地方性法规。
5. 县以上的人民代表大会和人民政府可制定规章。
6. 人民团体、企事业单位可根据本部门的权限制订某些规定,一般称规章制度。

二、规章制度的作用

1. 国家强盛、社会安定的保证

韩非子说:"国无常强、常弱,奉法者强,则国强,反之国亡。"国家的强盛首先要有健全的各项法律和规章制度,以此治理国家,国家才能恒强。社会是一个整体,它是由无数个体组成,在社会中,人与人之间的相处需要有一定的规范要求和约束限制,需要有一定的行为准则,这样才能使人们友好相处,促进社会的安定团结。如果没有任何规章制度,就会给社会造成混乱。

2. 执行方针、政策的保证

党和国家的方针、政策是社会主义建设的行动纲领,而方针、政策的贯彻执行,往往要辅之以规章制度,加以明确,加以规范。比如,国家财经工作方面的方针、政

策的执行,就辅之有各种相关的法规、细则、准则、条例等,明确遵守的事项、职责范围、违规的处罚等,以切实保证党和国家的方针、政策不折不扣地执行。

3. 加强管理,做好工作的保证

规章制度也是有效管理的手段。所谓"无规矩不成方圆",如果没有相应的规章制度,工作和活动就难以正常开展。各单位为保证工作正常有序地进行,必须制订出严格的、行之有效的规章制度。如在商店里如何待人接物,规范服务的店规;工厂里有关维护厂部和员工双方的合法权益,遵守各自职责的厂规厂纪;学校里有关提高教学质量,端正学风教风的校规校纪等。以此明确各人的职责,规范人们的行为,增强各自的责任感,使工作学习更有成效、更健康地开展。

三、规章制度的特点

1. 规范性

所谓规范性是指在内容上要符合国家有关政策、法令,不得与之相抵触;在写作上要有一定的程序要求,如执行的范围、执行的条款、执行的标准和要求等要尽可能考虑周到、齐全,便于实施执行。

2. 约束性

订立规章制度的目的就在于约束,约束是对单位及个人的言行举止、工作职责、纪律秩序等进行有效管理的一个重要内容。如,什么是该做的,什么是不该做的;何时生效,何时废止;对违反的处理、惩办等。缺少约束性,任何单位势必是一个无序的、松散的组织,是难以立足与生存的。

3. 严密性

严密性是指规章制度在语言表达上的特点。它要求在措辞上力求准确严谨,细而不繁,条文具体明确,不得模棱两可、含混不清,不得互相矛盾,具有可操作性。

第二节 几种常用规章制度的介绍

一、条例

条例是国务院根据全国人民代表大会及其常务委员会的授权决定制订的一种行政法规,它对某一方面工作的准则、活动或对某些机关的组织、职权以及某些专门人员的任务、职责、权限作出比较全面、系统,原则性强的规定,如《中华人民共和国保障措施条例》《中华人民共和国注册会计师条例》等。需要注意的是,根据《行政法规制订程序条例》(国务院令2001年第321号)第四条规定:国务院各部门和地方人民政府制定的规章不得称"条例"。

二、章程

它是对某一党派组织、社会团体、公司等为保证工作的正常运行,系统阐明自身的性质、宗旨、任务、组织结构、组织人员、权利、义务、纪律及活动规则，要求全体成员共同遵守的一种法规文书。如《中国共产党章程》《××股份有限公司章程》《×××学会章程》等。章程一经其代表大会通过并发布，便对其组织及团体成员具有约束力。

三、规定

它是国家机关、地方政府、企事业单位等为执行国家某一法律、法规或条例，就实施其中某一方面的工作而制订的行政法规文书。如《国家行政机关工作人员回避暂行规定》。它是就国家行政人员执行公务时针对回避这一方面的情况作出具体的规定和限制。又如《企业名称登记管理规定》。这些规定都是针对工作中的某一方面的事项提出的。规定内容具体、细致，可操作性强，具有较强的约束力。

四、办法

它是国家机关、地方政府、企事业单位等根据国家有关法律、法规或条例，就某项工作的实施和具体做法而制订的行政法规文书。如《工商企业登记管理试行办法》《国家行政机关公文处理暂行办法》《国有企业文件材料归档办法》等。

办法和条例、规定三者之间的区别在于：办法重点突出某一方面的工作内容、做法。条例则较全面、系统、原则，它针对整个工作的各个方面。而规定介于两者之间。另外，办法的法规性和约束力不及条例和规定来得强。

五、细则

细则是国家机关、地方政府、企事业单位等为执行某一法律、条例、规定、办法，结合本地区、本单位或本部门的实际情况，作出详细实施规则的行政法规文书。细则往往又称"实施细则"和"施行细则"。如《中华人民共和国税收征收管理法实施细则》《中华人民共和国营业税暂行条例实施细则》等。

六、规则

它是国家机关、社会团体、企事业单位等对某项具体的工作或活动的行为准则而制订的行政法规文书。如《档案室规则》《考场规则》《×××比赛规则》《交通规则》等。规则所针对的对象比较集中和单一，所涉及的范围也比较小，且多为内部行文，写法较前几种规章制度简单，也不及它们规范。

七、公约

它是企事业单位、社会组织或团体为了维护公共利益，保证有良好的生活、工作、学习和娱乐环境，经相约而制订大家共同信守的行为规范。如《爱国卫生公约》《商店服务公约》《七不规范公约》等。公约往往突出强调社会公德，在法规性、约束力方面虽没有以上规章制度强，但它对于维护社会秩序、促进安定团结、加强社会主义精神文明建设同样有不可低估的作用。

此外还有须知、通则、要则、规程、制度等规章制度，在此不一一列举。

第三节 规章制度的常用结构和写法

一、标题

规章制度的标题大体上可分为三种：

第一，由制订内容和文种组成。如《国家行政机关工作人员回避暂行规定》《中华人民共和国税收征收管理法实施细则》《中华人民共和国统计法实施细则》等。

第二，由单位名称、制订内容和文种三部分组成。如《财政部关于加强国有企业工业成本管理工作的若干规定》《国家税务总局关于税务人员廉洁自律的若干规定》。

第三，由单位名称和文种两部分组成。如《×××协会章程》《×××公司阅览室规则》。

如果是试行或暂行的规章制度，应在标题中要写明"试行"或"暂行"的字样，如《外商投资企业采购国产设备退税管理试行办法》。

二、正文

规章制度的种类很多，各类的格式写法也不一，通常可分为两大类：章条式和条文式。

（一）章条式

对一些内容较全面、系统、原则，条文较多的规章制度宜用章条式写作。如法规、章程、条例、准则、规则等。所谓章条式，通常由总则、分则和附则三大部分组成。则中分若干章，章中分若干条，有时条下分若干款、项、目。

1. 总则

它主要概括说明制订此规章制度的目的、依据或指导思想，适用范围、对象，基本原则及主管部门等内容，依次而写。如果是章程，总则中主要写明该组织或该团体的名称，其性质、宗旨、任务等。总则一般只设一章，下分若干条。

2. 分则

自总则以下至附则的中间若干章均为分则。分则是全文的主体部分，根据不同的内容交代不同的事项。如章程的分则，通常写明成员的资格、条件、义务、权利、组织机构、原则、纪律等。而一些条例、规定、办法、准则的分则部分通常交代必须遵循的具体行为规则、做法、职责、要求、奖励和处罚办法等。分则中章的数目视内容多少而定。根据需要，章下可分若干条，条下还可分若干款、项、目。

3. 附则

附则是全文的末章。通常说明该规章制度的适用范围、作解释权的单位名称、与有关文件的关系及其他未尽事宜的处置办法、生效日期等内容。附则也只设一章,根据需要,附则可分若干条。

（二）条文式

内容相对简单的以及有些非权力机构制订的规章制度常用条文式写作,如有些条例、办法、规则、守则、公约、须知等。条文式不分章,而分条例项来阐述。条文式也可分为两种：一种是前言条文式；另一种是条文到底式。

1. 前言条文式

它分前言和主体两部分。前言不设条,而用简明扼要的文字概述制订该文的目的、依据、性质、意义。主体部分则分若干条款交代各种规定的事项。

2. 条文到底式

即全文都用条款来阐述表达,不另分段作说明。这样写并非不要前言、结尾,而是将前言、结尾也都用条款标出。在写作中,根据需要,条下也可分若干款、项表达。

规章制度采用章条式和条文式的写法,主要是为了便于记忆、阅读、理解,也便于查找、引证,而且条理清晰,层次分明,言辞严谨,便于贯彻执行。

第四节　规章制度的写作要求

一、必须符合党和国家的方针政策

所有的规章制度,都应与党和国家的方针政策保持一致,不能自行其是,另搞一套,或为满足局部利益、小集体利益,搞土政策。如中央再三强调严禁在公路上乱设卡、乱收费,而有的地方依然我行我素,设置层层关卡,制订各种收费标准,为自己创收。

二、切合实际,合情合理

规章制度既然要人们遵守执行,在制订时首先要深入基层,了解实际情况。而不能脱离群众,闭门造车,人为地设置条条框框,限制束缚人们正当的活动。只有切合实际,合情合理,做到"令顺民心"才能做到令行禁止。

三、考虑周到,内容具体明确

规章制度要尽可能考虑周到、全面,内容明确,具体详尽。否则,万一哪个重要环节出现疏漏,就易给人钻空子,给国家、人民的利益带来损失。内容不明确、具体,也不利于操作、执行。

四、语言严谨、规范、准确

规章制度在语言表达上,应当力求严谨、周密、准确、清晰、规范,不能有歧义,不能含混不清,更不能前后矛盾或相互抵触。

五、经常检查,不断完善

规章制度有一定的稳定性,但并非一成不变,随着社会的飞速发展,情况的不断变化,规章制度也应经常检查,发现问题,及时修改、调整、补充,不断完善,顺应发展的需要。

例文 1

中国台湾学生奖学金管理暂行办法

第一章 总 则

第一条 为切实贯彻执行中央对台工作方针,推进祖国和平统一大业,进一步鼓励和支持更多的台湾地区学生来祖国大陆普通高校和科研院所学习,增强他们对祖国的认同感,激励他们勤奋学习、努力进取,特设立台湾学生奖学金。

第二条 台湾学生奖学金资金来源于中央财政,面向在祖国大陆普通高等学校和科研院所就读的台湾地区全日制本专科学生、硕士研究生和博士研究生。

第二章 申 请 条 件

第三条 台湾学生奖学金申请的基本条件:
1. 认同一个中国;
2. 自觉遵守国家法律、法规,遵守学校各项规章制度;
3. 诚实守信,有良好的道德修养;
4. 入学考试成绩优秀或在大陆学习期间勤奋刻苦,成绩优良。

第三章 奖学金类别、等级、名额及奖励标准

第四条 台湾学生奖学金的类别、等级、名额及奖励标准:

本专科学生奖学金,分三个等级,其中,一等奖 200 名,奖学金每生每学年 4 000 元;二等奖 300 名,奖学金每生每学年 3 000 元;三等奖 500 名,奖学金每生每学年 2 000 元。

硕士研究生奖学金,分三个等级,其中,一等奖 50 名,奖学金每生每学年 6 000 元;二等奖 150 名,奖学金每生每学年 4 000 元;三等奖 300 名,奖学金每生每学年 3 000 元。

博士研究生奖学金,分三个等级,其中,一等奖 50 名,奖学金每生每学年 8 000 元;二等奖 150 名,奖学金每生每学年 6 000 元;三等奖 300 名,奖学金每生每学年 4 000 元。

国家根据情况的变化，适时调整台湾学生奖学金等级、名额和奖励标准。

第四章 奖学金的申请、评审

第五条 台湾学生奖学金按学年申请和评审，每年9月开始受理申请，当年10月31日前评审完毕。

第六条 台湾学生根据上述奖学金申请条件，按学年向所在学校或科研院所提出申请，每学年一次，符合条件的学生可连续申请，并提交《台湾学生奖学金申请表》（见附表）。

第七条 台湾学生奖学金的组织申请评审及审批等管理工作由教育部归口管理。

第八条 台湾学生奖学金评审程序：

1. 教育部根据各招生单位台湾学生在校人数等有关数据，经商财政部同意后于每年8月中旬按隶属关系向各有关中央主管部门和省（自治区、直辖市）教育厅（局、委）下达台湾学生奖学金名额。

2. 各有关中央主管部门和省（自治区、直辖市）教育厅（局、委）按照教育部下达的奖学金名额，确定所属各有关单位的奖学金名额。

3. 各有关招生单位根据上级主管部门下达的奖学金名额，受理台湾学生的申请材料，组织等额评审，按照公开、公平、公正的原则，确定初审合格学生名单并公示。

4. 公示结束后，各有关招生单位于每年10月20日前将建议获奖学生名单按照隶属关系经主管部门初审后报教育部。

5. 教育部中国教育发展基金会对有关主管部门报来的获奖学生名单进行复核，并将复核意见报教育部港澳台办，由教育部港澳台办审批。

第五章 奖学金的发放

第九条 根据教育部下达的台湾学生奖学金名额，财政部下达教育部台湾学生奖学金经费预算。

第十条 台湾学生奖学金具体拨款事宜由中国教育发展基金会负责。中国教育发展基金会根据教育部港澳台办审批的获奖学生名单将资金直接拨付给有关招生单位，有关招生单位收到拨款后应及时将奖学金一次发放给获奖学生。

第六章 监督检查

第十一条 各有关招生单位必须以高度的政治责任感做好台湾学生奖学金有关组织工作，严格执行国家有关财经法规和本办法规定，加强资金管理，确保奖学金全部用于符合条件的台湾学生。

第十二条 台湾学生奖学金资金管理接受审计、教育、财政等部门的监督检查,一旦发现截留、挤占和挪用等现象,将严肃处理。

第十三条 对于获奖的台湾学生,学校应继续加强管理和教育,如出现以下情况之一的,应取消其获奖资格并及时向上级主管部门报告:

1. 有反对"一个中国"的言论或行为;
2. 触犯国家法律、法规,参加非法社团组织;
3. 违反校规、校纪。

第七章 附 则

第十四条 本办法由财政部、教育部负责解释。

第十五条 本办法自 2005 年 9 月 1 日起实施。

(选自《财政部教育部关于印发〈台湾学生奖学金管理暂行办法〉的通知》财教〔2005〕325 号)

例文 2

国内航空运输承运人赔偿责任限额规定

第一条 为了维护国内航空运输各方当事人的合法权益,根据《中华人民共和国民用航空法》(以下简称《民用航空法》)第一百二十八条,制订本规定。

第二条 本规定适用于中华人民共和国国内航空运输中发生的损害赔偿。

第三条 国内航空运输承运人(以下简称承运人)应当在下列规定的赔偿责任限额内按照实际损害承担赔偿责任,但是《民用航空法》另有规定的除外:

(一)对每名旅客的赔偿责任限额为人民币 40 万元;

(二)对每名旅客随身携带物品的赔偿责任限额为人民币 3 000 元;

(三)对旅客托运的行李和对运输的货物的赔偿责任限额,为每千克人民币 100 元。

第四条 本规定第三条所确定的赔偿责任限额的调整,由国务院民用航空主管部门制订,报国务院批准后公布执行。

第五条 旅客自行向保险公司投保航空旅客人身意外保险的,此项保险金额的给付,不免除或者减少承运人应当承担的赔偿责任。

第六条 本规定自 2006 年 3 月 28 日起施行。

(选自 2006 年 1 月 29 日《国务院关于〈国内航空运输承运人赔偿责任限额规定〉的批复》国函〔2006〕8 号)

思考与练习

1. 规章制度有哪些特点？
2. 简述规章制度在写作中的注意事项。
3. 就如何遵守"七不规范"拟订一份个人实施细则。
4. 组织集体讨论后拟订一份班级公约。
5. 分析下文，指出存在的问题，并做修改。

信用社职工请假制度

为了加强劳动纪律，严格执行联社制订的民勤县农村信用社劳动人事制度，促使职工按时上班，坚守工作岗位，特制订本制度：

一、全社职工必须按时上班，不迟到、不早退、坚守工作岗位，发现迟到、早退、串岗一次罚款50元。

二、网点职工请假不论时间长短，凡超过半天（含半天）一律由请假人出具请假条，网点负责人加注意见，社主任或副主任审批，未经许可不得擅自离岗位，违反者按旷工论处。

三、职工请假时间到期后，必须向社主任或副主任销假。未销假者视同未上班，按旷工论处。

四、职工请假纳入年度考核，年终按照《×××农村信用社职工综合考核办法》据实考核兑现。

第四编　常用公务文书

第十一章　公文概述

第一节　公文的概念、特点和作用

一、公文的概念

根据"中共中央办公厅、国务院办公厅关于印发《党政机关公文处理工作条例》的通知（中办发〔2012〕14号）"中第三条规定：党政机关公文是党政机关实施领导、履行职能、处理公务的具有特定效力和规范体式的文书，是传达贯彻党和国家方针政策，公布法规和规章，指导、布置和商洽工作，请示和答复问题，报告、通报和交流情况等的重要工具。

广义地说，公文就是一种公务文书。所谓公务，是指党政机关、企事业单位、社会团体在本职责范围内因公依法行使其职权所开展的工作、业务或活动等，而非因私事务。据此，公文不仅为行政机关所用，也为依法成立的企事业单位、社团组织所用。公文的编制收发也由专门的文秘部门（如办公厅、秘书处、办公室等）负责办理，各单位都应当高度重视公文的处理工作，遵守国家有关公文处理的办法。

二、公文的特点

1. 鲜明的政治性

公文是国家进行建设和管理的一种重要工具。党和国家通过公文，宣传和发布有关方针、政策和法规，各级政府和各部门通过公文执行、贯彻党和国家的方针、政策，维护和体现国家和人民的利益。应该说，任何一国的公文都具有其鲜明的政治色彩，任何时期的公文都是当时国家政治的体现。

2. 高度的权威性

公文是党和国家方针、政策和法规的体现，具有高度的权威性，有关政策、法规一经制定发布，受文单位及相关人员都必须严格遵守，做到有令必行，有禁必止，不得违反、抵制或窜改。

3. 作者的法定性

公文的制作者和一般文章的作者身份有所不同。公文的制作者必须是依法成立的机构组织及其代表人，非法定的组织或个人均不能制作印发公文。虽每份公文都有其撰稿者，但其写作是授权行使所为，他所体现的是机关单位的意志，而非个人行为或个人情感的宣泄。有些公文，如"令""议案"等，是以领导人名义发布的，但他们所代表的依然是他所在的机关单位，而非个人意志。

4. 严格的程序性

为维护公文的权威性、严肃性，进行行之有效的管理，国家质检总局办公厅、国家标准委办公室专门就《党政机关公文格式》制定了严格的国家标准，如公文的格式，一般由发文机关、标题、发文字号、签发人、主送机关、正文、附件等部分组成，每一部分的写法都有一定的要求，任何单位、任何个人在撰写时都必须严格遵守，不得自行其是，标新立异，另搞一套。这也是公文与其他文章写作的不同所在。

5. 显见的时效性

任何一份公文都具有一定的时效，一般公文都以"成文日期"为生效时间，也有的则另注明生效、实施日期。公文的时效有长有短，短则数周、数月，如一些函、请示、批复、会议通知、通告等；长则一年、数年，如一些法规性的文件。显见的时效，有利于相关单位或人员在有效期内执行、遵守或办理，解决有关事项，达到行文的目的。

三、公文的作用

1. 规范和准绳的作用

公文中相当部分具有政策性、法规性的内容，以此规范法人及人们的行为，统一人们的认识，明确工作的方向，不折不扣地执行党和政府的方针政策。如公文中的决议、指示，通知、通告、条例、规定、细则等，均是人们处理事务和规范行为的准则。

2. 领导和指导作用

任何党政机关、企事业单位要对下属单位进行管理，必须借助于公文，下达指示、作出决定，发布有关法规，传达有关精神，布置交代任务，以此领导下属有效地开展各项工作。

3. 联系沟通作用

在隶属关系的机关单位中，公文能起到上情下达、下情上报的联系沟通作用，在不相隶属的机关单位间，人们也常通过公文互通情况，商洽事务，协调关系，交流信息，联系工作，帮助解决有关问题，甚至还可以促进互相间的感情，使工作更有成效地进行。

4. 宣传教育作用

公文的制发不仅仅是为了实施行政管理，它还起到对广大干群进行思想教育作用，从而提高人们的政治觉悟和道德素质。如公文中的"通报"，常被用来表彰先进、批评错误,扬善抑恶,以此促进社会主义的精神文明的建设。

5. 依据和凭证作用

上级的指示、决定、批复意见,有关职能部门的规定、条例、实施细则等文件,这些都是人们在开展工作、处理事务、解决问题时必要的依据。此外,公文一经发布,即须登记立卷存档,作为凭证依据,以备查用。同时,各时期的公文同时又是各时期政治、经济、文化等方面的真实记录,作为历史凭证,留传后世,给人考查了解。

第 二 节 　 公 文 的 种 类

根据中共中央办公厅、国务院办公厅关于印发《党政机关公文处理工作条例》的通知(中办发〔2012〕14号)的规定,公文种类主要包括如下十五种,具体如下:

(一)决议。适用于会议讨论通过的重大决策事项。

(二)决定。适用于对重要事项作出决策和部署、奖惩有关单位和人员、变更或者撤销下级机关不适当的决定事项。

(三)命令(令)。适用于公布行政法规和规章、宣布施行重大强制性措施、批准授予和晋升衔级、嘉奖有关单位和人员。

(四)公报。适用于公布重要决定或者重大事项。

(五)公告。适用于向国内外宣布重要事项或者法定事项。

(六)通告。适用于在一定范围内公布应当遵守或者周知的事项。

(七)意见。适用于对重要问题提出见解和处理办法。

(八)通知。适用于发布、传达要求下级机关执行和有关单位周知或者执行的事项,批转、转发公文。

(九)通报。适用于表彰先进、批评错误、传达重要精神和告知重要情况。

(十)报告。适用于向上级机关汇报工作、反映情况,回复上级机关的询问。

(十一)请示。适用于向上级机关请求指示、批准。

(十二)批复。适用于答复下级机关请示事项。

(十三)议案。适用于各级人民政府按照法律程序向同级人民代表大会或者人民代表大会常务委员会提请审议事项。

(十四)函。适用于不相隶属机关之间商洽工作、询问和答复问题、请求批准和答复审批事项。

(十五)纪要。适用于记载会议主要情况和议定事项。

以上这些公文,企事业单位、社团组织也普遍使用。此外人们还将一些在特定范围内使用的公文称之为专用公文,如外交部文件中的国书、照会、议定书、条约等;司法部门文件中的起诉书、判决书、调解书等;公证部门的公证书等。

公文根据行文方向可分成三大类：

1. 上行文

即下级部门向上级部门报送的公文，如报告、请示等。

2. 下行文

即上级部门发给下级部门的公文，如命令、决定、通知、通报、批复等。

3. 平行文

指平级单位或不相隶属的单位之间往来的公文，如函，部分的议案、通知、通告等有时也可以用作平行文。

第三节 公文的格式和写作要求

一、公文的格式

公文一般由份号、密级和保密期限、紧急程度、发文机关标志、发文字号、签发人、标题、主送机关、正文、附件说明、发文机关署名、成文日期、印章、附注、附件、抄送机关、印发机关和印发日期、页码等组成。就若干组成部分的使用法说明如下：

1. 份号

公文印制份数的顺序号。涉密公文应当标注份号。

2. 密级和保密期限

公文的秘密等级和保密的期限。涉密公文应当根据涉密程度分别标注"绝密""机密""秘密"和保密期限。绝密性的公文，是指具有国家核心秘密内容的文件，如泄密，将会严重损害国家的安全和利益。机密性的公文，是指具有国家重要秘密内容的文件，如泄密，将会使国家的安全和利益受到较大的损害。秘密性的公文，是指具有国家一般性秘密内容的文件，如泄密，会使国家的安全和利益受到一定程度的损害。保密期限中的数字用阿拉伯数字标注。

3. 紧急程度

这是公文送达和办理的时限要求。根据紧急程度，紧急公文应当分别标注"特急""加急"，电报应当分别标注"特提""特急""加急""平急"。

4. 发文机关标志

公文的首页上方一般都印有发文机关的名称，它是公文制发机关单位的标识。由发文机关全称或者规范化简称加"文件"二字组成，也可以使用发文机关全称或者规范化简称。联合行文时，发文机关标志可以并用联合发文机关名称，也可以单独用主办机关名称。

5. 发文字号

发文字号是发文机关按照发文顺序编排的顺序号。"发文字号"由发文机关代字、年份、发文顺序号组成。联合行文时,使用主办机关的发文字号。"机关代字"是发文机关的代称;"年份"是发公文的年度数字,"年份"应使用公元全称,去掉"年"字,并用六角括号"〔〕"括起;"序号"是发文的顺序号,发文顺序号不加"第"字,不编虚位(即1不编为01),在数字后加"号"字。如"国办发〔2012〕8号",其中"国办"即国务院办公厅的代称。年份和序号一律使用阿拉伯数码。有些公文,如"命令""公告"等,一般不标明发文字号,而只标明序号,如"令第188号"。联合行文时,使用主办机关的发文字号。

发文字号一般标注在公文文件名称之下、横线上方居中位置。凡标注签发人的公文,发文字号不再居中,与签发人在同一行,移至左侧。

6. 签发人

签发人是指在批准公文文稿后同意发文的机关单位负责人的签名。上行文应注明签发人、会签人姓名。

7. 标题

公文的标题一般由发文机关、发文事由及文种三部分组成,如《国务院关于禁止传销经营活动的通知》。其中的"国务院"是发文机关,"关于禁止传销经营活动"是发文的事由,"通知"是文种。发文事由一般由介词"关于"引出,并应当准确、简要地概括公文的内容。少数公文(如"令""公告""通告"等)的标题往往省略发文事由,如《中华人民共和国主席令》《中华人民共和国财政部公告》等。标题中除法规、规章名称加书名号以及并列的几个机关名称之间可加顿号外,一般不用标点符号。

8. 主送机关

主送机关是指公文的主要受理机关,应当使用全称或者规范的简称或者同类型机关统称。主送机关又称受文单位。上行文和非普发性的下行文一般只写一个主送机关。而普发性的下行文,如通知、通报等则可写若干个主送单位。主送机关的名称通常置于标题之下正文上,顶格写。命令及一些公布性的公文,如公告、通告等,一般不注明主送机关。

9. 正文

公文的主体,用来表述公文的内容。公文的正文一般由三部分组成:一是发文缘由,即因何而发,或者是强调目的,或者是引用依据,或者是说明原委,或者是概述情况等。二是发文的事项,即这份公文主要解决什么问题,或是提出请求,或是提出建议,或是交代布置任务,或是直陈意见、要求,或是商洽有关事情等。三是结尾部分。不同的文种有不同的结束用语,如请示常用"当否,请批示""妥否,请批准"等;通知常用"特此通知""请遵照执行"等;函则常用"特此函达""专此函复"等。也有的公文直接在正文最后一段收结,不另写结束用语。

10. 附件说明

附件说明是公文附件的顺序号和名称。

11. 发文机关署名

即落款处发文机关署名理。署发文机关必须是全称或者规范化简称。

12. 成文日期

成文日期是文件的生效日期。成文日期以领导人签发日期为准；会议通过的决定、决议等以会议通过日期为准；法规性文件则以文件批准日期为准；联合行文的，以最后签发机关领导人的签发日期为准。成文日期位于发文机关名称之下，用阿拉伯数字书写。

13. 印章

公文中有发文机关署名的，应当加盖发文机关印章，并与署名机关相符。有特定发文机关标志的普发性公文和电报可以不加盖印章。公文上的印章有两种：一种是发文机关的印章，亦称公章；另一种是机关负责人的印章，亦称签名章。公文中除会议纪要和以电报发生的文件以外，都须加盖印章。联合上报的公文，由主办机关加盖印章；联合下发的公文，联合发文机关都要加盖印章。加盖印章应上距2～4 mm，端正、居中下压成文时间，印章用红色。

14. 附注

附注一般用来确定公文印发传达范围等需要说明的事项，如"此件发至县团级""此件可登报"等。附注的位置一般在文件末成文日期的左下侧。

15. 附件

附件是公文正文的说明、补充或者参考资料。附件一般有两种：一种是用于补充说明或证实正文的文件材料，包括一些图表、凭据及有关资料；另一种是随命令、通知等发布、批转或转发、印发的文件材料。

16. 抄送机关

抄送机关是指除主送机关以外需要执行的或知晓公文的其他机关，应用使用全称或规范的简称或者同类型机关统称，如向下级机关的重要行文，应同时抄送给主管上级。抄送机关一般只在于了解公文的内容而不负责答复和办理。

17. 印发机关和印发日期

即公文的送印机关和送印日期。

18. 页码

即公文页数顺序号。

二、公文的写作要求

根据条例规定，草拟公文应当做到如下事项：

（1）符合党的理论路线方针政策和国家法律法规，完整准确体现发文机关意图,并同现行有关公文相衔接。

(2) 一切从实际出发,分析问题实事求是,所提政策措施和办法切实可行。

(3) 内容简洁,主题突出,观点鲜明,结构严谨,表述准确,文字精练。

(4) 文种正确,格式规范。

(5) 深入调查研究,充分进行论证,广泛听取意见。

(6) 公文涉及其他地区或者部门职权范围内的事项,起草单位必须征求相关地区或者部门意见,力求达成一致。

(7) 机关负责人应当主持、指导重要公文起草工作。

思考与练习

1. 指出下列公文在写作中存在的问题。

××市××区会议通知

(03)××字第8号

各委办局、各街道办事处:

区政府定于本月12日至16日在×××会议中心召开全区经济工作会议及传达市政府有关文件,现将有关事项通知如下:

(内容略)

××区政府

2013年11月8日

2. 请指出下列标题中存在的错误,并加以改正。

(1) ×××大学关于×××厂废气污染校园环境的请示。

(2) ××××县政府关于国庆节活动的通知。

(3) ×××市关于严禁在市区养犬和捕杀野犬、狂犬的通告。

(4) ×××关于提高工资区类别后如何计发离休、退休、退职待遇问题的复函。

(5) ×××、××××关于坚决刹住乱涨生产资料价格和向建设单位乱摊派费用的紧急通知。

(6) ×××关于化肥、农药、农膜实行专营的决定。

3. 根据下列公文的内容,填写公文的标题。

(1) (   )

各省、自治区、直辖市人民政府:

根据国务院国发〔××××〕××号文件关于解决粮食财务挂账的有关规定,

现就清理粮食财务挂账有关事项通知如下：

（内容略）。

发文单位为：财政部、审计署、国家粮食储备局。

（2）（   ）

各省、自治区、直辖市人民政府、国务院各部委、各直属机构：

为贯彻落实《中共中央关于建立社会主义市场经济体制若干问题的决定》，深化城镇住房制度改革，促进住房商品化和住房建设的发展，特作如下决定：

（内容略）

发文单位为：国务院

（3）（   ）

市政府：

为了进一步贯彻中央和市农村工作会议精神，切实抓好农业基础设施建设和菜篮子工程建设，稳定粮棉油生产，确保城市蔬菜和副食品供应，根据《××市人民政府关于加强农业和发展农村经济的决定》（×府发〔××××〕××号）的精神，拟对县、区粮棉油生产和菜篮子工程建设实施考核，现就有关问题请示如下：

（内容略）

发文单位为：××市农委

第十二章 公告和通告

第一节 公 告

一、公告的性质、种类和特点

(一)公告的性质

公告是党政机关或有关职能部门向国内外宣布重大事项或法定事项时所使用的公文。如颁布有关法规、法令,宣布有关政策以及一些应当让国内外关注、知晓的重大事项。

有关职能部门也常用公告宣布法定事项,如《国务院公务员暂行条例》第十六条规定,录用国家公务员要"发布招考公告";《中华人民共和国专利法》第三十九条规定:"发明专利申请经实质审查没有发现驳回理由的,专利局应当作出审定,予以公告。"《中华人民共和国企业破产法(试行)》第九条规定:"人民法院受理破产案件后,应当在十日内通知债务人并且发布公告。"诸如此类,司法部门的开庭公告、财产认领公告、通知权利人登记公告、公开拍卖财物的公告等一系列执行行动的公告;国家工商行政管理部门的商标公告,企业法人登记公告等;国家证券委规定,上市的股份制企业董事会就股本变动、人事的调整、股东大会的召开、发生亏损或破产等重大事项均应发布公告,均属法定事项公告。

(二)公告的种类

公告根据不同内容,可分为以下五种。

(1)法规性公告,即党和国家政府部门以公布法规、法律而使用的公告。
(2)政策性公告,即党和国家政府部门用以发布方针政策的公告。
(3)人事任免公告,即党和国家政府部门用以宣布重要人员职务任免的公告。
(4)重大事件公告,即党和国家政府部门向国内外宣布重大事项的公告。
(5)有关职能部门宣布法定事项的公告。

(三)公告的特点

1. 内容的公开性

公告是一种广而告之的公文,无论是宣布重大事项,或是有关法定的事项,其告知的范围不作限制,对内对外均可,对象广泛,无需保密。

2. 发布形式的多样性

公告除例行公文的发送程序外，还可直接通过报纸、电台、电视台等新闻媒介公开告知，直达社会和广大人民群众。

3. 行文的严肃性

公告虽是一种公开告知的文体，但它毕竟是宣布国家重大事项或有关法定事项的公文，故不能等同于一般启事、广告类的告知，在行文时必须注重措辞的严谨、得体，语气的庄重、严肃，而不能作随意的发挥。

二、公告的写作格式和基本内容

（一）标题

公告的标题通常有两种写法：一种是由发文机关名称加上发文事由和文种构成，如《邮电部、国家工商行政管理局、公安部关于加强集邮管理取缔非法倒卖邮票活动的公告》；另一种是由发文机关名称加文种构成的标题，如《中华人民共和国全国人民代表大会公告》。

需要说明的是，公告的发文字号不同于一般公文，它没有机关代字，而是在标题下，正中位置标示年份和序号，如：第一次全国经济普查主要数据公报（第一号）。

另外，公告因为是广而告之的，故公告的格式中不设主送机关，直接进入正文。文后也无抄送机关。

（二）正文

公告的正文通常由公告的缘由、公告的事项和结束语三部分组成。

1. 公告的缘由

通常对发公告的依据、目的、意义或原因作简要概括。如《例文1》中："为落实国务院完善石油价格形成机制综合配套调价方案，保持本市出租汽车行业持续稳定健康发展，"即是发文的缘由。

2. 公告事项

即公告的具体内容。因各公告内容不同，事项的写法因文而异。内容少的只有一句话就可概括，如对国家主要领导人任命的决定。内容多的可分若干段或若干条逐一交代，如通过哪些决议，作出哪些决定等。

3. 结束语

一般常用"特此公告""现予公告"等语，有时也可省略不写。

（三）署名和日期

即在正文的右下方署上发文单位的名称，名称之下写上具体的发文日期，并加盖公章。标题中有发文单位名称的，落款处的署名也可省略，只标明发文日期即可。

三、公告的写作要求

（一）行文简要，措辞严谨

公告的内容要尽量做到简洁明了，概括主要事项，而不需要对公告的意义或事情的经过缘由做过多的阐述。在文字方面，讲究用词的准确和严谨，庄重和得体，表达清晰，条理性强。

（二）根据不同的要求写作公告

有些职能部门的公告，内容各异，要求不一，写法各有规定，故在公告的写作时，应按照各职能部门的要求去写。

例文1

中华人民共和国财政部公告

2013年　第77号

根据国家国债发行的有关规定，财政部决定第一次续发行2013年记账式附息（二十三期）国债（以下简称本期国债），已完成招标工作。现将有关事项公告如下：

一、本次国债计划续发行280亿元，实际续发行面值金额282.1亿元。

二、本次国债续发行部分起息时间、票面利率等要素均与2013年记账式附息（二十三期）国债相同，即起息日为2013年11月7日，票面年利率为4.13%，按年付息，每年11月7日（节假日顺延，下同）支付利息，2018年11月7日偿还本金并支付最后一次利息。经招标确定的续发行价格为99.69元，折合年收益率为4.28%。本期国债续发行部分从12月11日起与原发行部分290亿元合并上市交易。

其他事宜按《中华人民共和国财政部公告》（2013年第1号）规定执行。

特此公告。

中华人民共和国财政部
2013年12月4日

例文2

**××市物价局关于举行"建立出租汽车
运价油价联动机制听证会"的公告**

为落实国务院完善石油价格形成机制综合配套调价方案，保持本市出租汽车行业持续稳定健康发展，××市物价局将于4月中旬举行"建立出租汽车运价油价联动机制听证会"。现就本次听证会相关事宜公告如下：

一、听证会代表的组成和委托推荐的部门

本次听证会代表按照《政府价格决策听证办法》的规定组成和产生,由市价格主管部门聘请。

听证会共聘请代表21名。其中:市人大代表1名,市政协委员1名,市总工会代表1名,市消费者权益保护委员会代表1名,乘客代表5名,出租汽车驾驶员3名,政府相关部门代表(市国资委、市建设交通委、市财政局)3名,专家学者代表3名,经营企业代表3名。

听证会代表将委托各有关部门推荐。其中,乘客代表5名由市消费者权益保护委员会组织报名并推荐;驾驶员代表3名由××市城市交通工会组织报名并推荐;专家学者代表3名由市价格学会组织报名并推荐。

二、听证会代表报告条件及办法(略)

三、旁听人员报名条件和产生办法(略)

××市物价局
20××年3月30日

例文3

证券代码:××××××　证券简称:××××

编　　号:临20××-001

××××股份有限公司第一届董事会
第七次会议决议公告

××××股份有限公司第一届董事会第七次会议于20××年3月3日在公司中心会议室召开,应到董事9人,实到8人,会议由公司董事长×××主持,5名监事列席了会议,符合《公司法》和公司《章程》的有关规定,会议审议并一致通过了如下决议:

1. 审议通过了公司××××年度董事会工作报告。
2. 审议通过了公司××××年度总经理业务报告。
3. 审议通过了公司××××年年度报告及年度报告摘要。
4. 审议通过了公司××××年度财务决算报告。
5. 审议通过了公司内部控制制度及执行情况的议案。

根据公司内控制度的有关规定,累计提取存货跌价准备3 081 821.70元,其中追溯调整上年数为2 652 965.28元;累计提取坏账准备54 139 089.41元,其中追溯调整上年数为44 610 686.11元;目前公司无短期投资,长期投资不存在减值。

6. 审议通过了公司××××年利润分配预案:

经河北××会计师事务所有限公司审计,本公司1999年度实现税后净利润

731 556 957.67元,根据公司《章程》的规定,提取10%法定公积金73 155 695.77元、5%法定公益金36 577 847.88元、任意公积金73 155 695.77元,加上年初未分配利润－23 011 117.54元,本期可供股东分配利润为525 656 600.71元。为加快技术改造步伐,将有限资金投入到回报较高的项目上,保持公司可持续发展,经公司董事会研究决定,20××年利润分配方案为不分配,也不以资本公积金转增股本,此预案须经公司股东大会审议批准。

7. 审议通过了继续聘任河北××会计师事务所有限公司为公司2000年审计机构的议案。

8. 20××年度股东大会召开时间另行公告。

××××股份有限公司董事会
20××年3月30日

第二节　通　　告

一、通告概述

（一）通告的性质

通告是适用于在一定范围内公布应当遵守或者周知的事项的公文。通告大都面向社会并具有一定的约束力,有的甚至可采用张贴或媒体刊播的形式公布。

通告和公告都属于公开告知性的公文,在使用上两者有所不同,主要区别在于:

1. 公告告知的范围大于通告,面向社会,面向国内外,具有告知对象的广泛性;而通告告知的对象局限于一定的区域或范围内,如企业的年检通告,对象只涉及该管辖区域内的企业;车辆的纳税通告,对象针对的是该管辖区域内的车辆所有者,具有告知对象的区域性。

2. 公告的事项比通告的事项更为重大,政治性更强,尤其是党政机关发布的公告,多为国内外人士所关注、重视;而通告的事项为一定的管辖区域范围所限制,所以,不在其区域范围内的人和单位可以不关注。

3. 公告的发文机关级别一般较高,除一些职能部门就法定事项专门发布的公告外,公告的发文机关大多为党政机关、人大常委会;而通告的发文单位除国家行政职能管理部门外,其他一些企事业单位、社会团体组织也可制发通告。

（二）通告的种类

1. 规定性的通告

它是指在一定范围内告知有关规定事项,并要求相关的单位和人员严格遵守办理和执行的通告,对通告的对象具有约束性。如办理年检、税务登记、征收车船使用税、查处违禁物品、加强市场管理等通告。

2. 周知性的通告

它是指在一定范围内告知有关单位和人员需要知道、注意事项的通告,带有通知的性质。如某些地区停电,某些水域停航,某些路段施工或开展某项活动而需暂时禁止车辆通行等通告。

二、通告的写作格式和基本内容

（一）标题

通告的标题有四种基本形式：一是由发文单位名称、事由和文种构成的标题,如《国家教委关于维护中小学正常教学秩序的通告》；二是由发文事由和文种构成的标题,如《关于加强酒类流通管理的通告》；三是由发文单位名称和文种构成的标题,如《××市工商行政管理局通告》；四是仅文种《通告》两字的标题。

通告和公告一样都是广而告之的,所以,通告中有的不设发文字号,有的只在标题下标示序号。同此,通告一般也不设主送和抄送机关。

（二）正文

通告的正文一般由发通告的缘由、发布事项和结束语三部分构成。

1. 通告的缘由

即因何事而发,可以根据有关政策、法律、法规；也可以根据有关上级指示精神；也可以根据客观具体情况需要而发。这一部分结束,常用"特作如下通告"或"现通告如下"等语言过渡下文。

2. 通告的事项

即通告的具体内容、主体部分。它要写明在什么范围内,告知谁,告知何事。这部分内容如果较简短,在写法上可以不分段落,如果内容较多,可以分条列项来写,便于阅读理解、遵照执行。

3. 结束语

通告的结束语可根据通告的内容而定,一般写执行通告的要求,带有强调的性质；也可以写明执行的时间、范围和有效日期；有的不设结尾,常以"特此通告""此告"作结。

（三）署名和日期

即写明发文机关名称,或直接盖上单位印章,并注上具体的年、月、日。

三、通告的写作要求

（一）目的明确

目的明确是写好通告的基础。一份通告需要告知什么事,为何要告知,有何依据,都应写清道明,以便人们理解。

（二）符合法规政策

通告的事项是党和国家方针政策、法律法规在具体实践中的贯彻和体现，因此通告的事项必须符合党和国家的方针政策和法律法规，切实维护国家和人民的利益，保证通告事项的执行或办理。

（三）发布及时

对一些危害国家安全、有损人民群众利益的事或行为，应及时发布通告禁止或制止，以免造成较大的损失。对一些影响人们工作、生活的事情，如停电、道路维修、交通管制等，以及一些需要办理的事项，如年检、征收税收或其他费用，也应尽早告知，以便提前做好准备。

（四）行文清晰

行文要层次分明，环环紧扣不松散；事项具体周详不遗漏；语言严谨准确无歧义。行文清晰以利理解和遵守执行。

例文1

××市公安局关于严格查处饮酒后驾驶
机动车交通违章行为的通告

为维护道路交通秩序，保障人民群众的生命、财产安全，依法严格查处饮酒后驾驶机动车的交通违章行为，现将有关事项通告如下：

一、严禁任何人饮酒后驾驶机动车。

二、执勤民警对饮酒后驾驶机动车的嫌疑人员依法进行体内酒精含量检验时，被检验人员应当配合；对拒绝、阻碍检验的，可以强制检验，处15日以下拘留、200元以下罚款或者警告。

三、对饮酒后驾驶机动车的，依法滞留机动车驾驶证、机动车行驶证或者暂扣机动车。

四、饮酒后驾驶机动车的，处50元以下罚款，并处吊扣3个月机动车驾驶证，同时交通违章记分记6分。

五、醉酒后驾驶机动车的，处15日以下拘留或者200元以下罚款，并处吊扣6个月机动车驾驶证，情节严重的并处吊扣6个月以上12个月以下机动车驾驶证，同时交通违章记分记12分。

六、上述违章行为人，应当在规定的期限内接受交通违章处理。无正当理由逾期3个月不接受处理的，公安机关交通管理部门可以撤销其机动车驾驶证。

七、饮酒后驾驶机动车造成交通事故，尚不够刑事处罚的，处15日以下拘留；构成犯罪的，依法追究刑事责任。

八、本通告自发布之日起施行。

××市公安局
20××年6月4日

例文 2

××市人民政府关于对高污染车辆
实施限制通行措施的通告

发文字号略

为改善本市大气环境质量，保障广大市民的身体健康，市政府决定，对达不到国家第一阶段机动车排放标准（相当于欧洲Ⅰ号机动车排放标准）的高污染车辆实施限制通行措施。现通告如下：

一、自20××年2月15日起，每天7时至20时，高污染车辆不得在本市内环线以内（含内环线）高架道路、延安路高架道路、沪闵路高架道路上行驶（在本市逗留7日以内的外省市过境车辆除外）。

二、自20××年10月1日起，每天7时至20时，高污染车辆不得在本市内环线以内（含内环线）的高架道路和地面道路、延安路高架道路、沪闵路高架道路上行驶（在本市逗留7日以内的外省市过境车辆除外）。

高污染车辆限制通行的具体实施办法，由市环保局、市公安局另行制定。

××市人民政府
20××年12月27日

思考与练习

1. 简述公告和通告的区别。
2. 通告一般分为几种？试举例说明。
3. 写通告要注意些什么问题？
4. 以下公告，文种是否使用正确，内容是否存在问题？请予分析。

迁 坟 公 告

因××湾跨海大桥南岸连接线工程施工，高速道路通过××镇××村，部分山体做边坡处理，须对该地段坟墓进行搬迁。其中××村××村山上尚有部分有碑无主坟墓,碑名:陈××(3穴)、楼××(2穴)、童××(1穴)和无碑无主坟墓多穴未搬迁。望相关亲属速与所在村联系,知情者相互转告。

对确无人认领的无主坟墓,或不落实搬迁的有主坟墓,镇政府将组织专门力量于3月31日后落实统一搬迁。

联系电话:××镇××村66666666

××镇人民政府

5. 根据以下材料,请以××大学保卫处名义给全校广大师生员工发一则通告。

××大学保卫处从20××年的2月27日起,决定对学校师生员工的自行车、电瓶车、摩托车进行登记上牌管理。另外,保卫处要求所有车辆一律存放到学校规定存放车辆的区域。学校保卫处还将在20××年3月8日开始检查,如果没有上牌的车辆,将会按照没有主人的车辆处理,对于没有按规定放到指定区域的车辆,保卫处将进行查扣。

第十三章 通知和通报

第一节 通知

一、通知概述

（一）通知的性质

通知通常用来批转下级机关的公文，发布、传达要求下级机关执行和有关单位周知或者执行的事项，批转、转发公文。通知是党政机关、企事业单位经常使用的公文文种，具有使用范围的广泛性、受文单位的专指性和较强的时效性。同时，还具有行文简便、写法灵活、种类多样的特点。通知在上级机关对下级机关行文时使用，属下行文；向有关单位告知某些事项时（如告知机构变更和召开会议等），也可作平行文用。

（二）通知的种类

1. 指示性通知

上级机关对下级机关工作有所指示、安排、要求办理时，不适于用命令或指示行文，应用指示性通知。如《国务院关于严格控制农业生产资料价格的通知》。

2. 批转性和转发性通知

上级机关对下级机关的有关公文进行批示后，需再转发至有关单位遵照执行时，用批转性通知。如《国务院批转中国人民银行关于调整银行存款、贷款利率的报告的通知》。上级机关和不相隶属机关的公文，适用于本机关下属各单位的，则需要将其转至本机关和下属各单位遵照、执行时，用转发性通知。如《××市政府办公厅转发市农委等三部门关于做好本市农村扶贫工作的意见的通知》。

3. 发布性通知

常用于发布有关规定、规则、制度、条例、办法等规章制度。如《国务院关于印发〈90年代国家产业政策纲要〉的通知》《××市政府关于发布〈××市律师管理办法〉的通知》。

4. 知照性通知

主要用于通知所属单位或其他有关单位，需要他们知道和了解的事项，如成立、调整或撤销某些机构组织；调整某些机构组织的领导成员；任免和聘用干部；印章的更改、办公地址的迁移等。如《国务院关于成立国家行政学院的通知》《财政部关于×××、×××任职的通知》。

5. 事务性通知

主要用于上级机关对下属就工作中的某些具体事项作布置、安排、交代等而制发的通知。如《市教委关于要求报送 2006 年普通高校招收插班生工作方案的通知》。

6. 会议通知

当召开比较重大的会议而不宜用电话或其他形式通知时，可用"通知"行文发至有关单位。如《中国人民银行关于召开行属普通高校招生和毕业生就业工作研讨会的通知》。

二、通知的写作格式和基本内容

（一）标题

通知的标题由"发文机关""通知事由"和"文种"三部分构成。如《××市政府批转市财政局制订的××市农业特产税征收实施办法的通知》，其中"××市政府"是发文机关；"批转市财政局制订的××市农业特产税实施办法"是通知的事由；"通知"为文种。有的还可根据通知的内容需要，在"通知"前加上定语，如"重要通知""紧急通知""补充通知"等。行政机关联合行文发通知，主办机关名称应排列在前。行政机关与同级或相应的党的机关、军队机关、人民团体联合行文，按照党、政、军、群的顺序排列。

非公文性的通知，标题可直接写"通知"，省略单位名称和发文事由。

（二）正文

通知的正文通常由"通知的缘由""通知的事项"和"通知的结尾"三部分组成。

1. 通知的缘由

主要写明发该通知的原因、依据或目的。这部分结束，常用"现将有关事项通知如下""特此通知如下"等语，过渡下文。

2. 通知的事项

它是通知的主体部分，要求写明通知的具体内容，如需要周知些什么事，遵守些什么事，执行贯彻些什么事等。这部分内容如果单一或很简短，可不分段，如果通知的事项较多，则宜分条列项逐一写明。

3. 通知的结尾

它是对贯彻执行该通知所提出的希望和要求。如"以上通知，请认真贯彻执行""请各有关地区和部门按上述通知贯彻执行""请认真按照执行"等，也有的通知不另写通知要求，直接用"特此通知"作结。

正文的写法,应根据不同的通知种类,具体内容的需要而定。

如批转性的通知的写法,常将正文的三个组成部分合为一体,并成一段,甚至用一句话概括,如"中国人民银行《关于加强金融机构监管工作的意见》已经国务院同意,现转发给你们,请认真遵照执行。"缘由是国务院对中国人民银行来文件的批示,事项是将中国人民银行的来文转发下去,结尾是"请认真遵照执行"。全文紧凑、简洁,态度明了。如对下属另有具体希望要求的,则应另起一段提出。

转发性和发布性的通知写法也是如此,如"现将《国务院关于××××的通知》(国发〔2005〕××号)转发给你们,请结合实际情况认真贯彻执行"。与批转性通知写法不同的是:批转性通知中当作出批示意见,如"已经同意"。而转发性通知中,在引用所转发文件的标题后,还需在括号内引上发文字号。发布性通知则无此要求。

会议通知的写法较具体全面,开头通常写上开会的事因或目的,以及由谁组织,在何时何地召开等内容。主体部分写与会的有关事项,如大会的主要议题、出席的对象、人数,起止时间、报到地点、应备资料文件、接待的方式、有关食宿的安排、缴纳的费用,联系人的姓名、地址、电话等,尽可能地交代清楚,这样才能保证会议如期正常召开。

三、通知的写作要求

(一)注意规范使用不同种类的通知

如批转性的通知不能写成转发性的通知,反之亦然;发布性的通知不能等同于批转或转发性的通知。即使在发布性的通知中,也有发布与印发两种形式。一般而言,发布的文件大都是法规性的文件,如规定、条例等;印发的文件大都是非法规性的文件,如纲要、计划、会议纪要等。

(二)通知内容该详则详,该简则简

如指示性的通知、会议通知,内容应尽量详尽、周到;而发布性通知,转发性、批转性通知内容则相对简要。

(三)通知事项必须清楚明确

即明白无误地提出工作的任务和要求,交代应知或应办的事项,切忌泛泛而言,含糊不清,令人不得要领。

例文1

国务院关于开展第二次全国污染源普查的通知

国发〔2016〕59号

各省、自治区、直辖市人民政府,国务院各部委、各直属机构:

根据《全国污染源普查条例》规定,国务院决定于2017年开展第二次全国污染源普查。现将有关事项通知如下：

一、普查目的和意义

全国污染源普查是重大的国情调查，是环境保护的基础性工作。开展第二次全国污染源普查，掌握各类污染源的数量、行业和地区分布情况，了解主要污染物产生、排放和处理情况，建立、健全重点污染源档案、污染源信息数据库和环境统计平台，对于准确判断我国当前环境形势，制定实施有针对性的经济社会发展和环境保护政策、规划，不断改善环境质量，加快推进生态文明建设，补齐全面建成小康社会的生态环境短板具有重要意义。

二、普查对象和内容

普查对象是中华人民共和国境内有污染源的单位和个体经营户。范围包括：工业污染源，农业污染源，生活污染源，集中式污染治理设施，移动源及其他产生、排放污染物的设施。

普查内容包括普查对象的基本信息、污染物种类和来源、污染物产生和排放情况、污染治理设施建设和运行情况等。

本次普查的具体范围和内容，由国务院批准的普查方案确定。

三、普查时间安排

本次普查标准时点为 2017 年 12 月 31 日，时期资料为 2017 年度资料。2016 年第四季度至 2017 年底为普查前期准备阶段，重点做好普查方案编制、普查工作试点以及宣传培训等工作。2018 年为全面普查阶段，各地组织开展普查，通过逐级审核汇总形成普查数据库，年底完成普查工作。2019 年为总结发布阶段，重点做好普查工作验收、数据汇总和结果发布等工作。

四、普查组织和实施

在全国范围内开展污染源普查，涉及范围广、参与部门多、普查任务重、技术要求高、工作难度大。各地区、各部门要按照"全国统一领导、部门分工协作、地方分级负责、各方共同参与"的原则组织实施普查。同时，按照信息共享和厉行节约的要求，充分利用有关部门现有统计、监测和各专项调查等相关资料，借鉴和采纳国家有关经济普查、农业普查等成果。

为加强组织领导，国务院决定成立第二次全国污染源普查领导小组，负责领导和协调全国污染源普查工作。领导小组办公室设在环境保护部，负责普查的日常工作。领导小组成员单位要按照各自职责协调落实相关工作。

县级以上地方人民政府成立相应的污染源普查领导小组及其办公室，按照全国污染源普查领导小组的统一规定和要求，做好本行政区域内的污染源普查工作。要充分利用报刊、广播、电视、网络等各种媒体，广泛深入地宣传全国污染源普查的重要意义和有关要求，为普查工作的顺利实施营造良好的社会氛围。对普查工作中遇到的各种困难和问题，要及时采取措施，切实予以解决。

军队、武装警察部队的污染源普查工作由中央军委后勤保障部按照国家统一规定和要求组织实施。

新疆生产建设兵团的污染源普查工作由新疆生产建设兵团按照国家统一规定和要求组织实施。

五、普查经费保障

第二次全国污染源普查工作经费，按照分级保障原则，由同级财政予以保障。中央财政负担部分，由相关部门按要求列入部门预算。地方财政负担部分，由同级地方财政根据工作需要统筹安排。

六、普查工作要求

污染源普查对象有义务接受污染源普查领导小组办公室、普查人员依法进行的调查，并如实反映情况，提供有关资料，按照要求填报污染源普查表。任何地方、部门、单位和个人都不得迟报、虚报、瞒报和拒报普查数据，不得伪造、篡改普查资料。

各级普查机构及其工作人员，对普查对象的技术和商业秘密，必须履行保密义务。

附件：国务院第二次全国污染源普查领导小组人员名单

国务院
2016 年 10 月 20 日

例文 2

**××市人民政府办公厅关于召开全市
安全生产电视电话会议的通知**

发文字号略

各区县（自治县）人民政府，××新区、××经开区、××经开区、××新区管委会，市政府有关部门，有关单位：

市政府决定召开全市安全生产电视电话会议，贯彻落实市委、市政府安全生产工作部署，总结上半年安全生产工作，部署三季度及下半年工作。现将有关事项通知如下：

一、会议时间

2015 年 7 月 10 日（星期五）下午 14:30。

二、会议地点

主会场：市委办公厅一楼可视电话会议室；

分会场：各区县(自治县)、北部新区、万盛经开区、双桥经开区、两江新区管委会视频会议室。

三、参会人员

(一)主会场：市政府××副市长；市政府安委会成员单位分管负责人及相关处室负责人，部分中央在渝及市属企业分管负责人(见附件1)；新闻媒体记者。

(二)分会场：各区县(自治县)政府(含××新区、××经开区、××经开区、××新区管委会)分管领导；承担具体监管任务的区县(自治县)安委会成员单位分管负责人及相关科室负责人；乡镇政府(街道办)分管领导及安监办负责人；辖区重点企业负责人。(各地结合实际，参会人员参照主会场设置)。

四、有关要求

(一)请在主会场参会的有关单位于7月8日(星期三)18：00前，将会议回执(见附件2)反馈市政府安委会办公室。请市安监局通知中石油××协调组、成铁××办事处、民航××监管局、华中能源局××办事处、××铁路监管局及60家中央在渝及市属重点企业，市公安局通知市公安交管局、市公安消防局，市交委通知市运管局、市港航局、市交通行政执法总队，市文化委通知市文化市场行政总队按要求参会。

(二)请各区县(自治县)政府安委会办公室做好会议统筹安排，负责通知本辖区相关人员按时参会，并于7月9日下午16：00开机调试。

(三)请参会人员凭会议通知提前15分钟进入会场，严格遵守会场纪律。

联系人：白××，唐××

电　话：6×××××××

传　真：67510195

附件：1. 全市安全生产电视电话会议主会场参会单位名单
　　　2. 会议回执

××市人民政府办公厅
2015年7月8日

例文3

××市财政局转发财政部
关于企业公司制改建应付工资等余额财务处理的意见的通知

发文字号略

各委办局，各控股集团公司，各区县财政局，市财税三、七分局：

现将《财政部〈关于企业公司制改建应付工资等余额财务处理的意见〉》(财办

企〔20××〕23 号)转发给你们,请按照贯彻执行。

××市财政局
20××年4月21日

《财政部关于企业公司制改建应付工资等余额财务处理的意见》(略)

例文 4

财政部教育部关于印发
《台湾学生奖学金管理暂行办法》的通知

发文字号略

　　为切实贯彻执行中央对台工作方针,推进祖国和平统一大业,进一步鼓励和支持更多的台湾地区学生来祖国大陆普通高校和科研院所学习,增强他们对祖国的认同感,激励他们勤奋学习、努力进取,特设立台湾学生奖学金。为规范和加强台湾学生奖学金的管理,提高资金使用的安全和有效性,财政部、教育部制定了《台湾学生奖学金管理暂行办法》,现印发给你们,请遵照执行。

　　如有意见或建议,请及时向我们反映,以进一步完善此项工作。

20××年12月29日

[《台湾学生奖学金管理暂行办法》(略)]

第二节　通　报

一、通报概述

(一)通报的性质

　　通报适用于表彰先进、批评错误,传达重要精神和告知重要情况。属下行文。发通报的目的,在于教育帮助广大干部群众,弘扬正气,提高思想政治觉悟,改进工作作风,促进精神文明和物质文明的建设,具有宣传、教育、沟通信息的作用。通报的事例应典型、突出。一般性的好人好事,一般性质的错误不宜发通报表彰或批评。

(二)通报的种类

1. 表彰性的通报

　　用来表彰先进的个人和单位,宣传先进事迹,推广成功经验,树立典型及学习榜样,影响和带领广大干群,共同提高思想觉悟,做好本职工作。

2. 批评性的通报

　　用来批评严重违反党纪国法、无视党和国家的方针政策、损害人民利益、破坏安定团结,思想腐化、道德败坏,造成不良政治影响或重大经济损失的人和事实,以此教育广大干群,引以为戒,改进工作,加强管理,防止类似的事件再度发生。

3. 传达精神和告知情况的通报

主要用来在一定的范围内,就当前政治、经济、社会治安等方面的重要精神、情况或动态,及时传达和告知给所属单位或有关部门,提请关注,给予重视,使之更好地开展工作。

二、通报的写作格式和基本内容

（一）标题

通报的标题通常由发文机关、通报事由和文种名称三部分组成,如《国务院关于表彰国家科委等单位长年深入基层开展扶贫工作的通报》。有时也可省略发文机关名称,由通报事由和文种名称构成。还有的通报采用文章式的标题,如中共中央纪委一则通报的标题为:《向姜瑞峰同志学习做反腐败斗争的勇士》。

（二）正文

通报的正文通常由通报的缘由、具体事项和评析,以及奖罚决定和希望要求三部分组成。

1. 通报的缘由

主要写发通报的原因或目的。一般将所通报的事先作简要介绍,如表彰性的通报,缘由部分要将所表彰的人或单位所做的好人好事或成功的经验等主要事实作简要介绍;批评性的通报,缘由部分要将所批评的人或单位所犯的错误、发生的事故、违法违纪事件等主要事实作简要的介绍。传达重要精神或情况的通报也要将主要精神或基本情况作简要的概括说明。表彰性和批评性的通报的开头部分,还应表明发文机关的基本观点与鲜明态度。

2. 具体事实和评析

就情况通报来说,这部分的内容主要对所通报的事情,传达的精神作具体展开。在表彰性和批评性的通报中,除对所通报的事实具体展开外,还需对此进行分析、评价,揭示事物的积极意义或问题的实质,从中总结出经验或教训。如在表彰性的通报中,主要分析评价先进人物的事迹或成功经验,体现了什么样的高尚品质,有何积极意义。在批评性的通报中,主要分析错误的事实,事故发生的原因,指出错误的性质,问题产生的严重性和危害性,给社会造成的不良影响等,使人从中受到教育和启迪。

3. 奖罚决定和希望要求

这部分也是通报的结尾,主要写明:对好人好事给予怎样的表彰或对坏人坏事给予怎样处罚的决定,以及就如何向先进人物学习,对错误、存在问题如何采取措施,吸取教训,引以为戒,提出希望和要求。传达重要精神和情况的通报一般没有奖罚决定，但可以对传达的精神或通报事情对下属提出有关的希望或要求。

这一部分中的奖罚决定有时也可放在缘由部分后面，与缘由部分合为一段说明。

（三）署名和日期

全文结束，在正文右下方署上单位名称，加盖单位印章，并注上发文的具体年、月、日。

三、通报的写作要求

（一）内容要真实、典型

在表彰性和批评性的通报中，所反映的情况一定要真实、可靠，不能夸大和缩小，以免因失实而产生不良影响。材料要充分说明问题，具有典型意义，否则引用不当，将起不到应有的教育作用。

（二）分析、评价要公正、客观

就表彰性和批评性的通报而言，对其中事实分析应当具有一定的高度，要从感性认识上升到理性认识。表扬人物，要善于从平凡中总结出不平凡之处；批评错误，也应抓住问题的实质，指出问题的严重性、危害性，但必须掌握分寸，就事论理，不得随意拔高或者上纲上线。只有客观、公正，符合政策，这样才能收到好的效果。

（三）通报的时间要及时

无论是表彰好人好事、批评错误的通报，还是传达重要精神和情况的通报，都应当及时迅速反映，否则时过境迁，就会影响或减弱宣传、教育的意义，起不到所应有的作用。

例文 1（表彰通报）

××省建材局关于表扬李××、赖××同志临危不惧勇斗歹徒的通报

省××××厂党委书记李××、劳资科副科长赖××两同志，为维护社会治安，临危不惧，赤手空拳与一伙手持凶器的歹徒英勇搏斗，光荣负伤。为表彰他们的英勇事迹和大无畏精神，局决定给予李××同志记大功一次，发给一次性奖金××元；给赖××同志晋升一级，发给一次性奖金×××元；并将他们的事迹通报全局。

20××年×月×日八时许，一伙歹徒窜到省××××厂宿舍区一职工家行凶。……他们挥动凶器向李××同志扑过来，李××同志的左大腿、腰部、头部被棍棒击中，头顶被击开一条四厘米长的口子，左手被砍伤，鲜血直流，眼冒金花，倒在地上，李××同志忍着剧痛，以极大的毅力站起来。这时，三个歹徒又同时举

起大刀向李××头部砍去,眼看李××同志有生命危险。在这千钧一发之际,赖××同志毫不畏惧地冲上去,用双手臂护住李××同志的头部。李××同志得救了,但赖××同志的手臂却被砍伤三处,左手臂粉碎性骨折。

李××同志为维护社会治安,不顾个人安危,英勇与歹徒搏斗的事迹,表现了一个共产党员、国家干部高度的社会责任感和大无畏精神。赖××同志在同志的生命有危险的紧急关头,宁可牺牲自己也要救同志的事迹,表现了一个共产党员、国家干部舍己救人的高尚品德和献身精神。

他们在关键时刻挺身而出,勇敢斗争,绝非偶然,而是他们平时认真学习,自觉改造,加强党性修养,严格要求自己的结果。(略)

党组希望全局的共产党员、广大干部和工人群众,都要向李××、赖××同志学习,学习他们以党的利益为重,关心国家、关心集体、关心群众的崇高思想;学习他们不顾个人安危,勇于同坏人坏事作斗争的大无畏精神……用共产主义精神对待工作、对待同志,做改革的促进派,做有理想、有道德、有文化、守纪律的劳动者,……为社会主义现代化建设作出贡献。

××省建材局
二〇××年×月×日

例文 2(批评通报)

关于对 A 股份有限公司等 2 家公司
及有关人员予以批评的通报

发文字号略

A 股份有限公司、B 股份有限公司:

我会在近期进行的募集资金使用专项核查中发现,A 股份有限公司、B 股份有限公司在募集资金使用及相关信息披露中存在严重违规行为。

A 股份有限公司募集资金实际投向与公司承诺不符,变更募集资金投向,未履行相应决策程序和信息披露义务;有关募集资金使用的信息披露与事实不符。公司募集资金项目之一为补充年产 4 万吨 MDI 高技术产业化示范工程配套项目。招股说明书承诺以 1 000 万元增加设备投资,2 800 万元增加流动资金。该项目公司实际以 2 800 万元收购控股股东拥有的项目配套铁路专用运输储运系统等,属关联交易。该变更行为未经股东大会审议通过。另一募集资金项目聚氨酯研究发展中心技术改造项目,公司承诺建造 5 000 平方米大楼,实际公司购置了中关村昌平园房屋及附着土地。且 2001 年中报披露投入金额也有误,2001 年公司中报披露该项目投入金额为 981 万元,实际已投入 1 720 万元。

B 股份有限公司募集资金使用与公司承诺不符,未履行相关变更程序,且信息披露与实际不符。……

上述行为违反了《证券法》第二十条第二款及第五十九条规定。A 股份有限公司董事会及董事长丁建生、董事会秘书郭兴田，B 股份有限公司董事会及董事长夏朝嘉、董事会秘书樊平对上述违法行为负有直接责任。

我会决定对上述 2 家公司、公司董事会以及上述直接责任人予以通报批评。

上述 2 家公司董事会应当在本通报公告之日起一个月内向中国证监会及所在地派出机构提交对违法行为进行整改的报告，并在中国证监会指定报刊公开披露其主要内容。

各上市公司董事会和全体董事应依法履行职责，勤勉尽责，履行对上市公司及全体股东的诚信义务，对涉及募集资金变更项目充分论证，并严格履行法定变更程序。

中国证监会将继续重点关注上市公司的募集资金使用存在的变更速度快、变更频繁，资金闲置金额大、闲置时间长，募集资金项目变更披露不充分，募集资金用于委托理财等行为，核查上市公司是否严格履行了其招股说明书中对募集资金使用的承诺，并对募集资金使用和信息披露中出现的违法违规行为从严监管。发现违规情况，将严肃查处。

中国证监会
20××年3月20日

例文 3（情况通报）

国务院办公厅关于 2016 年第二次全国政府
网站抽查情况的通报

国办函〔2016〕68 号

各省、自治区、直辖市人民政府，国务院各部委、各直属机构：

为进一步加强全国政府网站信息内容建设，更好地发挥其政务公开和服务群众主平台作用，国务院办公厅组织开展了 2016 年第二次全国政府网站抽查。现将有关情况通报如下：

一、总体情况

2016 年 6 月，按照《国务院办公厅关于开展第一次全国政府网站普查的通知》（国办发〔2015〕15 号）确定的检查标准，国务院办公厅随机抽查了各级政府网站 746 个，大部分政府网站内容保障水平显著提升，"僵尸""睡眠"等现象明显减少，总体抽查合格率 85%，比一季度有所提高。国务院部门（含内设、垂直管理机构）政府网站抽查合格率为 98.5%；北京、辽宁、青海等地政府网站抽查合格率达

100%,广东、湖北、山东、浙江、四川、湖南等地政府网站抽查合格率超过90%。

此外,按照《国务院办公厅关于加强政府网站信息内容建设的意见》(国办发〔2014〕57号)中做好国务院重要政策信息转载的有关要求,本次抽查还对71个国务院部门网站、32个省级政府(含新疆生产建设兵团)门户网站转载中国政府网发布的国务院重要信息情况开展了专项检查。90%以上的省部级政府门户网站在首页显著位置开设了国务院重要政策信息专栏,超过80%的网站能够在国务院重要信息发布后24小时内进行转载。

二、抽查发现的主要问题

(一)个别基层网站仍存在严重问题。抽查发现不合格网站112个。其中,云南省"勐腊县保护所"网超过6年未更新,内蒙古自治区科尔沁右翼中旗"科右中旗统计信息网"、黑龙江省"北安市公安局"网超过2年未更新;福建省福安市"晓阳镇人民政府"网存在大量空白栏目;陕西省"西乡县国土资源局"网部分咨询留言超过半年未回应;山西省"寿阳县环境保护局"网大量栏目无法访问。此外,山西省和黑龙江省连续两季度抽查不合格率均较高,陕西省被抽查的网站中无法访问的比例达14.3%。

(二)网站关停整改工作需进一步规范。个别网站出现关停整改不到位的情况。如,安徽省"蒙城县王集乡人民政府"网申请暂时关停后本应于今年3月份完成整改并开通运行,但至今页面仍提示"升级改版中";福建省屏南县"屏南人事人才网"、河南省"民权县司法局"网已申请关停超过半年但尚未完成迁移及关停工作,仍"带病运行"。

(三)一些地方和部门忽视政府网站基本信息填报工作。从全国政府网站信息报送系统中的数据看,一些地方、部门网站主管单位错报、漏报和未及时填报新版网站信息的情况依然存在。如,山西省偏关县"偏关公安便民服务在线"报送的网址与实际网址不一致,内蒙古自治区"林西县环境保护局"网改版后未报送新网址等。网站基本情况得不到真实反映,降低了全国政府网站基本信息数据库的准确性,给做好政府网站管理工作带来困难。

三、有关工作要求

各地区、各部门要高度重视政府网站管理工作,建立完善常态化监管机制,切实提高本地区、本部门政府网站的建设管理水平。

(一)建立完善常态化监管机制。各级人民政府办公厅(室)是本级政府网站建设管理的第一责任主体。国务院办公厅负责对全国政府网站进行统一监管,各省(区、市)人民政府办公厅负责本地区政府网站的监管,国务院各部门办公厅(室)负责本部门政府网站的监管,中央垂直管理的部门由其办公厅(室)负责本系统政府网站的监管。各地区、各部门要加强对政府网站的日常监测,及时发现和解决存在的问题；建立季度抽查机制，抽查比例不低于10%，并于每季度末将抽查名单、抽查结果及有关网站整改情况报送国务院办公厅政府信息与政务公开办公室。

（二）加强各级政府门户网站与中国政府网的协同联动。中国政府网发布的对全局工作有指导意义、需要社会广泛知晓的政策信息，国务院部门和地方各级政府门户网站应在24小时内转载；涉及某个行业或地区的政策信息，有关部门和地方网站要及时转载。各级政府门户网站应在首页显著位置开设专栏转载国务院重要政策信息，转载内容参见中国政府网"国务院信息"栏目（http://www.gov.cn/pushinfo/v150203/index.htm）。国务院办公厅将把国务院部门及县级以上地方人民政府门户网站转载情况纳入抽查范围。

（三）做好存在严重问题网站的关停整改工作。严格政府网站关停标准和程序，县级以上人民政府门户网站不得申请关停，如需整改或改版升级，应在确保网站正常运行的情况下进行；其他政府网站申请暂时关停每年不得超过1次，关停时间不超过60天；拟永久关停的政府网站要做好内容迁移和公告等工作。推进网站集约化建设，将没有人力、财力保障的基层网站迁移到上级政府网站技术平台统一管理。做好全国政府网站信息报送系统有关数据核查更新工作，新建、改版、关停网站要及时填报有关信息，确保本地区、本部门政府网站信息的准确性和完整性，避免错报漏报。

（四）强化对政府网站的监督考核。中国政府网已开设了"我为政府网站找错"监督举报平台，县级以上地方各级政府门户网站和国务院部门网站要在首页添加平台入口（具体操作见全国政府网站信息报送系统"政府网站找错平台添加说明"）。对网民举报的问题，国务院办公厅政府信息与政务公开办公室将及时通过网站信息报送系统转有关地区和部门办公厅（室）进行处理。各地区、各部门要建立健全政府网站绩效考核问责机制，对成绩突出的予以表扬，对多次出现问题且长期整改不到位的要进行通报批评和约谈问责。

对本次通报的问题网站，各有关地区和部门要采取有力措施进行整改，并于8月15日前将整改情况书面报送国务院办公厅政府信息与政务公开办公室。

附件：1. 各地区政府网站抽查情况
2. 国务院部门及其内设、垂直管理机构政府网站抽查情况
3. 抽查发现存在突出问题的政府网站名单

国务院办公厅
2016年7月18日

选自：中国政府网"国务院信息"栏目（http://www.gov.cn/pushinfo/v150203/index.htm）

思考与练习

1. 通知一般可分为哪几种?
2. 写通报应注意哪些问题?
3. 以下通知的标题是否正确? 为什么?
(1)《××区人民政府转发区经委关于当前工业生产意见的通知》
(2)《××县人民政府办公室批转〈县科委关于做好职称评定工作的报告〉的通知》
(3)《××县人民政府批转省人民政府关于学习宣传中华人民共和国森林法的通知》
4. 根据以下各段内容撰写标题。
(1)(   )

各地级以上市人民政府,各县(市、区)人民政府,省政府各部门、各直属机构:
现将《国务院关于落实科学发展观加强环境保护的决定》(国发〔2005〕39号)转发给你们,结合我省实际,提出如下意见,请一并贯彻执行。

发文单位:A省人民政府

(2)(   )

各地级以上市人民政府,各县(市、区)人民政府,省政府各部门、各直属机构:
近年来,我省各级地方政府和省政府各部门、各直属机构高度重视做好政务督查工作,对推进省政府重大决策和领导重要批示的落实起到了积极作用。当前,随着科学发展观、正确政绩观的深入贯彻,以及依法行政、建设法治政府和社会主义和谐社会的全面推进,政务督查工作面临新的形势和要求。为进一步做好我省政务督查工作,经省人民政府同意,现就有关事项通知如下:(以下略)

发文单位:A省人民政府

(3)(   )

各地级以上市人民政府,各县(市、区)人民政府,省政府各部门、各直属机构:
《A省加强建设工程项目开工管理若干规定》业经省人民政府批准,现印发给你们,请认真贯彻执行。执行过程中遇到的问题,请径向省建设厅反映。

发文单位:A省人民政府

(4)(   )

各省、自治区、直辖市人民政府,国务院各部委、各直属机构:
发展改革委员会《关于坚决制止电站项目无序建设的意见》已经国务院同意,现转发给你们,请认真贯彻执行。
近几年来,为适应国民经济和社会发展的需要,缓解电力供应紧张的矛盾,国家加大了电力建设力度,新开工建设与投产运行的电站规模逐年增加。2004年已批准新开工发电项目6 000万千瓦以上,预计投产5 100万千瓦。同时,国家还积极采取措施,努力解决当前煤电油运紧张问题,保障社会正常的生产和生活秩序。……

发文单位:国务院

(5)（　　　　　　　　　　　　　　　　）

收文单位(略):

现将《国务院批转公安部关于推进小城镇户籍管理制度改革意见的通知》国发〔2001〕6号转发给你们,请结合以下意见,认真贯彻执行。……

发文单位:ABC自治区人民政府办公厅

5. 指出下例通知通报中存在的问题,并做修改。

(1)

县人民政府转发县经委关于当前工业生产意见的通知

各乡、镇人民政府,县直各单位:

县人民政府同意县经委《关于当前工业生产的意见》,现印发给你们,请遵照执行。

当前,全县工业园地万紫千红,百花争艳,工业生产形势喜人、逼人。县人民政府希望工业战线广大职工借这股强劲的东风,像园丁一样,开动脑筋,群策群力,辛勤地耕耘我县的工业园地,努力奋斗,勤俭节约,力争超额完成今年全县工业生产任务,多创利税,把我县工业生产推上一个新台阶。

××县人民政府
××××年×月××日

(2)

××部关于成立摄影小组的通知

我部成立一个摄影小组,目的是更好地配合五讲四美活动,丰富我们的业余文化生活,培养我们的情操,有利于我们提高观察生活的能力,从生活中挖掘出美的事物,使我们更加热爱我们的社会主义祖国。

本小组将聘请专业或业余摄影家来讲学,在一两年内本小组成员除了能掌握摄影基本知识外,还能学会在拍摄过程中常用的知识;如追随法、逆光摄影法、高调摄影等,在冲洗照片过程中常用的:如冲洗技术,多次曝光叠加成像,修改底片等方法。待初步掌握了这些技能以后,我们还将出外采访,从而更好地深入实际,了解社会,还将尽可能地游历祖国名山大川,拍出有浓郁的生活气息和奇丽风光的艺术照片,并举办学员作品展览,评出优秀作品,对作者予以适当奖励,结业时,凡掌握了所学内容者,都发给毕业证书,并赠送纪念品。总之,凡加入本小组的同志,只要认真学习,虚心请教,互相交流,取长补短,切磋技艺,都会在摄影技术上取得很大进步,成为祖国有用的人才。

凡是对摄影有爱好的同志,可以自愿报名参加,要自带照相机,有摄影作品的同志最好交上来,以供录取时参考。活动时间每星期二、星期四下午,报名处在××部办公厅203室,报名时交一张一寸照片,报名时间5月1日至5月10日,过期不再补报。有关各项要求望及时发给各党支部给予传达,尽快将名单报上来。

摄影是一门艺术,它会使我们的生活更加充实,激发我们对祖国的爱和为祖国献身的勇气,望大家踊跃参加。

××部办公室
二〇××年×月×日

(3)

关于××市民政事业费管理使用问题的通报

××市任意挪用、占用和滥用民政事业费的问题,是非常严重的。民政事业费是体现党和国家对广大优抚、救济对象生活疾苦的关怀,任何人挪用、侵占民政事业费,都是党纪国法所不容许的。凡是××市挪用和占用的民政事业费必须限期如数追回。为了严明党纪国法,对挪用、占用民政事业费的有关人员,要按党纪政纪严肃处理,并将处理结果报省人民政府。

各地要把××市的问题引为借鉴,加强民政事业费的管理,进一步加强民政事业费管理体制的建设,杜绝××市的问题再度发生。

××省人民政府
××××年×月××日

6. 根据以下材料,写一则批评性的通报。

学校××年级××系××班×××同学,平时学习不认真,经常旷课,缺交作业,上课与人讲话,或者打瞌睡。在×月××日"财务会计"的期末考试中作弊。当时情况如下:该同学将事先准备好的字条放入铅笔盒中,乘打开铅笔盒时偷看。其不断地打开关闭铅笔盒的情况引起监考老师的注意。当老师要检查他的铅笔盒时,他执意不肯交出,后又迅速将字条揉成一团塞进口袋,并称老师无权搜身,不肯承认自己作弊行为,态度极为恶劣,还影响了其他同学的考试。根据学校有关规定,对考试作弊的同学,取消其该门课的考试成绩,并不得参加正常补考。如果态度恶劣,还可给予行政记过处分或开除处分。

以上材料,如有所缺内容,可自己根据情况给以补上。也可根据本校一些真实的考试作弊事实写批评性的通报。

第十四章 报告和请示

第一节 报　告

一、报告概述

（一）报告的性质

报告适用于向上级机关汇报工作，反映情况，答复上级机关的询问。报告属上行文。报告也是公文中使用频率很高的文种之一，各级党政机关、企事业单位、社会团体等都需经常向上级打报告，及时向上级汇报工作，反映情况。报告的主要作用就是使上级机关随时了解本机关、本系统某个阶段的工作和活动情况。

（二）报告的种类

根据报告的性质，报告可分为以下四种。

1. 工作报告

它是下级机关在完成领导所布置的工作或一些重大工作进行到某一阶段后，为了让上级领导及时了解工作情况或进展、听取上级意见和指导而写的报告。

2. 情况报告

它是下级机关在工作中出现一些新情况、新问题或某种突发事件，需要及时向上级领导汇报、反映情况而写的报告。

3. 答复报告

它是针对上级对某项工作、某些情况、某些问题查询了解时所写的报告。

此外，报告还可根据是否需上级批转有关单位而分为呈转性报告和呈报性报告。如上述的建议报告则属于呈转性报告，而其他工作报告、情况报告、答复报告均为呈报性报告。

二、报告的写作格式和基本内容

（一）标题

报告的标题由发文机关、报告的事由、文种名称三部分组成。如《××省人民政府关于工业生产情况的报告》。也可省略发文机关，直接由报告的事由和文种构成。

(二)正文

报告的正文通常分为三部分：报告的缘由、报告的事项和结尾。

1. 报告的缘由

这部分主要写报告的依据、目的、原因或基本情况，但不同种类的报告缘由部分写法不一。如汇报工作的报告，在报告缘由部分，通常将所做的工作作大致的介绍；在反映情况的报告中，缘由部分常将所发生的情况作概要交代，如何人、何地、何事、何因、何果等情况；在建议性的报告中，缘由部分着重阐述提出意见或建议的依据；而答复性的报告，缘由部分主要援引上级询问文件的标题、发文字号。缘由部分结束，常用"现将有关情况报告如下"，或"特提出如下建议"等语过渡下文。

2. 报告的事项

这部分是报告的核心，是报告内容的具体展开，写法也需根据不同种类的报告而定。如在汇报工作的报告中，事项部分主要写做了哪些工作，做得怎样，取得的成绩，存在的问题等，类似总结主体部分的写法。在情况报告中，事项部分要将有关情况作具体汇报，并对有关问题展开分析，寻找事因，提出解决问题的意见和办法。而答复报告的事项部分，只需针对有关询问作出明确答复即可，不涉及其他内容。答复性的报告，不能回避事实，必须有问必答，有答则明。

3. 结尾

报告结束常用"特此报告"，或"以上报告，请审阅"等语作结。需要呈转的，常用"以上报告如无不妥，请批准有关部门执行"等语作结。

(三)署名和日期

写法同前公文。（略）

三、报告的写作要求

(1) 报告中不得夹带请示事项，需要上级答复批准的，应用"请示"行文。

(2) 工作报告、情况报告的内容要真实，不能弄虚作假，有成绩，不夸大其词；有问题，不缩小隐瞒，须如实反映，这样才有利于上级把握准确、真实的情况，作出正确的指导和决策。

(3) 报告要突出重点，详略得当。有些报告内容较多，写作时不能一应俱全，面面俱到，什么都写。要有针对性地选择主要的事实材料，然后进行合理安排和组织，做到突出重点、主次分明、有详有略、条理清晰。

例文1

中国人民银行关于企业逃废金融债务有关情况的报告

国务院办公厅：

根据国务院领导同志在国务院办公厅秘书局专报信息《对企业在改制过程中

逃废金融债务情况的调查》（第 373 期）上的批示，我们对企业逃废金融债务（以下简称逃废债）情况进行了调查，有关情况和建议如下：

一、企业逃废债的基本情况

企业逃废债已经成为当前金融资产运行中的突出问题，对金融业改革开放造成了不良影响。企业逃废债屡禁不止和恶性蔓延，扰乱了经济秩序，损害了市场信用，危及金融资产的安全。××××年以来，国家先后出台了一系列政策规定，并在人民银行系统内设立了金融债权管理机构，建立了防范和制止企业逃废债的工作机制和操作规范，通过采取内部通报、道义劝告、限期纠正、公开曝光等一系列措施，对恶意逃废债的企业实施制裁，有效地遏制了企业逃废债的扩张。但是，受各种利益的驱动，一些地区和企业利用各种手段（主要是利用改制方式）逃废债的情况仍然相当普遍。据调查统计，截至××××年末，在工商银行、农业银行、中国银行、建设银行、交通银行开户的改制企业为62 656户，涉及贷款本息5 792亿元，经过金融债权管理机构认定的逃废债企业32 140户，占改制企业51.29%，逃废银行贷款本息1 851亿元，占改制企业贷款本息的31.96%。在逃废债的企业中，国有企业22 296户，占逃废债企业总数的69.37%，逃废金融机构的贷款本息1 273亿元，占逃废债总额的68.77%；非国有企业9 844户，占逃废债企业的30.63%，逃废金融机构贷款本息578亿元，占逃废债企业贷款本息的31%。利用改制方式逃废债的国有企业中，中小国有企业占86%以上。调查统计还发现，逃废债企业最多的地区是北京、广东、山东、湖北、江苏、辽宁、陕西和青海。其中，逃废债绝对额最大的是广东、山东、江苏和湖北四省。从金融债权管理机构掌握的动态情况来看，国有商业银行是企业逃废债的最大受害者，同时，相当数量的中小金融机构的债权在企业改制过程中也无法得到保护。

二、企业逃废债主要类型和案例

第一，利用破产方式逃废债。近几年，一种"连带组合包装破产"形式比较普遍和典型，这种破产逃债方式主要是将同一行业或者不同行业的若干企业合并为总公司，将原企业的有效资产划转到总公司，而金融机构的债务继续留在原企业，然后对原企业实施破产，或者以一个企业为主体将其他企业捆绑组合破产，将金融机构的担保债权作为破产财产，剥夺金融机构担保债权的优先受偿权。同时，企业在制定破产预案时人为调整资产负债率，在实施破产过程中，增大破产费用，降低破产财产的变现价值。如山东省滕州市有137户改制企业，逃废债数额119 378万元，其中，利用连带组合包装破产方式逃废债有97户，占逃废债企业总数的70%，逃废债数额85 017万元，占改制企业逃废债数额的71.2%。……滕州市利用改制逃废债的做法，在当地和周边地区产生了严重的不良影响。

……

第二,利用分立重组方式逃废债。主要是在原企业基础上,分设若干新企业,将原企业的有效资产划转到新企业,把金融机构的债务保留在原企业。如重庆市第八建筑工程公司通过公司分立,调整债务负担方式,将该公司所属一公司、二公司、六公司和安装公司、机械公司、开发处、万县分公司的有效资产分离出来,组建重庆市第七建筑工程有限责任公司,所欠金融机构(涉及12家金融机构)的贷款本息12 375万元保留在第八建筑工程公司,使之资产负债率达117%,基本上处于半停产状态,没有正常的生产和经营,根本无力偿还银行债务。……

第三,利用租赁、合资改制逃废债。这类逃废债一般有两种情况:一是组建新企业,承租原企业的全部设备,把金融机构的贷款本息挂账悬空。如哈尔滨印染工业联合公司将其资产切块租赁给若干个经营者,承租者雇佣原企业的职工,每年向原企业缴纳少量租赁费用于发放离退休职工工资,而该公司欠工商银行的贷款本息50 575万元仍然挂在原企业账上。工商银行于1996年7月向法院提起诉讼,法院判决工商银行胜诉,但由于种种原因,法院的判决至今无法执行。另一种情况是引进新投资者,将企业有效资产作为投资注入新组建公司,把金融机构的债务和不良资产留在原企业。如吉林省吉林市管道煤气总公司,将其价值12 488万元的资产与香港捷美公司和中国新兴石油公司合资,组建新吉美公司,同时将所属的安装公司、设计院、经贸公司等重新经工商注册登记,带走有效资产4 098万元,工商银行的7 099万元贷款本息被悬空。

据调查分析,以破产、分立、合资、租赁等改制形式逃废债占逃废债务总额的92%以上。除此以外,还有一些比较典型的逃废债手段,如四川省内江市盛达房地产开发公司通过关联交易,悬空信达资产管理公司债权947万元。信达资产管理公司经过多次催收,盛达公司拒不合作。信达资产管理公司依法向内江市中区法院提起诉讼并对抵押财产申请诉讼保全,但盛达公司在抵押财产被法院查封期间违法销售查封的财产,导致信达资产管理公司的债权无法落实。……

三、有关建议

企业逃废债已成为金融资产安全运行的一大隐患,如果不对其采取有效的制裁措施,不仅无法保障金融机构的合法权益,而且扰乱市场秩序,助长破坏市场信用关系的恶劣风气,导致出现重大的金融风险。为此,我们建议:

(一)地方各级人民政府要顾全大局,认真领会中央关于国有企业改革和脱困的政策,正确处理企业改革过程中的银行债务问题。……

(二)金融机构要在支持经济结构调整和国有企业改革的过程中,加强内控制度建设,进一步明确各级分支机构抵制和纠正企业逃废债的责任。……

（三）进一步健全防范和制止企业逃废债制度。……

中国人民银行
20××年3月16日

（选自《国务院办公厅转发人民银行关于企业逃废金融债务有关情况报告的通知》国办发〔20××〕27号）

例文2

山西省人民政府关于杏儿沟煤矿"8·11"特大瓦斯爆炸等三起事故的检查报告

国务院：

2003年8月11日至18日，在短短8天的时间里，我省连续发生3起重特大矿难。8月11日6时40分，大同市杏儿沟煤矿风井瓦斯爆炸，43名矿工遇难。主要是该矿三号煤层采空区的火区可燃气体爆炸，冲击波波及正在生产的11#、14#煤层。8月14日12时40分，阳泉煤业集团公司三矿裕公井瓦斯爆炸，28名矿工遇难。主要是该矿在排放工作面排放瓦斯过程中，未按规定控制瓦斯浓度，未按规定停电撤人，致使风流中瓦斯浓度达到爆炸界限，工人带电检修信号电缆接线盒产生短路火花，引起爆炸。8月18日11时30分，晋中市左权县辽阳镇河南村煤矿瓦斯爆炸，27名矿工遇难。主要是地面检修变压器使井下停电停风，但未按规定撤出人员，井下巷道内因无风导致瓦斯积聚达到爆炸浓度，井下人员又违章打开防爆开关检修，地面突然送电使开关中产生火花引起爆炸。8天内98名矿工不幸遇难，使遇难者家庭蒙受塌天之祸，给人民群众生命财产造成重大损失，给党和政府的形象造成了极其恶劣的影响，给新一届党中央、国务院领导集体造成了很大的麻烦，教训极其深刻。反映出我省在贯彻国家有关安全生产的方针政策上存在差距，充分暴露出我省煤矿安全生产工作存在着许多问题。事故发生后，党中央、国务院十分关注，国务院领导同志作出重要批示，我们深感责任重大，内心十分愧疚。省委、省政府主要负责人立即向党中央、国务院作了初步检查，并请求给予处分。

从近期3起特大事故的原因看，有主观的，也有客观的；有历史的，也有现实的。特别是在煤炭市场好转的情况下，煤矿负责人重生产、重效益、轻安全，安全意识薄弱，管理人员违章指挥，矿工违章作业，超能力生产。具体主要有三个方面：一是多年来我省煤矿安全投入欠账较多，设备陈旧老化，超负荷运行，大矿建设和小矿改造资金投入不足。二是机构改革后，政府对煤炭企业的安全管理职能客观上有所弱化，监管体制尚需进一步完善，监管力量明显不足。三是这几年来，省委、省政府及有关部门将更多的精力放在打击非法私开、整治乡镇煤矿上，对国有煤安全生产工作和煤矿职工的安全教育培训抓得不紧,落实不够,措施不力。尽管我们按照《国务院办公厅关于进一步加强煤矿安全生产工作的通知》(国办发〔2003〕58号)等文件通知要求,在煤矿安全生产方面制定实施了一系列政策措施,省政府也制定下发了20余个有关安全生产的文件,召开了10多次安全生产会议,组织全省统一安全大检查4次,严肃处理了17起10人以上的事故,共结案14起,追究处理行政责任人190人,但事故仍然没有得到有效控制。

事故发生后,省委、省政府认真贯彻中央领导同志的指示和《国务院办公厅关于切实加强煤矿安全生产工作坚决遏制重特大事故发生的紧急通知》(国办发明电〔2003〕36号)精神,在左权县辽阳镇河南村"8·18"事故发生的当天晚上,当即召开了全省煤矿安全紧急电视电话会议,决定停产整顿。我们采取的主要措施是:

第一,全省除大同煤矿、山西焦煤、潞安、晋城四大集团外,其他煤矿从8月19日零时起一律停产整顿一周。主要任务是:以"一通三防"为重点,全面排查安全隐患;对煤矿全体职工进行安全培训、安全教育,不参加培训的矿长(经理、董事长)要撤销任职资格,不参加培训的职工不准上岗;由县级政府负责,选派安全监察员,对乡镇煤矿进行安全监督;全省902个高瓦斯和按照高瓦斯管理的矿井,必须全部完成瓦斯监测监控系统的建设;没有双回路供电系统的煤矿,必须建成双回路供电系统。对于不具备安全生产条件的矿井和作业场所要坚决停产整改。

第二,要求国有重点煤矿引以为戒,加大安全工作力度,加强领导,健全组织,完善方案,逐矿进行检查监督,排除各种安全隐患,查处"三违"现象,杜绝重特大事故的发生。

第三,省政府向11个市、地派出督查组,对各地的停产整顿情况进行专项督查。要求各督查组切实负起责任,督促各地坚决停产,认真整改,严格验收,并对验收合格的矿井进行抽查。发现弄虚作假、走过场、失职渎职的要及时报告,严肃追究。

第四,严厉打击非法开采,坚决取缔无证矿井。在8月底前,彻底关闭非法开采的所有煤矿。各市地在8月底以前必须上报2003年10%的关井名单和上年发生事故的市地15%的关井名单。对未完成关井任务的市地停止审批新建和改扩建煤矿项目。

……

根据煤炭工业面临的新形势、新问题,下一步我们在煤矿安全生产上将主要抓好以下几项重点工作:

一是按照新型工业化的要求,关小上大,加大投入,加快国有重点煤矿改造和现代化大型矿井建设。2005年底前,关闭所有9万吨以下的矿井,提高煤炭产业集中度和安全生产水平。

二是进一步强化企业安全主体的责任,要求各类煤矿都要强化管理,建立健全各种安全生产管理制度、操作规程,领导和管理人员下井制度,加强对"三违"行为的处理等。

三是建立煤矿安全档案,包括加强对煤矿矿长资格的认证、管理,对矿工的安全知识培训,发生事故情况等。

四是进一步健全煤矿安全监管体制,充实和加强监管力量,提高煤矿安全监管和执法的严肃性和权威性,确保煤矿安全监管到位、执法到位。主要是4个发证单位和供电、火工品供应部门等6个单位之间要协调配合,相互衔接;劳动、监察等部门要切实加强监督检查。

五是加大安全投入,进一步完善煤矿安全基础设施建设。政府要加大对安全基础设施的投入,同时要积极探索制定促进企业严格管理、保证安全投入的有效措施。

山西省委、省政府一定深刻汲取教训,强化煤矿安全专项整治,下决心搞好煤矿安全生产。

山西省人民政府
2003年8月27日

(选自《国务院办公厅关于山西、安徽省四起特大煤矿瓦斯爆炸事故调查处理情况的通报》国办发〔2004〕7号)

第二节 请 示

一、请示概述

(一)请示的性质

请示适用于向上级请求指示和批准。属于上行文。

请示一般在以下一些情况中使用:

(1)工作中出现新情况、新问题,因无章可循,自身难以处理,不能解决时,需要请求上级给予指示、帮助的。

(2)因工作中有某些特殊情况,一时难以执行上级有关指示精神、规定,需要上级给予变通处理的。

(3)对有关方针、政策、规定、指示精神不甚明确,工作不便进行,需要请求上级给予明确指导的。

(4)因意见产生分歧,无法统一,难以开展工作时,需要请求上级给予裁决的。

(5)属于上级明确规定必须经请示批准后才能办理的事。

凡是有明文规定属于本单位职权范围内分管的,可自行决定处理的事,不需另向上级请示。

（二）请示的种类

1. 请求指示的请示

一般是指在工作中对有关政策、规定等不甚明确，或对出现的问题难以处理，要求上级给予解释，作出指示，提出意见，为此而写的请示。

2. 请求批准的请示

当工作中遇到困难，如缺少资金、设备、技术等，需要上级帮助解决的；非经上级批准不能办的事，如开发新项目、调整领导班子、机构设置等，为此而写的请示。

3. 请求批转的请示

当下级机关就职能范围内的工作提出建议或意见，而需其他不相隶属单位执行办理的，当请示上级，经批准同意后由上级转发给有关单位贯彻执行，为此而写的请示。如例文1。

二、请示的写作格式和基本内容

（一）标题

请示的标题通常有两种写法：一是由发文机关、请示事由和文种名称三部分组成，如《国家计委关于清理基本建设项目资金拖欠问题的请示》。二是省略发文机关，由请示事由和文种名称构成，如《关于审批第三批国家历史文化名城和加强保护管理的请示》。

（二）正文

请示的正文通常由请示的缘由、请示的事项和结束语组成。

1. 请示的缘由

这部分是请示的依据或理由。请示的目的之一是要得到上级的批准，所以缘由部分依据一定要充足，理由一定要充分，要有说服力，符合实际情况。有的还必须引用有关文件作为依据，以增强请示的力度。请示事项能否被批准或同意，缘由部分是它的关键所在。

2. 请示的事项

这部分主要写具体请示什么问题，如要求批准什么事项，解决什么问题，给予什么指示等。这部分是正文的主体，请示的事项一定要十分的明确、清楚、具体，便于上级作出答复。在有的请示中，还需要提出自己的处理意见或解决问题的办法、建议，以供领导决策参考，而不是简单地将矛盾上交。

3. 请示结束语

请示结束用语较为固定，可分为两种：一种是请求批准的请示结束语，常用的有"以上请示妥否（或当否），请批示（或请批准、请批复）"；另一种是批转性的请示结束语，常用"以上请示如无不当（或如无不妥），请批转有关部门执行"等规范用语作结。

（三）署名和日期

同前公文写法，此处不予重复。

三、请示的写作要求

（一）请示应当一文一事

一份请示中不能同时请示两个或两个以上互不相关的问题，否则不利于文件的办理。

（二）一般情况下，不得越级请示

如因情况特殊必须越级请示时，应当抄送被越过的上级。

（三）不能多头请示

一份请示只能写一个主送机关单位，如需要同时送其他机关的，应当用抄送的形式，但不得同时抄送下级机关。受双重领导的机关向上级请示，应当写明主送机关和抄送机关，由主送机关负责答复。

另外，除领导直接交办的事项外，请示不得直接送领导者个人。

四、请示和报告的区别

请示和报告都属上行文，在实际使用中，有时会出现混用或错用的情况，比如，该用请示行文，却用了报告；该用报告的，却用了请示；有的甚至两者合二为一写成"请示报告"。请示和报告的主要不同在于：

（一）行文目的不同

请示行文主要是为解决问题而写的，所以上级要给予批复或指示；报告行文主要是汇报工作、反映情况、答复问题等，一般不要求上级回文答复，即使是建议性的报告，也不要求上级专门回文。

（二）内容含量不同

请示的内容单一，一份请示只涉及某一方面的问题，一文一事；而报告的内容容量大，尤其是工作报告，它可以对工作的各个主要方面的情况同时汇报，数事并谈，而且比较具体。

（三）行文的时间不同

请示必须在事前行文，不允许先斩后奏，造成既成事实后再写请示。而报告在事前、事中、事后均可行文。

例文1

关于建立防范和化解恶意堵塞
收费站通道应急机制的请示

发文字号（略）

省人民政府：

为防止公路、桥梁、隧道收费站（下称收费站）因收费争议影响通道通行，确保交通顺畅,根据《A省公路条例》、省府办公厅《关于加强我省公路收费站管理有关问题的通知》(粤府办〔20××〕7号)等有关规定,现就建立防范和化解恶意堵塞收费站通道应急机制提出如下意见:

一、收费人员与司机在收费过程中发生争议,应立即报告收费站监控室,在收费站稽查人员协助下,尽快妥善处理。一分钟内未能解决的,稽查人员应指引司机驶离收费车道,在不影响车辆通行的地方进行说服解释或处理。

二、司机不驶离收费车道,影响正常收费秩序与车辆通行时,收费站工作人员应立即报告收费站主管部门和当地人民政府。当地人民政府接到报告后,应立即组织公安、交通等有关部门负责同志赶赴现场,先行协助收费站稽查人员强制将车辆拖离收费车道,并会同收费站主管部门尽快协调解决争议问题。

三、对组织、煽动过往其他司机或群众打、砸、冲击收费站的,收费站工作人员应立即报警,当地公安机关接到报警后要立即组织警力前往处理,防止事态进一步扩大。

四、凡国、省道收费站收费通道堵塞1个小时以上的,收费站主管部门和当地人民政府要及时将处理情况上报省政府。

五、各级政府、各有关部门要各司其职,各负其责,加强协调和配合,共同确保交通安全、通畅。如因处理不及时,导致收费站通道堵塞未能得到及时解决的,将追究有关责任人的政纪责任。

上述意见,如同意,请批转各地、各有关部门执行。

A省交通厅
A省公安厅
20××年8月23日

(选自广东省人民政府办公厅《转发省交通厅公安厅关于建立防范和化解恶意堵塞收费站通道应急机制的请示的通知》粤府办〔20××〕68号)

例文2

**河南省民政厅关于老人节庆祝慰问
活动所需经费的请示**

豫民文〔20××〕140号

省人民政府:

人口的快速老龄化,已成为一个不可忽视的社会问题。《中共中央、国务院关于加强老龄工作的决定》(中发〔20××〕13号)明确指出:"老龄问题涉及政治、经济、文化和社会生活等诸多领域,是关系国计民生和国家长治久安的一个重大社会问题。全党全社会必须从改革、发展、稳定的大局出发,高度重视和切实加强老龄工作。"我省是第一人口大省,也是老年人口大省。截至20××年底,全省60周岁及60周岁以上的老年人口1165万人,占总人口的11.8%,其中高龄老人(80周岁及80周岁以上老年人)达134万人,生活不能自理的老年人全省多达105万人。认真解决人口老龄化带来的诸多社会问题,既需要党和政府加强领导,也需要加大老龄形势的宣传,引起全社会的关注和重视,鼓励和动员社会力量参与老年社会福利事业发展,营造尊老敬老的社会氛围。为此,我们在每年的老人节期间,在全省部署开展相应的庆祝慰问活动,均收到了预期效果。这也成为各级党委、政府及社会各界关注老龄事业发展、关心老年人生活的重要平台。

今年的10月19日(农历九月初九)是河南省第18个老人节。为掀起宣传高潮,我们组织策划了以下系列活动:一是公益广告宣传活动;二是举办"河南省20××关爱夕阳中原行"活动;三是组织老专家、老艺术工作者到革命老区新县开展大型医疗义诊和文艺演出慰问活动;四是举办河南省第三届"老人嘉年华"活动。老人节系列活动的开展,旨在唤起社会各界关爱老年人,关注贫困老年人生活,营造尊老敬老社会氛围,进一步树立有利于老年人愉快生活的良好社会风尚。

根据今年老人节庆祝慰问系列活动安排,约需各项费用82万元,请省财政及时拨付,以保证整个庆祝宣传活动顺利开展。

当否,请批示。

附件:2007年老人节庆祝慰问活动经费预算

2007年8月15日

1. 简述在什么情况下需用报告向上级行文。
2. 报告的正文包括哪些内容?各类报告的写法有何不同?
3. 在报告和请示的写作中,各应注意些什么问题?
4. 简述请示和报告的主要区别。
5. 分析下列报告和请示,指出其中问题。

(1)

×××信用社关于转让买卖国库券工作情况的报告

市分行经管处:

根据分行关于转让买卖国库券的文件精神,我单位受权办理这项工作。从今年7月1日至11月1日的四个月内,我们的工作开展得比较顺利,得到了广大群众的支持和帮助,受到了群众的欢迎。由于这是一项新生事物,许多群众不理解,免不了会产生一些顾虑和问题。现将大概情况汇报如下:

1. 由于××××年国库券的待偿期日益缩短,收益率日益提高,所以群众纷纷购买,出现了售出供不应求的状况。

2. 受储蓄保值存款的影响,××××年国库券的售出,开始不太景气,近期情况大有好转。

3. 国库券的收购情况,从7月份每天平均一万元左右,下降到11月份每天平均四百元左右。

4. 群众对不能转让其他年度的国库券很不理解,意见纷纷。

从几个月开展转让国库券工作情况来看,我们认为开展这项工作是非常必要的、及时的,深受群众的欢迎。我们建议:明年在本市开放转让市场,扩大转让范围,更深一步地开展这项工作。

×××信用社(章)
××××年×月×日

(2)

××处购买物品的请示报告

陈副局长:

我们处××××年已经购买过六台××计算机,多年来一直不停地使用,今年以来已经很明显地不能使用了。致使我们的工作效率无法提高,必须重新购买一些计算机。为此,要求县里拨款,打算购买十多台联想计算机和数量相当的打印机。

无论如何,望批准购买。

另外,财务科的保险柜密码锁也严重失灵,不太安全,应当更换新的保险柜,请顺便追加拨款四千元,请一并批准。

××局××处
××××年5月

(3)

A省财政厅关于解决××县广播电视设备问题的请示

财政部:

××县是我省贫困县之一。近几年在中央和各级领导大力支持下,广播电视事业较以前有了很大的发展,但是,由于该县纯属山区,自然条件很差,经济实力非常薄弱,财政资金十分困难,所以,县广播电视事业发展比较缓慢,长期以来全县人民收看不到中央电视台的节目,省电视台的节目也看不好。

鉴于以上情况,应该怎么办,请领导批示。

A 省财政厅

××××年×月×日

6. 根据下面提供的材料,请以××市商业局的名义向××省商业厅起草一份报告。所缺内容自拟补充完善。

(1) 20××年2月20日上午9点20分,××市××百货大楼发生重大火灾事故。

(2) 烧毁三层楼房一幢及大部分商品,直接经济损失792万元。未造成人员伤亡。

(3) 事故发生后,市消防队出动15辆消防车,经4个小时扑救,火灾才被扑灭。

(4) 事故直接原因是电焊工××违章作业,在一楼铁窗架电焊火花溅到易燃货品上引起火灾,同时××××百货公司管理局及员工安全思想模糊,公司安全制度没有得到很好的落实,许多安全隐患长期没有解决。

(5) 火灾后,市商业局副局长带领有关人员赶到现场调查处理,市人民政府召开紧急防火电话会议;市委、市政府对有关人员视情节轻重,做了相应处理。

7. 请就你需要解决的事给学校模拟一份请示。

8. 请结合自己在前一学年的学习、生活情况,模拟一份报告给家长或学校。

第十五章　批复、函和会议纪要

第一节　批　　复

一、批复的性质

批复适用于答复下级机关请示事项。属下行文。

批复与请示密切相关,有请示才会有批复,批复必须就请示的事项作答复。批复中的答复、决定应视为上级机关的指示、精神、决策意见,下级机关必须不折不扣地执行。

若请示的问题具有普遍性、且涉及有关政策的调整等事项,而需要批转的请示,可使用"通知"文种行文,下发有关单位,不再单独批复请示单位。

二、批复的写作格式和基本内容

（一）标题

批复的标题一般由发文机关、批复事由和文种名称三部分组成,如《国务院关于××市城市总体规划的批复》。有的批复标题中还明确表示对所请示的态度和意见,如《国务院中央军委关于同意新建黑龙江伊春民用机场的批复》。批复的标题写作,既要讲究规范,也要讲究精练,如原来请示的标题很长,批复的标题只要概括出具体事项即可,不一定要全引请示标题,如国家税务总局对云南省国家税务局《关于纳税人使用单联式发票问题的请示》所作的批复标题为:《国家税务总局关于使用计算机开具单联式发票有关问题的批复》,就写得十分简洁和清晰。

（二）正文

批复的正文由批复的缘由、批复的事项和结束语三部分构成。

1. 批复的缘由

一般引用其"请示"的标题、发文字号作为批复的缘由或依据,如"你局《关于纳税人使用单联式发票问题的请示》（云国税发〔2006〕45号）收悉。"如果请示的事项在上级文件和规定中可以找到相关依据的,则应引用上级有关的文件和规定,作为答复请示的政策和理论依据。而后写上"经研究（决定）,批复如下",过渡下文。

2. 批复的事项

即对请示中所提出的问题、意见或要求给予明确的答复,是否同意？是全部同意,还是部分同意？如表示不同意或不批准,则需作简要说明,以便下级更好地理解掌握上级的决定,不能简单、草率地否定。有的在批复事项后,就如何贯彻执行上级的精神和决定,还提出希望和要求。

3. 结束语

批复答复完毕,常用"此复"或"特此批复"作为结束语收结全文。结束语一般另起一行,空两格填写。

正文部分,如果批复事项内容简单,仅表示同意的,可以将批复的缘由和事项部分合二为一,更显得简要紧凑。如果批复事项中内容较多,且还有具体的执行要求,正文部分也可分段或列条对请示事项作出答复。

三、批复的写作要求

（一）批复要有针对性

批复要针对请示中所提的具体事项给予答复,不必在批复中对请示以外的事发表意见,提出要求,讲究一文对一事。

（二）批复要有原则性

对请示事项的答复,必须坚持原则,以党和国家的方针、政策、法规为依据,秉公办事,不能凭借权力徇情枉法,为己谋利,损害国家利益。

（三）批复的态度要明确

对请示作答时,态度一定要明确,同意就是同意,不同意就表示不同意,不能模棱两可或含糊不清,也不可以用"可以研究""可以考虑"或"可以考虑解决"等不确切语言。

（四）批复要及时

对请示来文,或同意,或不同意,都应尽早答复,不能拖延,以免影响下属工作。

例文1

国务院　中央军委关于同意新建
湖南湘西民用机场的批复

国函〔2016〕169号

湖南省人民政府：

你省《关于湘西民用机场项目立项的请示》（湘政〔2016〕16号）收悉。现批复如下：

一、同意新建湖南湘西民用机场。机场性质为国内支线机场,场址位于湘西土家族苗族自治州花垣县花垣镇老天坪村附近。

二、本期工程建设规模为：飞行区等级指标4C,新建一条长2 600米的跑道；

航站区按满足2025年旅客吞吐量30万人次、货邮吞吐量450吨的目标设计,新建航站楼3 000平方米、站坪机位4个;配套建设通信、导航、气象、供油、消防救援等辅助生产设施。

三、项目总投资约16.86亿元。原则上由国家发展改革委、民航局和湖南省共同筹措解决,具体资金安排在可行性研究阶段确定。

四、该机场建成后,由地方经营管理,民航局实行行业管理。

其他事宜请商有关方面办理。

国务院

中央军委

2016年10月10日

例文2

国家税务总局关于纳税人加工和销售

珠宝玉石征收增值税问题的批复

发文字号略

云南省国家税务局:

你局《关于珠宝玉石企业认定为增值税一般纳税人后增值税适用税率的紧急请示》(云国税发〔20××〕126号)收悉。经研究,批复如下:

对于加工、销售珠宝玉石的纳税人应按现行有关增值税一般纳税人认定管理规定办理认定手续。凡认定为一般纳税人的,应依照适用税率征收增值税,不得实行简易征收办法征收增值税。

国家税务总局

20××年12月23日

第二节 函

一、函的概述

(一)函的性质

函适用于不相隶属机关之间相互商洽工作、询问和答复问题;请求批准和答复审批事项等。属平行文,有时也可作为下行文。请求批准的函主要用于向平级机关或有关职能主管部门请求批准相关事项。有隶属关系的下级机关对上级机关行文一般不使用函。

(二)函的种类

1. 商洽函

通常于平级或不相隶属的机关企事业单位之间,商量洽谈有关事务时使用。

2. 询问函

通常用于向有关单位查询、了解有关事项或问题。

3. 申请函

通常用于向有关职能主管部门（如工商局、劳动局、卫生局、税务局、公安局、供电局、民政局等）请求帮助解决有关问题。

4. 告知函

就某些情况或要事需告知有关单位时所用。

5. 答复函

即针对对方来函所作的回复。

另外，还有一种便函，常用于一般性的事务联系，写法类似书信，不列标题，不用发文字号，不用专用的文件纸（一般的信笺纸即可），因其不具公文性质，在此不作介绍。

二、函的写作格式和基本内容

（一）标题

函的标题的写法类似前几种公文的标题，通常由发函的单位，发函的事由和文种名称三部分组成，也可以省略发函单位名称。如果是答复性的函，文种名称则用"复函"或"函复"，如《国务院办公厅关于增设上海嘉定等出口加工区的复函》。

（二）正文

函的正文通常由发函的缘由、发函的事项和结束语三部分构成。

1. 发函的缘由

主要写明发函的事因或目的。如果是复函，缘由部分一般要先引用对方来函的标题和发文字号，以示慎重，然后加上"现予答复（函复）如下"等语，过渡到下文。

2. 发函的事项

这是函的核心部分，主要写商洽什么事，解决什么问题，了解什么情况，答复什么问题等内容。发函的事项一定要写得具体、明确。作为答复性的函则应作出针对性的答复；需要表态的，态度一定要明确，如表示不同意，不批准，也应写明理由，不能简单地否决。

3. 结束语

函的结束语较多，较为常用的有"特此函商""即请函复""敬请函批""函复为盼"。在复函中常用"特此函复""特此函告"等。可根据不同的需要使用。

三、函的写作要求

（一）一函一事

函的行文要求类似请示，也应一文一事，便于对方单位及时处理，不宜一函数事。

（二）行文简洁

函在内容的写作中，要开门见山，直陈其事，不兜圈子、不作寒暄，不讲客套话，如"您好""久未联系，十分想念""书不尽意，余言后叙"等，在公函中一般不出现。

（三）用语平和得体

由于函多在不相隶属的机关单位中使用，互相之间必须谦和、得体、有礼，相互尊重，切忌口气生硬。不能因对方有求于你，或者级别低而用命令式，或用简单粗暴、冷淡，不容商量的口气表达。应多用些敬辞，如"贵公司""贵厂""希予""惠予""请接洽为荷""见谅""候复"等。做到既有理又有礼。

例文1

A市财政局 A市物价局
关于同意对有关人员实施从业
人员资格考试收费等问题的复函

发文字号略

××市城市交通管理局：

你局《关于商请××市城市交通考试中心增设行业从业人员考试费项目的函》（沪交财〔20××〕16号）收悉。根据《××市道路运输管理条例》和《财政部、国家计委关于考试收费管理有关问题的通知》（财综〔20××〕4号）规定，经研究，函复如下：

一、同意你局向参加考试的从事危险货物运输的驾驶员、装卸管理员、押运人员，以及从事危险货物运输以外的货运经营及客运经营的驾驶员、培训机动车驾驶员的教练员收取从业人员资格考试费。

二、上述从业人员资格考试费收费标准为每人次50元。对民政部门认定的低保对象，免收考试费。凡考试不合格的，在一个月之内你局应当提供免费补考一次。

三、收费时使用市财政局统一印制的收费票据，收费票据由执收单位向市财政票据中心办理购印手续。

四、上述收费收入属于财政性资金，收入全额上缴市财政专户，收费方式按《××市市级行政事业性收费收入收缴管理暂行办法》（沪财库〔20××〕29号）规定实行"收缴分离"。支出由市财政局通过部门预算核拨。

五、请你局到市财政、物价部门办理《项目登记和票据购印证》《收费许可证》的注册登记手续。

六、收费单位要严格执行规定的收费项目、范围和标准收费，并自觉接受价格、财政部门的监督检查。

七、本文自20××年6月1日起执行。

A市财政局
A市物价局
20××年5月××日

例文2

关于征求《耕地占补平衡考核办法(征求意见稿)》意见的函

发文字号略

各省、自治区、直辖市国土资源厅(国土环境资源厅、国土资源局、国土资源和房屋管理局、房屋土地资源管理局)，计划单列市国土资源行政主管部门，新疆生产建设兵团国土资源局，部机关各司局：

为贯彻落实《国务院关于深化改革严格土地管理的决定》，实行最严格的土地管理制度，督促非农业建设单位履行占补平衡的法定义务，切实保护耕地，根据部20××年立法工作计划，我们起草了《耕地占补平衡考核办法(征求意见稿)》。

现将《耕地占补平衡考核办法(征求意见稿)》发给你们。请认真研究并提出修改意见，并请于20××年11月20日前将书面修改意见返回部政策法规司法规处。

联　系　人：魏×× 迟××
电　　　话：(略)
传　　　真：(略)
电子邮件：(略)

附件：1. 耕地占补平衡考核办法(征求意见稿)
　　　2. 关于《耕地占补平衡考核办法(征求意见稿)》有关情况的说明

国土资源部办公厅
20××年11月7日

第三节　会议纪要

一、会议纪要概述

(一)会议纪要的性质

会议纪要适用于记载会议主要情况和议定事项。

会议纪要主要体现一些重要会议和具有较大影响的会议的基本情况、主要精神、有关决定。它是根据会议的记录、会议文件材料、会议的活动情况等进行综合加工整理后形成的。它比原始记录材料更加精练、更加集中,更具有条理性,更突出会议的指导思想和主要精神。

会议纪要和决议都是通过会议而产生的文件,但两者不能等同,其主要区别在于:决议是在大会上形成及通过的决定,具有很强的权威性,必须认真贯彻执行,属下行文。在写法上它比会议纪要更加概括,对会议上的其他意见、不同观点不作反映。而会议纪要在权威性方面不及决议,在内容上,它反映的面比决议更广、更具体,甚至可以反映会上不同意见的观点。有时作为平行文印发。

会议纪要也不同于会议记录。会议记录是对会议的情况和发言作如实的记录,内容详尽、具体、全面,它不属于公文,也不能作为文件上送、下达、印发。会议纪要则是在会议记录等其他资料的基础上,进行概括,加工整理形成的,它是择其要点、重点反映,不作全面详尽的记载。它比决议具体详尽,却又比会议记录简要。作为公文,它可以印发至有关所属或其他单位。

(二)会议纪要的种类

按照会议的形式,可以将会议纪要分为:例行工作会议纪要、专项工作会议纪要和座谈会议纪要等。

按照其内容的不同,可将会议纪要分为指示性的会议纪要、议定性的会议纪要、反映情况的会议纪要和消息性的会议纪要等。

二、会议纪要的写作格式和基本内容

(一)标题

会议纪要的标题相对其他公文的标题来说,写法较灵活些,可以由会议名称加文种构成,如《全国统战会议纪要》;也可以由主办单位、会议名称和文种三部分构成,如《××局财务工作会议纪要》;也可以由双标题构成,如《总结新鲜经验,繁荣话剧艺术——文化部和〈人民日报〉文艺部召开话剧创作座谈会纪要》;有的还以开会的地点代替会议名称,如《北戴河会议纪要》,重大的会议,带有保密性的会议常用这种标题。

(二)正文

会议纪要的正文通常由会议的基本情况、会议的主要内容和结尾三部分组成。

1. 会议的基本情况

其主要是对会议作简要的介绍,如会议的主办单位、会议起讫日期、地点、与会单位和人员、主持人、会议的议程、进展等。有的还要写明召开会议的目的、原因;有的还简要介绍会议的成果、意义等内容。

2. 会议的主要内容

这是纪要的主体部分,要将会议所研究的问题、讨论的情况、形成的决定、达成的共识、明确的任务、提出的要求等内容概要准确地反映。这部分内容要做到有详有略,突出重点和主要精神。在写法上可以采用条款式,将各部分内容分条列项写明;也可以采用纵式结构,按会议的进程、发言的顺序分若干段落反映。正文中常用一些习惯用语如"会议提出""会议认为""会议要求""会议强调"等语放在每段的开头,起领各段内容。

3. 结尾

一般是写提出的希望、要求,发出号召,也可以对大会作概括性的总结,也可以不另作结,直接在主体部分结束。

三、会议纪要的写作要求

（一）突出主旨,抓住"要"字

"要"字既是指会议的"要旨",也是指写法上的"简要"。纪要不同于会议记录,无需有闻必录,而是对会议的内容取其质、摘其要,把握反映会议的本质,对主要精神、有价值的观点或意见作报道。切忌事无大小,不分主次、轻重一一反映,更不能断章取义,取己所需,对会议作不切实际的反映。

（二）层次清晰,脉络分明

在正文的写作上,对会议的内容要适当地分条或分层次进行反映,要分清主次,有详有略,以方便人们把握会议的精神要点。

（三）掌握好会议的全面情况

写会议纪要不仅要对会议的记录作概括整理,还需对整个会议活动情况作深入了解,如领导的指示、意图,会议期间所发的文件、材料,会议期间安排的重要活动等。只有做到全面的了解,才能更加准确地体现会议的宗旨和精神。

（四）要及时迅速反映

会议纪要时间性很强,往往在会议结束期间便整理成文,及时送至与会单位和人员手中。

例文

关于××省城乡水利防灾减灾
工程建设领导小组会议纪要

（省城乡水利防灾减灾工程建设领导小组办公室
二○××年七月十四日）

20××年7月11日上午,李××副省长主持召开省城乡水利防灾减灾工程建设领导小组会议,听取全省城乡水利防灾减灾工程建设情况汇报,研究解决工程建设中急需解决的问题,并对下一阶段工作进行了部署;欧××副书记出席会议并作了重要讲话。纪要如下：

一、会议充分肯定了我省城乡水利防灾减灾工程建设的实施成效。会议认为，城乡水利防灾减灾工程自20××年10月召开现场会以来，各地、各有关单位高度重视，加强领导，落实责任，措施有力，各项工程建设进展顺利，成效显著。全省列入城乡水利防灾减灾工程共有290宗建设项目，投资总额539亿元，其中12宗项目已经整体完工，一批项目的子项目也已完工并通过验收交付使用；149宗项目已进入了大规模建设阶段，41宗项目完成了初步设计，正在招投标阶段；17宗完成了立项，正在做初步设计；67宗正在做可行性研究。城乡水利防灾减灾工程建设的顺利实施，为成功抵御超百年一遇洪涝灾害发挥了重要作用，有效保护了广大人民群众的生命和财产安全。会议强调，各地、各有关单位要一如既往重视城乡防灾减灾工程建设，坚定信心，矢志不渝，紧密合作，克服困难，全面提高我省防灾减灾水平。

二、会议对推动全省防灾减灾工作进行了部署，提出了要求：

（一）统揽全局，突出重点。会议指出，城乡水利防灾减灾工程建设任务重，资金筹措难度大，在建设过程中一定要分清轻重缓急，突出抓好关系国计民生的几个重要工程：一是城市防洪工程。要重点抓好城市，尤其是中心城市的城市防洪工程建设，确保人民群众的生命和财产安全。二是西江防洪工程。要高度重视对西江沿岸防洪工程的建设问题，重点抓好60公里景丰联围工程建设，将6公里鼎湖段建设提上议事日程，加大力度，保障资金，并争取国家的支持。三是乐昌峡水利枢纽工程。要加强与部队和国家有关部门的沟通与协调，争取铁道部的支持，尽早立项建设。四是海堤建设。我省海堤维护和防洪标准偏低，台风、巨浪引致的险情时有发生，各地要提高认识，加大投入，尽早改变我省海堤建设落后的局面。

（二）提高防洪标准，提升防洪能力。会议认为，随着我省经济社会的快速发展，城镇化、工业化进程的加快对城市防洪提出了越来越紧迫的要求，城市防洪已成为全省防灾减灾工作的一个重点，提高城市防洪标准十分必要。为切实提高我省城市防洪能力，会议决定将全省地级以上市城市防洪工程标准提高到100年一遇，将32宗已列入和5宗未列入城乡水利防灾减灾工程建设的县（市、区）城市防洪工程防洪标准，统一提高到50年一遇。对于项目的审批，需提高标准的按现行审批办法由各市审批；不适宜提高防洪标准或提出不设防的个别县（市、区）城市，由当地政府申请，报省城乡水利防灾减灾工程建设领导小组批准。

（三）暂缓高陂水库建设，提高海堤建设补助。会议认为，高陂水利枢纽投资巨大，移民任务重，前期工作尚需一定周期，目前应抓住重点，集中财力、物力解决危及我省防洪安全的其他主要工程，特别是要重点解决海堤建设标准过低的问题。会议决定，暂缓高陂水利枢纽建设，把原安排在高陂水利枢纽的资金先安排到东西两翼的海堤建设省级补助上。提高海堤省级补助标准问题,具体由省水利厅商省财政厅、发展改革委提出意见后,报省人民政府审批。

(四)综合协调,平衡补助。会议同意省水利厅提出的综合协调平衡省级补助标准的建议,即:对20××年以前立项列入城乡水利防灾减灾建设的项目,以2004年底为限,凡是已完工并办理竣工验收的项目不再增加补助;已开工建设并完成超过2/3工程量的项目(按堤长计算,以下同),1/3工程量按省财政厅、水利厅粤财农〔20××〕20号文设定的新标准(下同)补助;凡已开工建设并完成1/3~2/3工程量的项目,1/2工程量按新标准补助;凡已开工建设并完成1/3以下工程量的或未开工建设的项目,全部工程量按新标准补助。考虑到国债资金安排的因素,凡有无偿国债支持的项目,已安排国债加上原省级补助标准,尚未达到新补助标准的,不足部分按新标准计算补足。为鼓励地方多渠道筹集建设资金,凡市、县(市、区)通过其他渠道争取到的各项资金由地方使用,不扣减省级补助。

会议决定,维持现有省级水利资金总盘子不变,不再增加省级投入,因提高标准和平衡补助所增加的省级补助资金,顺延两年(20××年、20××年)安排解决。

(五)统一思想,分工协作。会议强调,城乡水利防灾减灾工程建设是省委、省政府"十项民心工程"之一,各地、各有关部门要统一思想,密切配合,大力支持城乡水利防灾减灾工程建设,在符合法律法规有关规定的前提下,积极配合水利工程的征地、环评等工作,提高时效,保证质量,确保城乡水利防灾减灾工程建设顺利开展。

三、会议还就城乡水利防灾减灾工程建设资金筹措、配套以及征收水利规费等问题进行了议定:

(一)要保证省补助的资金用于工程建设,绝不允许出现挪用、截留的现象。会议强调,部分地市出现防灾减灾工程建设资金被挪用等问题,要坚决予以制止和查处。省审计、水利、财政等部门要加强资金审查,严格资金管理。对于审计中发现的截留、挪用资金等问题,要追究责任,通报全省;对于顶风违纪的单位,要抓住典型,依法惩处,绝不姑息,确保有限的资金真正用到工程建设上,真正使省委、省政府的决策落到实处。

(二)要保证地方配套资金的落实。会议指出,目前,有些工程项目的地方配套资金没有及时到位,严重影响了工程建设进程。今后对没有落实地方配套资金的工程项目,省将不列入计划安排,省的补助资金与自筹资金要同步拨付到位。

(三)要保证城乡水利规费收缴政策的落实。会议指出,征收城乡水利规费是我省水利建设的一个良好机制,为我省水利建设做出了巨大贡献,这项费用不属于国家清理涉农收费的项目,属合法收费,各地不得擅自取消,已取消的应立即纠正。

参加会议人员:省政府周××,省委组织部邓××,省纪委巫××,省发展改革委董××,省水利厅彭××,省财政厅李××,省国土资源厅胡××,省农业厅蔡××,省建设厅刘××,省审计厅王××,省林业局廖××,省海洋渔业局林××,省交通厅陈××,省环保局张××,省检察院董××。

（选自广东省人民政府办公厅文件《转发省城乡水利防灾减灾工程建设领导小组办公室关于广东省城乡水利防灾减灾工程建设领导小组会议纪要的通知》粤府办〔20××〕67号）

思考与练习

1. 问答题。
(1) 批复在写作中应注意哪些问题？
(2) 简述在哪些情况下适用于函的写作。
(3) 会议纪要和会议记录主要有哪些不同？

2. 给下列公函填上标题，并对公函中存在的问题作出修改。

(1) （　　　　　　　　　　　　　　　　　）

A县政府办公室：

从报上得知，你们县的乡镇企业办得很有起色，成绩显著，而我县的乡镇企业却刚刚起步，所以我们拟于本月25日至28日派一些主管乡镇企业的干部到你县学习、取经。望大力予以接待。

发文单位：B县政府办公室

(2) （　　　　　　　　　　　　　　　　　）

B县政府办公室：

4月5日的函悉。承蒙对我县乡镇企业的赞誉，我们的工作还存在不少问题，正在努力探索解决。贵县来参观一事，一是这里还无经可取，二是我县正在筹备"三干会"，无力量接待，所以请贵县千万不要在近两三个月内派人来参观。

现寄上有关我县乡镇企业情况的几份材料，请提意见。

敬礼

发文单位：A县政府办公室

(3) （　　　　　　　　　　　　　　　　　）

A省政府办公厅：

据悉，贵省汽油、柴油富足，我省目前汽油、柴油奇缺，已严重影响我省工农业生产，为此，特去此函，请贵省支持我省汽油××××吨，柴油×××吨。望能照此办理，并请及时复函。

发文单位：B省人民政府办公厅

3. 指出下列两则公文中的错误,并作修改。

(1)

×××局关于同意批准××厂
来文要求申请成立服务社的批复

××厂党委及厂部办：

  你们的××字第××号请示《关于××厂成立服务社的请示》已经收到,内容已经知道。

  经过我局领导讨论研究,现作出决议,同意批准你们厂成立服务社。但是你们必须首先根据既要办好又要讲实效的精神,拿出计划,并将情况汇报我局。

  今特此予以批复。

×××局
二×××年×月×日

(2)

关于要求拨给抢修校舍专款请示的批复

××镇教育办：

  你们的请示收悉。这次强台风的破坏,使你镇校舍损失惨重,造成许多班级无教室上课。经研究,可考虑拨专款15万元以内给你镇抢修教室,不足部分请自筹解决。

  此复

××县教育局
二×××年七月三日

(3)

关于请求派车运送民工的请示

A省交通厅各位领导：

  为做好今年的春运工作,及时运送在我省工作的外省民工回家过年,我省组织了民工运送专门车队,有着很好的社会影响,估计也会有较好的经济效益。但由于我们力量有限,恐怕不能满足民工要求。特请贵省派出大型客车20辆,与我省组成运送民工车队,负责运送贵省在我省工作的民工。

  请尽快批复,以便办理手续。

B省交通厅
××××年1月15日

4. 根据下列材料,撰写公函。

上海 A 装潢材料厂曾于 2020 年 1 月与××省××市 B 钢铁厂签订了一份购买钢材的合同。后来因对方发来的钢材不符合质量要求,而在此之前,A 装潢材料厂已经付了 20％的货款,计 8 万元。经过多次的交涉,最后双方在 2020 年 5 月 10 日协商达成协议,由 B 钢铁厂在一个月内退回货款,并将钢材自行运走,就此终结合同。但事后 B 钢铁厂仍未将货款退还。A 装潢材料厂曾于 2020 年 6 月 16 日以"新艺"〔2020〕15 号函催讨,未得回音。7 月 16 日该厂再次发函催讨。

5. 根据近日召开的班会或参加系、学校等其他有关会议的内容,拟写一份会议纪要。

第五编　常用经济活动专业文书

第十六章　策　划　书

第一节　策划书概述

一、策划书的含义

所谓策划书,它是在人类社会活动中,人们对某个未来的活动或者事件所要实现的目标,作出的有创意且具良好可执行性和可操作性的文案。

策划是一个极具科学性的系统工程,是集诊断、调研、思考、创意、点子、设计、决策和实施于一体的一连串的智慧。一份优秀的活动策划书是策划目标实现的基础和保证。

二、策划书的作用

(一) 决策作用

策划是决策的前提和准备,决策只有建立在策划之后才有可能保证决策的正确性和可行性。

(二) 预测作用

策划是为了实现未来某一方面特定目标而运作的,通过对事物发展和未来趋势的分析研究,确保策划主体创造未来的主动性。

(三) 落实作用

策划为生成计划提供事先的构想和设计,保证计划的切实可行。

(四) 创新作用

就是策划者遵循科学的策划程序,从寻求策划主体的问题或缺陷入手,探索解决管理问题的有效途径。他们通过策划合理配置和调整资源,大胆创新,开拓进取。这实质上是一个创新的过程,一个好的策划方案本身就是一个创新方案。

三、策划书的分类

可以说,有多少类型的项目,就有多少类型的策划书,最常见或最常用的策划书大概有下列几项:广告策划、营销策划、项目策划、形象策划等;有的还可根据行业或专题活动分为:商业策划书、创业计划书、公关策划书、婚礼策划书和会展策划书等。

第二节 策划书写作格式和内容

一、策划书封面格式和内容
策划书封面内容大体由四部分内容构成：
（一）策划书的名称
应尽可能写出策划的具体名称，让使用者一目了然。如"××大学××活动策划书"，"××××公司营销策划书"等。策划书的标题应置于页面中央。
（二）策划者
活动主办方或策划负责人或组织名称。
（三）策划书制作时间
××××年××月××日
（四）策划书的编号（临时的可略）

二、策划书正文格式和内容
（一）摘要
对策划目的以及对策划内容的简要说明，字数一般控制在三百字左右。
（二）策划目的、意义
用简洁明了的语言将策划的目的及由此产生的意义表述清楚。其中，策划的目标要具体化，并需要满足重要性、可行性、时效性。
（三）具体内容与形式
即策划的各项工作事项，以及具体做法、活动的形式等。
（四）时间进度
即对策划中诸多事项在时间和进度上作有序的安排，以保证策划目标有计划有步骤展开，并可作为策划进行的检查依据。策划方案在实施过程中，如无特别的原因，时间和进度一般不得轻易改变，只有在必要的情况下，才做相应的调整。
（五）经费预算
预算是统筹策划这项复杂的系统工程中的人力、物力和财力等投入的手段。周密的预算可以以最小规模的花费来获取最优的经济效益为目的。
（六）人员安排
落实并明确任务小组及人员职责。如指挥中心，外联赞助组，现场工作组，宣传媒体组，现场秩序、礼仪接待组、应急人员等的职责范围。
（七）策划中应注意的问题及细节
有时因内外环境的变化，难免会给策划方案的执行带来一些不确定性因素，因此，当环境变化时是否有应变措施、应急措施等，这些都应在策划中加以说明。

  作为策划的正文部分，表现方式要简洁明了，使人容易理解，表述方面要力求详尽，没有遗漏。在此部分中，不局限于用文字表述，也可适当加入统计图表等。

第三节 策划书的写作要求

一、语言应力求明白易懂

  策划书的表达要简明扼要，主旨清晰，逻辑严密。在语言表述方面，不能一味地追求辞藻的华丽，或是写得过于深奥，而应讲求通俗化和针对性，以便于阅读者迅速地理解你的策划意图，了解整个策划的主要精神。

二、综合使用多种表现方式

  为使策划书达到更好的说服效果，也为了便于策划的实施，在表现形式方面，除了利用文字外，还可用直观性强、形象性好的图表和图案等来进行辅助说明。

三、考虑完整周密

  策划的各方面要力求详尽，写出每一点能设想到的东西，没有遗漏，这样才能保证策划活动正常有序地进行。

四、充分体现策划的精华

  这是优质策划书大特征，即通过策划思维方面的进一步优化，资料方面的进一步调查、核实，形成一个成熟的策划总体构思，这种构思又通过最确切的方式表现出来，最终让这份策划书的差别性和优越性一目了然。

例文

"爱从行动开始"募捐活动策划书

一、活动背景

  20××年5月12日下午2时28分，在中国西部的四川省汶川县，一场里氏8.0级的强烈地震，震撼了大半个中国，在瞬间夺去了上万人的生命，摧毁了无数家园。这是自1976年唐山大地震以来，中国遭受的伤亡最惨重的自然灾害，整个华人世界为之震惊，无数国人为死难同胞落泪。

  严重的自然灾害对我们是一场考验，也是一次锻炼。在突如其来的地震灾害面前，我们相信，有广大群众的理解、支持和配合，心往一处想，劲往一处使，团结一致，众志成城，再大的灾害我们都有信心有能力去战胜，再大的困难我们都有办法有力量去克服，并最终取得抗击这场特别重大的地震灾害的最后胜利！

二、活动目的

以"手递手的情,托出心连心的爱"为活动宗旨,以"众志成城,抗震救灾"为活动口号,呼吁伸出援手,奉献爱心,为汶川大地震中的灾民尽献微薄之力,帮助灾区同胞重建家园!

三、活动形式

2008名大学生志愿者全城出动,号召全市市民现场募捐。

四、活动主题

"让我们献上一份爱"

五、组织单位

主办单位:活动冠名商(待定)

承办单位:××市××活动策划有限公司

媒体单位:××市电视台新闻频道

六、活动内容

1. 活动时间:5月24日~5月25日(暂定)
2. 活动地点:××市××区、××区、××区
3. 活动工作人员:2008名大学生志愿者
4. 活动宣传:制作T恤、横幅、海报、宣传单、募捐箱、倡议书、旗帜等。
5. 募捐款项管理:由募捐小组在活动结束后对募捐款项进行统计、核对。由工作人员将所有的捐款统一通过红十字会转交给受灾地区。募捐小组人员应尽忠实勤勉之义务,对本募捐款项尽职负责。

七、活动组织

1. 宣传前期准备

(1) 准备活动所需资料:制作T恤、横幅、海报、宣传单、募捐箱、倡议书、旗帜等。

(2) 招募大学生志愿者:全市各大高校招募20××名学生志愿者。

(3) 志愿者简单培训。

2. 活动启动仪式

(1) 启动仪式时间:20××年5月24日上午8:30。

(2) 启动仪式地点:(由活动冠名商确定)。

(3) 启动仪式内容:① ×××领导讲话,为活动拉开帷幕。② 组委会宣布活动流程,及活动注意事项。

八、活动价值分析

1. 此次活动所筹善款将全部用于支援灾区,意义重大。2008名志愿者全城出动,所筹善款将统一通过中国红十字会转交给受灾地区。2008名志愿者传递爱

心,将爱心渗透至各个角落。

2. 此次活动规模大、波及范围广,将产生良好的社会影响力。

直接影响范围:略。

直接影响人数:100多万××市民(含常住人口)。

3. 此次活动参与度高,广告目标群大、含金量高:

人们对四川大地震的关注度毋庸置疑,参与度可想而知。由此衍生的募捐活动,必将引起社会的广泛关注,隐藏了无限的商机。

此次活动必将赢得巨大的成功,是难得的企业宣传和树立形象的天赐良机。

九、活动预算

名称	用途	数量	单位费用	总费用
T恤	志愿者服装	2 008件	20元/件	40 160元
募捐箱	善款临时储放	2 008个	5元/个	10 040元
宣传品	横幅、海报、宣传单、倡议书、旗帜	若干	若干	3 000元
启动仪式	现场活动组织			2 000元
媒体	电视媒体宣传			2 000元
总计				57 200元

结束语

四川汶川大地震发生后,从中央到地方,无论是政府机关,还是社会各界,都纷纷展开了爱心捐赠。一笔笔支援灾区抗震救灾和灾后重建的善款,源源不断地从全国各地向灾区汇聚而去。这充分向全世界展示了,中华民族无与伦比的强大凝聚力和我们这个社会日益高涨的公益慈善热情。

温总理说过:"一个很小的问题,乘以13亿,都会变成一个大问题;一个很大的总量,除以13亿,都会变成一个小数目。"

现在我们要说:"一点很小的善心,乘以13亿,都会变成爱的海洋;一个很大的困难,除以13亿,都会变得微不足道。"

灾害无情,你我有情,让我们共铸爱的长城!

××市××活动策划有限公司

二〇××年五月二十日

思考与练习

1. 什么是策划书，策划书的作用何在？
2. 策划书的正文应包括哪些内容，考虑哪些问题？
3. 写策划书应当注意哪些问题？
4. 就你所在班级要搞一次出游活动或举行一晚会，制作一份完备的策划书。
5. 就以你所希望从事的行业为背景，制作一份创业策划书。

训练要求：

1. 能综合运用所学知识，从消费者需求分析、环境分析、市场竞争分析等多方面入手，进行合适的产品细分与市场定位、选择，并制定出相应的产品策略、价格策略、渠道策略及促销策略。

2. 策划书要求全面、实用，在条件具备时可以以此为依据创业、实施。

训练目标：

通过本项策划，锻炼学生综合运用本学期所学营销与策划知识的能力，培养学生进行全方位营销策划与实施的能力。

训练步骤：

1. 学生利用课余时间思考、寻找可供选择的产品与行业，以个人为单位拟定自己的营销策划方案初稿；

2. 分小组讨论各自的营销策划初稿，在讨论的基础修改、完善初稿；

3. 集中讨论，各小组选派代表发言，通过发言、同学提问、解答、再集中讨论的形式，进一步明确策划书修改、完善的方向；

4. 在吸纳全面两个阶段讨论意见的基础上，各自修改、完善营销策划书初稿，正式成文，撰写该项目营销策划书确定稿。

第十七章　经济活动分析报告

第一节　经济活动分析报告的概念和作用

一、经济活动分析报告的概念

经济活动分析报告是经济部门或企业，以计划指标、会计核算、统计核算和调研情况等为依据，运用科学的方法，对一定范围、时间内经济活动状况进行分析研究、评估后写成的书面报告。

二、经济活动分析报告的作用

1. 反映现有经济状况　进行科学评估

通过对各种经济指标完成情况的汇总分析，可以考核本期计划的执行情况，而经过与历史与先进等横向纵向的比较，更可以比较客观地、全面地认识现状、地位，既总结成绩与经验，又看到不足与危机，从而对一定范围、一定时间内的经济活动作出实事求是的科学评价。

2. 分析主客观因素　明确努力方向

对影响或决定经济活动的各种主客观因素的分析研究，能找出主要矛盾及决定因素，如完成计划或没有完成计划的原因，一方面肯定成绩，表扬先进；另一方面揭露矛盾，解决矛盾，进一步挖掘各方面潜力，提出合理的意见或措施，明确前进的方向。

3. 发挥管理功能　提高管理水平

经济活动分析是经济管理工作的重要组成部分。计划、核算、分析三个既联系又独立的环节反映了经济管理的整个过程。计划是事先控制，重在预定目标；核算是事中控制，重在反映和监督计划的执行过程和结果；分析是事后控制，根据核算资料对计划执行情况进行分析。三者构成了经济管理的有机统一整体，计划为分析提供评价标准，核算为分析提供必要资料，而分析既使计划得以检验，也使核算得以深入，能帮助经济活动有关部门制订计划恰如其分，执行计划切实有效，促进管理水平的提高。

4. 认识经济规律　发挥职能作用

随着社会主义市场经济的发展，经济活动更加复杂而富有变化，原有的一些管理方法、计划措施等已不能适应新的经济形势,无论是企业本身,还是财政、税务、审计、统计、银行等经济管理部门,都需要经常不断地、深入细致地进行经济活动分析,以便及时掌握各种经济活动运行情况,认识经济规律,采取各种有力的调控措施或政策,发挥各有关经济部门的职能作用,使企业、行业、地区乃至全国的国民经济健康迅速地发展。

第二节 经济活动分析报告的特点和种类

一、经济活动分析报告的特点

1. 定期性

经济活动分析报告是对一定时期里已完成的生产经营、销售或其他经济活动的分析与总结,一般在年终或一个生产周期、一个经营环节后进行,具有明显的定期性、及时性。

2. 检验性

经济活动分析报告是对已发生的经济活动过程的检验与评估,标准是计划指标、党和国家相关的方针政策、法规法令以及社会主义市场经济的理论。

3. 数据对比性

经济活动分析报告以数据对比分析为主。不同的经济活动由不同的经济技术指标的构成,有不同的分析要求和计算方法,专业技术性强。检验每一项经济指标的完成情况,以及相关因素等,必须通过数字对比(包括图表等)来加以表示、说明。有比较才有鉴别,才能明辨得失优劣,确定方向。

4. 指导性

分析过去只是手段,指导今后工作才是目的。经济活动分析报告着重分析经济情况产生的原因,总结成功的经验,找出薄弱环节和关键问题,提出解决的建议、措施等,具有承前启后的功效,指导性很强。

二、经济活动分析报告的种类

经济活动分析报告就分析的范围、目的和内容而言,一般有如下几种:

1. 全面分析报告

全面分析报告也称系统分析或综合分析报告。它是就某一部门或某一单位在一定时期的经济活动,根据各项主要经济指标所进行系统的、综合的分析研究之后写出的报告。它可以抓住工作中的关键性问题来考核经济活动的结果。

2. 简要分析报告

这种分析报告一般是围绕几个财务指标、计划指标或抓住一两个重点问题进行分析,目的在于及时观察经济活动的趋势和工作进程。这种分析报告也多是在年、季、月末进行。

3. 专题分析报告

专题分析报告一般是根据当前的中心工作,或是对某些重大经济措施和业务上的重大变化以及工作中的薄弱环节和关键问题等进行专项分析后,所写出的分析报告。如成本分析、费用分析、产品质量分析、资金分析等。专项分析报告的特点是内容专一,分析深入。它是不定期的分析报告,随时发现问题可及时分析。

4. 部门分析报告

部门分析报告是指有关的业务职能部门对企业的经济活动进行分析所写出的报告。企业内部如供、产、销和财务部门所进行的分析;企业外部如银行部门根据信贷资金使用情况对企业经济活动的分析;财政税务部门对企业经济活动的分析;会计部门对企业经济活动的分析;企业上级主管部门对企业经济活动的分析等等。因为财税、银行、审计部门对企业肩负着服务与监督的任务,所以这些部门对企业的经济活动的分析,不仅可以检验本单位的工作情况,而且可以对企业起到支持、帮助、促进的作用。例如银行信贷部门对企业进行的经济活动分析,可以加强和提高信贷管理水平,还可以作为检查贷款政策的重要手段。

第三节 经济活动分析报告的常用分析方法和写作准备

一、经济活动分析报告的常用分析方法

选用科学的方法对经济活动进行分析,是作出正确结论的基础。常用的分析方法有下列几种:

1. 比较分析法

比较分析法也称对比分析法。它将两组或多组具有可比性(如时间、内容、项目和条件、标准等相同或相近)的数据资料放在同一基础上进行比较,以鉴别高低、找出差异、查明原因、提出改进措施。一般可从以下几方面比较:

(1) 比计划。以本期各项指标的实际数与计划数对比,这是最基本的比较。其作用有二:其一说明本期执行计划的实际状况,找出差异的原因;其二能检验计划指标是否合理、实际,是否需要修订。

(2) 比历史。以本期的实际完成数与上期、上年度或历史同期最高水平比较,看其增减之幅度,以反映经济活动的发展变化及趋势。

(3) 比先进。将本期的实际完成数与国内外同行业基本条件相似相同的先进企业同期完成数对比，以考察本企业各项经济指标的高低层次，既能对本企业状况合理定位、准确评估，也可以学习先进，找出差距，扬长避短，明确努力方向。

2. 因素分析法

因素分析法是探求影响某一经济指标完成情况的各种因素和影响力程度的分析方法，它要将造成差异、问题的各种主客观因素综合分析，在错综复杂的矛盾中找出最本质、最关键、起决定作用的因素。比较分析法着重于数据和情况的对比，因素分析法则侧重于事实的说明和特点、原因的剖析。

3. 动态分析法

动态分析法是将不同时期经济活动的同类指标实际数值进行比较，求出比率，进而分析该项指标减增和发展情况，此种方法即动态分析法。进行动态分析，需要定量的历史资料积累，将之依时间顺序排列，组成动态数列。数列中的指标数第一个为最初水平数据，最后一个为最新水平数据，每个数值均叫发展量，这个数列反映的是经济活动某个项目在不同时期的规模水平。

动态分析应先划定经济活动的起止时间，列出有关的所有数值，计算出增减速度、平均变化速度等，然后从这些比率的变动中研究某一指标的变化情况，并推测其发展趋势。要注意，分析这些数值不能仅仅围绕抽象的数字，还应探讨不同时期的各种其他因素对数值变化直接或间接的作用和影响。

除了以上方法以外，还有预测分析法、平衡分析法、时间分析法、指数分析法、差额分析法、线性规划法、相关分析法等，分别从不同角度进行经济活动分析。在具体选择时，可依据资料内容、性质、分析的对象和目标，采用一种或几种分析方法。

二、经济活动分析报告的写作准备

1. 确定写作目的，制订分析计划

明确目的、要求是写作经济活动分析报告的首要前提。应据此制定分析计划，如确定分析的范围、时间、参加人员、所需资料、分析方法、程序安排等，以使经济活动分析按部就班地进行。

2. 搜集整理资料

经济活动分析报告是以已经发生的经济活动的实际状况作为立论基础，有关的资料数据越详细、全面、真实，分析的可靠性越强、结论越准确。故在写作前应对资料进行广泛搜集，然后去粗取精、去伪存真，通过整理、提炼，使资料数据更科学化、系统化。

经济活动分析一般应具备以下几方面的资料：

（1）本企业本部门各项分类的计划指标；日常积累的诸如会计、统计、业务和技术核算等各种核算资料；通过调查研究搜集的其他必需资料；以往各项经济指标的历史资料等。

（2）与本企业本部门相关的市场营销资料；国内外同类企业与本企业经济活动相关的数据资料等。

（3）国家或有关管理部门有关本行业各种经济活动的政策、法规、标准等；权威性机构发表的有关本行业经济活动分析报告、市场调查预测报告等。

3. 运用科学的方法分析研究，作出正确评价

应根据不同的分析对象与需要，选择合适的分析方法，对各项资料数据及其相互之间的关系条分缕析，追根寻源，探求经济活动的成败之因，作出正确评价，并有的放矢地提出解决矛盾和问题的对策或措施。

第四节 经济活动分析报告的结构和写作要求

一、经济活动分析报告的结构

1. 标题

根据经济活动分析报告内容、目的的不同，标题形式可多样化。一般由单位名称、分析时限、分析内容和文种类型四要素组成，如《××公司 2006 年上半年产成品质量分析报告》《××市××银行关于 2005 年度居民储蓄情况的分析》；也可省略某些要素灵活处理，如《电脑软件产销分析》《关于财务收支情况的分析》；也可直述分析内容或观点，如《库存积压造成实际损失的教训》《2005 年我国金融运行状况及 2006 年政策建议》。

2. 导言

亦称前言、引言、导语。主要概述分析报告的内容、范围、对象、目的、背景等。此部分也可酌情省略，纳入主体中去反映。

3. 主体

全文的核心。主要阐释经济活动"怎么样（状况）""为什么这样（原因）""应该怎么办（措施建议）"等内容。一般由三部分组成：

（1）基本情况。运用对比、分解、综合的方法，以大量数据（包括图表等）介绍情况，找出差异。

（2）原因剖析。深入分析上述情况，找出主客观因素，给予恰当评价。

（3）意见建议。在科学分析的基础上，作出正确的意见，有针对性地提出合理的措施、建议，以指导实践。

4. 结尾

一般用来总结前文，或展望未来，也可用来补充说明或强调某个观点、看法。如无必要，结尾部分可予省略。

二、经济活动分析报告的写作要求

（一）以党和国家的方针政策、科学理论为指导。
（二）以翔实、准确的资料数据为基础。
（三）以实事求是的严谨态度进行分析研究。
（四）以切合实际的意见、建议指导实践。
（五）以精练、中肯的语言阐述报告。

例文

收入水平再上台阶　　消费增长总体平稳
——2005 年上海城市居民收支状况分析

2005 年，本市各级政府通过积极扩大就业，提高居民最低生活保障线、职工最低工资和退休人员养老金等多项政策措施，各阶层城市居民的生活水平稳步提高。据对本市城市居民家庭的抽样调查，2005 年，城市居民人均可支配收入达到 18 645 元，比上年增长 11.8%，连续四年增长速度保持在两位数以上；居民人均消费支出为 13 773 元，增长 9%。

一、城市居民各项收入全面增长

2005 年，城市居民人均可支配收入增长 11.8%。其中，工薪收入增长较为平稳，经营净收入、财产性收入和转移性收入的增长速度都在两位数以上。从可支配收入的比重构成看，人均工薪收入为 12 409 元，占可支配收入的 66.6%，比重比上年下降 1.9 个百分点；人均转移性收入为 5 146 元、经营净收入为 798 元、财产性收入为 292 元，分别占可支配收入的 27.6%、4.3% 和 1.5%，比重均有所上升。

1. 工薪收入稳步增长

2005 年，工薪收入作为居民收入的主体格局并未改变，工薪收入依然是居民可支配收入的主要来源。调查显示，人均工薪收入为 12 409 元，比上年增长 8.6%，拉动可支配收入增长 5.9 个百分点（见下表）。工薪收入增长的主要原因有：一是家庭就业面不断扩大。近几年，本市把促进就业作为经济发展和社会稳定的重要战略及主要任务，为百姓带来了切实利益。2005 年，全市新增就业岗位达到 65.1 万个，超额完成年初确定的新增 50 万个岗位的目标。抽样调查显示，城市居民家庭就业面从 2004 年底的 49.8% 上升到 51.5%。二是从下半年开始，本市实行了新的职工最低工资标准，最低工资由原来每月的 635 元提高到每月 690 元。三是部分企业经济效益较好，职工工资奖金有所增加。

2005 年本市城市居民收入情况

指　　标	人均收入（元）	比上年增长（%）	比　重（%）	拉动可支配收入增长（%）
可支配收入	18 645	11.8	100.0	11.8
工薪收入	12 409	8.6	66.6	5.9
经营净收入	798	57.5	4.3	1.7
财产性收入	292	36.1	1.5	0.6
出租住房收入	242	53.7	1.3	0.5
转移性收入	5 164	13.4	27.6	3.6
养老金或离退休金	3 999	11.4	21.4	2.5

2. 经营净收入和财产性收入仍保持快速增长

通过鼓励创业带动就业，是就业政策的核心。私营和个体经济的日趋活跃，带动经营净收入快速增长。2005 年，城市居民从事生产经营活动所获得的人均经营净收入为 798 元，比上年净增 57.5%，拉动可支配收入增长 1.7 个百分点。

2005 年，城市居民的财产性收入进一步增加。人均财产性收入 292 元，比上年增长 36.1%。其中八成以上居民财产性收入是通过出租住房得到。调查显示，有 7.5% 的家庭出租住房，这些家庭的平均年租金收入为 9 707 元。与上年相比，出租住房家庭的数量增长 29.3%，租金收入增长 17.7%。

3. 转移性收入增幅较大，社会保障水平进一步提高

为使社会各阶层共享经济发展的成果，近年来，本市加大了转移性支付的力度。2005 年，本市退休职工都增加了养老金，一批 70 岁以上退休早、收入低的高龄老人，还根据不同年龄和工龄得到了额外补贴；城镇居民最低生活保障线标准从每月 290 元提高到 300 元。这些政策的实施，使广大的退休人员和低收入家庭直接受惠。调查显示，居民人均转移性收入为 5 146 元，比上年增长 13.4%，增幅高于可支配收入；人均养老金或离退休金达到 3 999 元，增长 11.4%。

二、收入差距扩大的趋势有所缓和

进入 21 世纪以来，本市高低收入群体之间的收入差距呈快速扩大的趋势。历年的抽样调查数据显示，在城市居民家庭人均可支配收入五等分组中，2000 年，20% 最高收入组家庭（以下简称最高收入家庭）的人均可支配收入是 20% 最低收入组家庭（以下简称最低收入家庭）的 2.8 倍，2002 年扩大到了 3.8 倍，而 2004 年又进一步扩大到了 4.9 倍。2005 年，本市加大了调节收入分配政策的力度，还通过购买公益性就业岗位等措施，重点对就业特别困难和生活特别困难的"双困"人

员进行了就业安置,使得收入分配差距逐年拉大的趋势有所缓和,最高与最低收入家庭的人均可支配收入差距与上年基本持平,为 4.85 倍。抽样调查显示,2005年,最高收入家庭的人均可支配收入为 37 722 元,比上年增长 9.6%;最低收入家庭的人均可支配收入为 7 851 元,增长 11.1%,增幅高出最高收入家庭 1.5 个百分点。虽然最低收入家庭的收入增幅略高,但由于他们的收入基数较低,人均实际增加的收入仅为 786 元,相比高收入家庭人均增加的 3 318 元,最低收入家庭实际增加的收入仅是最高收入家庭的 23.7%。

三、居民消费支出增长平稳

2005 年,城市居民人均消费支出为 13 773 元,比上年增长 9%,增幅同比下降了 5.4 百分点。从居民消费的构成看,衣着、交通和通信、杂项商品和服务占消费支出的比重有所上升,食品、家庭设备及服务、医疗保健、教育文化娱乐和居住的比重略有下降。居民消费支出的主要特点有:

1. 各项消费支出全面增长

从居民家庭消费各分类项目看,八大类消费支出呈现全面增长的态势(见下表)。其中,杂项商品和服务的支出比上年增长超过三成;衣着、交通和通信支出的增长均超过一成;食品、居住、医疗保健、教育文化娱乐和家庭设备用品服务的支出也有不同程度的增长。

2005 年本市城市居民消费情况

单位:元

指　　标	人均消费支出	增　　长(%)
消费支出	13 773	9.0
食品	4 940	7.5
衣着	940	18.0
家庭设备及用品	800	2.6
医疗保健	797	4.6
交通和通信	1 984	16.5
教育文化娱乐服务	2 273	3.5
居住	1 412	6.4
杂项商品和服务	627	32.3

2. 讲究个性和品牌,服装消费成为亮点

2005 年,居民服装消费的特点是,穿得更好,买得更多。居民人均衣着支出为 940 元,比上年增长 18%,其中,人均服装支出为 694 元,增长 19.5%;人均鞋类支出 182 元,增长 18.1%。衣着支出占消费支出的 6.8%,比重同比上升了 0.5 个百分点。调查显示,居民购买服装的单价增长14.1%,数量5.2%;购买鞋类的单价增长10.4%,数量增长6.8%。衣着支出增长较快,主要是居民衣着消费观念的不断改变,穿衣越来越讲究个性和时尚,一些高收入家庭及中青年白领人士更是追求服装的品牌和档次。

3. 食品增长平稳,恩格尔系数继续下降

在食品消费方面,居民在吃好、吃精、注重营养的同时,膳食结构更趋合理和科学。2005年,人均食品支出为4940元,比上年增长7.5%。居民食品消费的特点:一是粮食和油脂类消费下降,其中,大米和面粉的支出分别下降了0.7%和8.7%,食用植物油的支出下降了12.8%;二是副食品消费更趋合理,肉、禽、蛋和鲜瓜果消费分别增长了6.5%、13.7%、5.9%和7.7%;三是随着居民生活节奏的加快,饮食消费要求更加便捷,各种方便食品和半成品受到青睐,在外饮食增长12.5%;四是食品占消费支出的比重(即恩格尔系数)比上年又下降了0.5个百分点,为35.9%,比2000年下降了8.6个百分点,居民家庭生活水平得到进一步提高。

4. 汽车消费增长较快,交通支出比重不断扩大

近年来,汽车进入居民家庭的速度正在加快。据了解,2005年,本市私车牌照的投放量比上年虽略有下降,但私车销售量有所增加。汽车等家庭交通工具支出增长较快,家庭人均购车支出为366元,比上年增长17.2%。汽车等交通工具的热销,加上车辆用燃料价格的多次上调,带动人均交通工具服务和车辆用燃料支出分别增长四成和六成以上。由于汽车及相关服务支出对居民家庭交通支出的影响较大,居民人均交通支出达到1161元,比上年增长16.7%。家庭的交通支出占总消费支出的比重由上年的7.9%提高到8.4%。

5. 通信支出继续保持快速增长

近几年,居民用于通信的支出逐年增加,且增长速度逐渐加快。2005年,居民人均通信支出达822元,比上年增长16.2%,增幅同比提高5.2个百分点。调查显示,居民购买移动电话的数量增长20.8%,支出增长35.1%,每部移动电话的平均购买价格比上年拉高了156元。截至2005年年末,每百户城市居民家庭拥有移动电话181部,远远超过家庭固定电话102部的水平。移动电话的普及,带动电信服务支出"水涨船高",短信拜年和竞猜成为流行和时尚,不断推出形式多样的电信"套餐"服务,使大多数用户能与之"对号入座"。居民人均通信服务支出达到674元,比上年增长13.6%。其中人均电信费支出达到654元。通信支出的较快增长,还与互联网的快速发展,家庭电脑接入互联网的数量不断增加有关。截至2005年末,每百户居民家庭拥有电脑81台,其中接入互联网使用的有62台。

6. 受气候环境的影响,旅游消费小幅下跌

2005年,居民人均旅游支出为409元,比上年微降1.2%,团体旅游支出下降

10.3%。这是自 1998 年以来,居民旅游支出首次出现下跌。调查显示,居民出境游和长线游次数有所减少,而短途游略有增多。旅游支出下降的主要原因是,泰国、印尼等南亚国家旅游地发生海啸,使不少准备出境的游客望而却步。同时,由于受到价高、人多拥挤和服务质量下降等因素的影响,"黄金周"假日效应正在下降。另外,去年,"黄金周"天气多雨,也影响了居民的外出游览。

四、影响城市居民消费的因素分析

1. 支出预期不确定性增加,导致居民储蓄意愿增强

2005 年,城市居民收入水平虽得到较快提高,但消费支出增长平稳,消费热点不多。居民消费增幅比上年回落 5.4 个百分点,低于可支配收入 2.8 个百分点。目前,教育、医疗和社会保障等改革仍在不断推进和完善中。居民得到基本保障的同时,短期内支付的成本有所上升,支出预期不确定性增加,储蓄意愿增强。调查显示,城市居民存款比上年增长 67.4%。截至 2005 年末,本市城乡居民储蓄存款余额比上年增长 21.1%,比年初增加 1 471 多亿元。

2. 购房提前还贷,抑制了居民的即期消费

2005 年,为防止房地产泡沫,抑制投机炒房行为,个人住房贷款利率有所调整。受此影响,提前还贷的居民家庭明显增加,归还住房贷款额比上年增长了两成以上。住房贷款的提前还贷,直接挤压了旅游等一些家庭非基本消费项目,在外饮食和文化娱乐服务增幅分别回落了近两成和五成,服务性消费增幅回落 12.3 个百分点。与此同时,居民购房支出也大为减少。居民人均购房支出 2 475 元,比上年下降 46.8%。由于居民购房支出大幅下降,居民人均住房贷款额和住房装潢支出(包括室内装饰品)分别比上年下降 36% 和 3.2%。

3. 部分服务和公用事业价格上涨影响低收入家庭的消费

2005 年,本市服务和公用事业项目价格虽然上涨不多,但部分价格调整仍对低收入家庭的消费产生一定的影响。由于市政建设和住房动迁等原因,不少收入较低的居民搬迁到城乡结合地区,在居住条件明显改善的同时,交通出行费用也随之增加。调查显示,最低收入家庭人均市内公共交通支出(不包括出租汽车)为168 元,比上年增长 54.1%。9 月份轨道交通价格调整后,最低收入居民家庭人均每月的市内公共交通费支出,比调整前增加 28.3%。此外,本市还调整了民用燃料价格,其中,家用液化气价格上涨了 20%,计划外用户的蜂窝煤价格上涨 5.5%。而使用这些燃料的用户,绝大多数为住房条件比较简陋的低收入家庭。交通出行费和燃料费是城市居民家庭的基本消费项目,这些项目的价格上升,对低收入家庭的消费影响很大。

4. 中、高收入家庭消费倾向下降

2005 年,居民消费增长相对于收入增长略显不足,消费倾向有所下降。调查显示,居民家庭的消费倾向(消费支出占可支配收入的比重)为73.9%,比上年下降1.8个百分点;边际消费倾向(消费增量占收入增量的比重)下降了29.4个百分点。按五等分组的不同收入城市居民家庭的平均消费倾向看,消费倾向随着收入的增加而下降。中、高收入家庭与低收入家庭的消费倾向呈逆向增长的态势。其中,最低和较低收入两组家庭的消费倾向,分别比上年上升了3.4个和0.4个百分点;中等、较高和最高收入组家庭分别下降8.7个、0.5个和1.2个百分点。中、高收入居民家庭消费倾向下降后,他们大部分收入增量沉淀下来,转向储蓄和投资。

五、增强居民消费信心的几点建议

改善目前居民消费倾向下滑,提高居民消费信心,首先,要千方百计扩大就业。要进一步挖掘非正规就业劳动组织和微小型企业的岗位潜能,通过鼓励自主创业和促进非公有制经济发展等方式增加就业渠道。对实现了就业和再就业的人员,要不断提高其职业的稳定性。通过稳定就业,提高居民对长期性收入的预期。其次,要不断完善三大民生保障线增长机制。根据经济发展和财政承受能力,适当增加转移支付的比重,进一步建立和完善城镇社会保障体系,使所有失业、离岗、退休和收入在基本生活保障线以下的各类人员都能共享到经济发展成果。第三,在涉及居民切身利益的教育、医疗和社会保障方面,应更加突出社会公益性的作用,通过提高改革的透明度,降低人们对未来支出预期的不确定性和居民的储蓄增长过快的倾向,提高居民消费信心,刺激消费需求增长。第四,着力提高居民收入,特别是中、低收入居民家庭的收入,适当调整居民收入分配政策,逐步控制居民收入差距扩大的趋势,着力增强中低收入居民的消费能力。

(本文摘自《上海经济最新动态》2006年第2期,作者:黄丰秋)

1. 什么是经济活动分析报告?它有哪些作用?
2. 经济活动分析报告有哪些特点与种类?
3. 经济活动分析报告常用哪些分析方法?
4. 结合例文,指出其所属种类,运用的分析方法、结构及写作特色。

第十八章 合　　同

第一节　合同的概念和作用

一、合同的概念

《中华人民共和国合同法》第二条明确规定："本法所称合同是平等主体的自然人、法人、其他组织之间设立、变更、终止民事权利义务关系的协议。"据此，合同具有以下法律特征。

（一）合同体现的是一种法律关系

合同体现的是一种法律关系，一经签订，就产生了法律约束力。任何一方违反或不按规定履行合同，必须承担由此而产生的经济损失和法律责任。

（二）合同的主体是处于平等地位的自然人、法人、其他组织

合同的主体也就是民事法律关系的主体，包括自然人、法人以及被法律承认的具有一定权利能力和行为能力的其他组织。

（三）合同必须体现双方意愿

合同必须是当事人双方或多方参加，只有当事人双方或多方的意思表示完全一致，协议才能达成，这是合同成立与履行的依据，也是合同受法律保护的基础。

（四）合同必须符合法律规定

签订的合同只有符合国家的政策、法令、计划和有关规定，才能被法律承认和保护，否则，就是无效合同。

（五）合同涉及的双方地位平等

合同必须是平等互利，等价交换的，所以合同当事人的法律地位是平等的，受平等的法律保护。在合同法律关系中，当事人不论是法人还是自然人，也不论法人的所有制性质、或经济实力的强弱、行政权力的大小、涉外因素的有无等等，双方必须平等协商，任何一方当事人不得把自己的意志强加给另一方。

二、合同的作用

（一）有利于保护合同当事人的合法权益

合同依法成立，便有了法律上的约束力，双方当事人都要严格履行自己的权利

和义务。如有一方违约,要据情节轻重承担相应责任。这样,能强制双方当事人重合同、守信用,其合法权益能得到相应的法律保护。

（二）有利于维护社会经济秩序

合同是商品经济的产物,是社会关系、经济关系在法律上的表现。所谓社会经济秩序,是指社会活动、经济活动所应具有的规范性、稳定性、安全性。只有社会经济活动规范、有序,合同当事人才能最大限度地实现各自目的,获取最大利益,整个社会才能高效运行、稳步发展。合同的平等、自愿、公平、诚实守信、合法、公序良俗、必须信守原则等,使合同成为维护社会经济秩序的重要方式。

（三）有利于促进社会主义现代化建设

合同主要是调整商品交换关系的。随着我国社会主义市场经济的发展,如各种经济体制的变化、发展,科学技术的繁荣,内外贸易的扩大,人们的社会活动、经济活动越加广泛与深入,合同已日益频繁地运用到各种领域中,它对于加强各种交流与合作、管理与监督、依法治国,促进我国社会主义物质文明建设与精神文明建设均起到了不可或缺的积极作用。

第二节　合同的特点和种类

一、合同的特点

（一）合法性

合同的合法性主要表现在两方面:一是合同的订立必须遵守国家有关法律和行政法规。只有合法的合同,才被法律承认有效,受到保护;反之,违法的合同不但无效,不受法律保护,还将视其后果,追究责任。

二是合同双方当事人应具有合法资格。《合同法》第九条规定:当事人订立合同,应当具有相应的民事权力能力和民事行为能力。如,合同中的自然人即指公民,但按年龄长幼、精神健康状况或是否被判刑等又可分为完全民事行为能力人、限制民事行为能力人、无民事行为能力人。当事人依法可以委托代理人订立合同。无民事行为能力人、限制民事行为能力人的监护人是其法定代理人。

（二）规范性

合同的内容和形式都须规范化。《合同法》规定:当事人订立合同,有书面形式、口头形式和其他形式。法律、行政法规规定采用书面形式的,应当采用书面形式。书面形式是指合同书、信件和数据电文(包括电报、电传、传真、电子数据交换和电子邮件)等可以有形地表现所载内容的形式。合同的内容由当事人约定,且应具备合同法中所规定的条款:(1)当事人的名称或者姓名和住所;(2)标的;(3)数量;(4)质量;(5)价款或者报酬;(6)履行期限、地点和方式;(7)违约责任;(8)解决争议的方法。当事人可以参照各类合同的示范文本订立合同。只有规范的合同,才能真正做到有章可循,有据可查,防止疏漏或歧义,避免矛盾和纠纷,确保合同双方的合法权益真正落实。

（三）制约性

合同双方当事人地位平等,其相互间权利、义务是对等的,又是相互制约的。一方的权利又体现为另一方的义务,一方的义务又体现为另一方的权利,互为因果,相互产生作用与影响。故合同依法成立,即具有法律约束力,当事人必须全面履行合同,任何一方不得拒绝履行或不适当履行。如遇特殊情况,需要变更或解除合同,必须按照法律规定的条件和程序,经当事人各方协商,达成新的协议;反之,将承担违约责任。

二、合同的种类

合同的种类很多,按照不同的标准可以有不同的类别。

（一）按权利和义务关系的类型划分

以权利和义务关系的类型作为划分合同的标准,合同可分为下述类型:买卖合同,供用电、水、气、热力合同,赠与合同,借款合同,租赁合同,融资租赁合同,承揽合同,建设工程合同,运输合同,技术合同,保管合同,仓储合同,委托合同,行纪合同,居间合同。这也是合同法分则对合同的分类。

（二）按形式划分

合同按形式分,有口头合同、书面合同;有条款式合同、表格式合同等。

（三）按时间划分

合同按时间分,有长期合同、中期合同、短期合同,还有年度合同、季度合同、月份合同,以及一次性的临时合同等。

（四）根据合同的法律特征划分

1. 要式合同与不要式合同

要式合同是指合同必须采用特定形式的合同。不要式合同是指法律没有特别规定,当事人也没有特别约定须采用特定形式的合同。

2. 单务合同与双务合同

即根据当事人双方权利、义务的分担方式将合同分为单务合同和双务合同。单务合同是指合同当事人一方是负担义务而不享受权利,另一方是享受权利而不负担义务的合同。双务合同是指合同当事人双方相互享有权利,相互负有义务的合同。

3. 有偿合同与无偿合同

有偿合同是指双方当事人一方须给予他方相应的利益才能取得自己利益的合同。如买卖合同,买方必须支付价款才能取得货物,卖方必须给付货物才能取得价款,双方都须偿付代价。无偿合同是指一方取得他方利益而自己对得到的利益不付出相应代价的合同,如赠与、借用等。

另外,还有主合同与从合同,一时的合同与继续性合同等。

第三节　合同书的结构和主要条款

一、合同书的结构

合同书的结构一般由以下部分组成。

（一）标题

标题提示合同的性质、范围,由事由和文种名称构成。宜具体明确,如《借款合同》。

（二）当事人名称

合同签约各方应按国家行政部门核定的名称写明全名(不能使用简称等),为表述方便须在各方前或后用括号注明"甲方""乙方",或依照合同内容称"借方""贷方""承租方""出租方"等,合同正文出现各方名称时,可用"甲方""乙方"等上述特称替代。具体写法是在标题下面顶格写上:

订立合同双方:

×××（以下简称甲方）

×××（以下简称乙方）

（三）正文

正文是合同最重要的部分,也是合同的内容要素,正文包括缘由和主体。

(1) 缘由是正文的引言,写订立合同的目的、依据。缘由的写作应简明扼要。如:根据《中华人民共和国合同法》及相关法律法规的规定,甲、乙双方在平等、自愿的基础上,就甲方将房屋出租给乙方使用,乙方承租甲方房屋事宜,为明确双方权利义务,经协商一致,订立本合同。

(2) 主体即合同书的具体内容和条款。主体即合同书的具体内容和条款,一般应按合同法规定的主要条款及其主次顺序表述(详述见后)。

（四）附则

附则是合同书的尾部,主要是对合同的某些说明,如合同的有效期限、合同的份数和保存方法等。合同如有附件或实物样品、图表之类,应在正文之后加以注明,并写明其名称、数量,以示为合同的辅助材料,与合同本身具有同等效用。

（五）签章、日期

签字盖章是合同书订立完成和生效的标志,是当事人对合同负责的法律依据。在正文及附则之后,应分别由当事人各方签名盖章,是法人或其他组织的另加盖公章或合同专用章。此外还要写明各方详细地址、电话号码、传真号码、邮政编码及开户银行、账号等，如有鉴证单位的，也需注明。最后在右下方写明合同的签订日期和地点。

二、合同书的主要条款

合同的基本内容就是合同的条款，这是一般合同必须具备的。它体现了当事人的基本权利和义务，是当事人履行合同的依据，也是判定合同是否合法和有效的最重要标准之一。如果缺少了基本条款，就无法确定签订者之间的权利与义务，影响合同的履行。合同的基本条款如下。

（一）标的

这是合同中最重要的条款，指合同当事人双方的权利义务所共同指向的对象，是经济活动所达到的目的。标的在各种合同中的表现形式是不同的，有的指货币，有的指实物，有的指劳务，有的指工程项目等。标的是订立合同的目的和前提，设有标的或标的不明确的合同是无法履行的。因此合同中对标的规定必须明确、具体、合法。

（二）数量和质量

指合同标的的数量和质量，使标的具体化。数量，是以数字和计量单位来衡量标的的尺度。

质量，是指双方在合同中约定的标的的质量及要达到的标准，包括标的名称、品种、规格、型号、等级、标准、技术要求、物理和化学成分、款式、感觉要素、性能等。数量和质量都必须明确规定。

（三）价款或者报酬

这是取得标的（物）或接受劳务的一方，向提供方支付的代价意义上货币。价款就是产品或商品的价格，报酬就是为设计、施工、安装、运输保管货物等进行劳动服务应得到的报酬金额。在起草合同时，要明确规定它们的数额、计算标准、结算方式和程序等。

（四）履行期限、地点和方式

即合同当事人履行义务的时间、地点、具体方法，应当明确地在合同中予以规定。履行的期限、地点，简言之就是在何时何地履行各自义务。履行期限，是检查合同是否按时履行的唯一标准；履行地点，是指承担义务享受权利的地方，直接关系到履行合同的费用负担。合同的方式，是指履行合同的具体方法。具体方式不明确，容易引起种种纠纷。

（五）违约责任

这是对违反合同的有关一方的制裁措施。违约应当承担的责任叫违约责任。承担违约责任的一方应付给对方违约金。但当事人一方由于不可抗拒的原因不能履行合同时，在取得有关证明后允许延期履行、部分履行或者不履行，并可根据情况部分或全部免予承担违约责任。

（六）根据法律规定必须具备的条款

这是指有的合同的订立，还必须把有关法律、行政法规的某些规定作为合同的主要条款之一。如在建设工程承包合同中，根据《中华人民共和国环境保护法》和其他有关规定，应当具备关于消除"三废"污染的条款。

第四节 合同书的订立程序和写作要求

一、合同书的订立程序

订立合同是一种法律行为，必须遵循合法性、科学性的要求，一般包括以下的必要程序：

（一）调研工作

必须预先通过调查研究，全面、深入地了解当事双方的有关情况，如国家法律、法规、政策、社会需求、市场特点、具体行情、对方的资信状况等，在此基础上，做出恰当、科学的签约决策。

（二）洽谈协商

一般要经过"要约"（由一方先行提出订约要求和建议）、"承诺"（受约人完全接受要约中的全部条款，向要约人作出的按要约签订合同的意思表示）两个步骤来完成。

（三）拟订合同书

依据有关法律法规，参照国家合同示范文本，统一规范、周密细致地完成合同书的拟订工作。

（四）完善生效手续

包括双方具备合法资格的当事人或代理人签名、盖章及公证或鉴证等。

二、合同书的写作要求

（一）体例严谨

合同体例要因人而异、因事而异，不能千篇一律，不要盲从于所谓的模板。在合同写作实践中，合同体例应当根据实际情况灵活处理。有的合同采取先有"章"，后有"条"，"条"下面是"款"，"款"下面是"项"的体例；有的合同内容较为简单，可直接采取"条""款""项"的体例；有的合同就按"一、二、三……1.2.3.……"的顺序排列，体例同样清晰明了。

（二）内容齐备

合同条款内容表述应做到齐备，防止疏漏，便于操作。如对产品的质量要求必须包括技术标准、性能标准，应写明具体的标准代号，对在安装运转后才能发现内在质量问题的产品,应在合同中具体规定提出质量异议的条件和时间限定。合同的每一条款,内容越具体越好,写作时考虑要周到,设想应全面,防止疏漏,不怕繁琐。既要有标的、数量、质量、价款或者报酬、履行期限、地点和方式条款,也要有违约责任和解决争议的方法等其他应注明的事项。

（三）用词精确

语言准确是合同语言最基本的要求。要使合同语言准确,行文时必须做到,严肃认真,用词精确,数字准确,采用法定计量单位,语法要规范,多用陈述句,慎用限制词语较多的长句子,多用符合汉语特点的短句子,以避免含糊不清或产生歧义,从而保证合同的严密性,减少不必要的麻烦和纠纷。

例文

劳 动 合 同

合同编号：

订立合同双方：

招聘方：（企业、事业、机关、团体等单位的名称）简称甲方

受聘方：（合同制职工）简称乙方

甲方招聘合同制职工,按有关规定,已报请有关部门批准(或同意)。甲方已向乙方如实介绍涉及合同的有关情况；乙方已向甲方提交劳动手册。甲乙双方本着自愿、平等的原则,经协商一致,特签订本合同,以便共同遵守。

第一条 合同期限

合同期限为_____年(或_____个月),从 20_____年_____月_____日起至 20_____年_____月_____日止。

（〔附注〕没有一定期限的合同或以完成一项工作的时间为期限的合同,应注明"本合同无一定期限"或"本合同以某一工作完成为届满期限"。）

第二条 试用期限

试用期限为_____个月,即从 20_____年_____月_____日起至 20_____年_____月_____日止。

（〔附注〕试用期限的长短,法律和有关部门有规定的,按规定执行；无规定的,由招聘方根据受聘方的工作能力和实际水平确定。）

第三条 职务(或工种)

甲方聘请乙方担任_____职务(或从事某工种、某岗位的工作)。

第四条 工作时间

每周工作五天,星期六、日休息。每天工作时间为八小时,上下班时间按甲方

规定执行。

（〔附注〕以完成一定工作量为期限的合同，工作时间由双方商定。）

第五条　劳动报酬

（一）乙方在试用期间，月薪为_____元。试用期满后，按乙方的技术水平、劳动态度和工作效率评定，根据所评定的级别或职务确定月薪。

（〔附注〕以完成一定工作量的时间为合同期限的，亦可按工作量确定报酬。实行计件工资的，按件付酬。）

（二）乙方享受的岗位津贴和奖金待遇，与同工种固定职工相同。

第六条　生活福利待遇

（一）补贴待遇：乙方享受交通费补贴、粮食补贴、取暖费补贴等与固定职工相同。

（二）假日待遇：乙方享受节日假、婚假、产假、丧假与固定职工相同；工作满一年以上需要探亲的，可享受_____天（不包括路途中的时间）的探亲待遇，工资照发，路费报销。

（三）特保儿费：乙方享受特保儿费与固定职工相同。

第七条　劳动保护

（乙方的劳动保护按国家的有关规定执行）

第八条　乙方患病、伤残、生育等待遇以及养老保险办法

（〔附注〕本条国家有规定的，按规定执行；无规定的，由双方商定。）

第九条　政治待遇和劳动纪律要求

（一）乙方在政治上享有同固定职工一样的权利，如参加民主管理企业的权利，参加党、团组织和工会的权利等。

（二）订立有一定期限的劳动合同的乙方，在担任领导职务以后，如职务是有任期的，在劳动合同期限短于领导任期的情况下，可以将合同期限视为领导职务的任期；如果职务是没有任期的，可以视为改订没有一定期限的劳动合同。

（三）乙方应当严格遵守甲方单位各项规章制度，遵守劳动纪律，服从分配，坚持出勤，积极劳动，保证完成规定的各项任务。

第十条　教育和培训

甲方应加强对乙方进行思想政治教育、遵纪守法教育、安全生产教育，根据工作和生产的需要进行业务、职业技术培训。

第十一条　劳动合同的变更

（一）发生下列情况之一的，允许变更劳动合同：

1. 经甲乙双方协商同意，并不因此损害国家和社会的利益；

2. 订立劳动合同所依据的法律规定已经修改，或订立合同时所依据的客观情

况发生了重大变化,致使原合同无法履行;

3. 由于甲方单位严重亏损或关闭、停产、转产,确实无法履行劳动合同的规定,或者由于上级主管机关决定改变了工作任务、性质;

4. 由于不可抗力或由于一方当事人虽无过失但无法防止的外因,致使原合同无法履行;

5. 法律规定的其他情况。

（二）在合同没有变更的情况下,甲方不得安排乙方从事合同规定以外的工作,但下列情况除外:

1. 发生事故或自然灾害,需要及时抢修或救灾;
2. 因工作需要而进行的临时调动（单位内工种之间、机构之间）;
3. 发生不超过一个月时间的短期停工;
4. 甲方依法重新任命、调动、调换订立没有一定期限劳动合同职工的工作;
5. 法律规定的其他情况。

第十二条 劳动合同的解除

解除劳动合同的条件,按《劳动法》或国家有关主管部门的规定执行;没有规定的,由双方当事人商定,但商定的解除条款不得违反法律和行政法规的规定,不得损害国家利益和社会公共利益。

解除劳动合同,除因乙方违法犯罪或乙方严重失职、营私舞弊,对用人单位利益造成重大损害,或者乙方严重违反劳动纪律、违反用人单位规章制度而被开除,或者在试用期间被证明不符合录用条件而被辞退,以及乙方擅自解除劳动合同的以外,甲方应按规定发给辞退补助费和支付路费。

解除劳动合同时,双方应按规定办理解除手续。甲方按规定将解除合同的情况报告有关机关核准。

第十三条 违约责任

（一）甲方无故辞退乙方,除应发给辞退补助费和路费外,应偿付给乙方违约金_____元。

（二）甲方违反劳动安全和劳保规定,以致发生事故,损害乙方利益的,应补偿乙方的损失。

（三）乙方擅自解除合同,应赔偿甲方为其支付的职业技术培训费,并偿付甲方违约金_____元。

（四）乙方违反劳动纪律或操作规则,给甲方造成经济损失的,甲方有权按处理固定职工的规定予以处理。

第十四条 其他约定事项

本合同于20_____年_____月_____日起生效。甲乙双方不得擅自修改或解除合同。合同执行中如有未尽事宜,须经双方协商,作出补充规定。补充规定与本合同具有同等效力。合同执行中如发生纠纷,当事人应协商解决。协商不成时,任何一方均可向单位主管机关或劳动合同的管理机关请求处理,也可依法向人民法院起诉。

  本合同正本一式两份,甲乙双方各执一份,合同副本一式_____份,报主管机关、劳动合同管理机关(〔附注〕本合同如经公证,则应交公证处留存一份)等单位各留存一份。

  甲 方:(公章)

  代表人:(签名或盖章)

  乙 方:(签名或盖章)

                _____年_____月_____日订

思考与练习

1. 签订合同有哪些必要性?
2. 签订合同书一般应具备哪些条款?
3. 签订合同书一般应注意哪些问题?
4. 分析下面一份合同书,说明其中问题并作修改。

工 程 合 同

  上海××服装公司(甲方)与××省××市建筑公司(乙方)经商定协议如下:

  (1) 建筑内容:甲方原有厂房(均系两层楼房)1 000平方米,现扩建2 200平方米,其中拆除600平方米。新厂房要求四层钢骨水泥结构(另有图纸)。

  (2) 工程进度:20××年3月1日开工,年底前完成。

  (3) 建筑费用:全部建筑工程费用600万元(另有清单),所有建筑材料均由乙方负责采办。订立合同后甲方先付给乙方工程费用200万元,余款在厂房验收后全部付清。

  (4) 经济责任:厂方如未按期付款,每超过1天应赔偿给对方按工程费千分之一计的赔偿金;建筑公司如未按期完工,每晚一天,厂房可在工程费中扣除千分之一作赔偿。

  (5) 施工期间的人身安全由双方负责。

  (6) 本合同一式四份,双方各二份。

  甲 方(单位盖章)   乙 方(单位盖章)

  代表人(签章)   代表人(签章)

5. 请拟定一份家教合同或房屋租赁合同,具体内容自拟。

第十九章 广告文案

第一节 广告文案的概念和作用

一、广告文案的概念

广告文案又称广告文,指的是通过一定的媒体向公众介绍和推销商品、报告服务内容的应用文。它包含整个广告作品中的语言文字部分,但不包含绘画、照片、色彩、布局等非文字部分。资料显示,广告效果的 50%~70% 来自广告中的语言文字,因此,广告文案实际上是广告作品的核心。

二、广告文案的作用

1. 传达广告信息

这是广告文案最基本的作用。它具体阐述商品或服务的功能、特点、对消费者的承诺等信息,使消费者对商品或服务产生认知、兴趣、好感,进而引发他们的购买行为。

2. 表现广告创意

这是广告文案的又一重要职能。广告创意是关于广告信息如何表现的基本概念,广告文案和广告画面是这一概念的物化表现。只有通过恰当的文案和必要的画面,才能将广告的诉求内容传达给公众。

3. 塑造商品、服务或企业的形象

广告文案通过语言文字及其表达方式、表现风格等,包含着令公众切实可感的形象、意境,及由此引发的对商品、服务或企业的有益的联想,来塑造商品、服务或企业的形象,达到锦上添花,心领神会的功效。

4. 揭示广告内涵

广告表现形式包括视觉要素和听觉要素。视觉要素包括平面广告的图形、影视广告的画面和任何广告作品中的文字。听觉要素包括影视、广播广告中的语言、音乐和音响。为了防止不同公众对同一广告画面产生歧义或误解,违背广告信息传达的初衷,同时也为了突出广告主题,广告文案可以选用语言文字对广告画面的内涵进行限定,或刻意强调,以起到画龙点睛的作用。

此外，编排得当的广告文案与图形共同构成平面广告的形式美，电视广告文案与画面共同营造完美的视听效果等，其功能颇为多姿多彩。

第二节 广告文案的特点

一、真实、合法性

这是广告生存及有效的基础。《广告法》规定："广告应当真实、合法，符合社会主义精神文明建设的要求，广告不得含有虚假的内容，不得欺骗和误导消费者。"尽管广告允许适度的艺术加工，选取典型性的环境、情境和人物、事例，以及多种艺术手法，来增强表达效果，但其主要信息——关于企业、产品或服务的内容必须真实、准确。遵守社会公德和职业道德，按照《广告法》的有关规定，规范广告文案的写作，是广告文案的基本原则之一。

二、效益性

广告文案的效益性有两方面内容：一是经济效益。或以推销商品、介绍服务为目的，有效地刺激或诱发公众的消费欲望，促进销售或服务；或以树立企业形象为目的，引起公众对企业的认同感、亲近感和信任感；或以解决问题为目的（如招聘），使问题迎刃而解。二是社会效益。在当今社会，广告发挥着引导消费、创造时尚的巨大作用，对民族文化心理、社会价值取向（尤其是身心尚未成熟的少年儿童等）影响不可低估。

广告文案应该具有正确的价值取向、健康的审美情趣，达到经济效益、社会效益的有机结合，辩证统一。

三、独创性

广告是拒绝平庸的创作活动。广告文案的独创性表现为独具慧眼，别具一格两个方面：一是广告文案所传达的信息的独创性。要善于捕捉商品或服务的独到之处，将它们充分展示出来。这种独特之处并非一定是别人没有的，而在很多时候是别人尚未说过的。二是广告文案表现手法的独创性。它既可以通过文案的各个组成部分来体现，也可以通过文案的整体风格来反映。新鲜而有活力的独创性能使广告脱颖而出、引人入胜；相反，千篇一律、人云亦云则往往味同嚼蜡，令人生厌。

四、审美性

广告是一种特殊的信息传播方式，又是一项特殊的发现美、传播美的审美活动。商品匮乏、市场紧缺的时代早已过去，面对着日新月异的科学技术、琳琅满目的万千商品、功能广泛的便利服务，消费行为早已不再局限为单纯的实用目的，审美的动因与心理愈加突出。广告要吸引关注，刺激消费欲望，激发美感、领悟并享受美的愉悦必不可少,广告文案正承担着这一特殊功能。其审美性表现为:形象的生动性,情趣的感染性,品味的健康性等,即绘声绘色、具体形象、生动活泼、丰富多彩,或以情动人,或以理服人,意境优美,雅俗共赏。

五、简明性

简洁明快是时代的要求、广告的特长。在有限的时间、空间内,要取得最佳传播效果,必须通俗易懂,突出重点,以少胜多,冗长累赘、晦涩难懂必然遭遇公众的厌倦和反感。

第三节 广告文案的分类

按照不同的标准,广告文案可作不同的分类。

一、商业广告文案和非商业广告文案

(一)商业广告文案写作

商业广告文案写作即关于商业广告作品中的全部的语言文字部分的写作。是为了达到商业性的赢利的目的而进行的广告运作中的一部分。它包括产品促销广告文案写作、形象广告文案写作和观念广告文案写作。

(二)非商业广告文案写作

非商业广告文案写作即为了说服公众关注某一社会问题、公益问题或政治问题等而进行的广告文案写作。非商业广告文案的目的不是赢利,是将某一观念向受众进行传播以改变或消除某种不良观念。

二、不同媒介而形成的广告文案

(一)印刷媒体广告文案写作

印刷媒体广告文案写作即通过印刷媒体传播的广告文案所进行的写作。根据印刷媒体本身的特点,又分为大众印刷媒体和其他的印刷广告文案写作两种类型。

(1)大众印刷媒体广告文案写作包括报纸、杂志广告文案写作两种且占分量最多。

(2)其他的印刷媒体广告文案写作包括直邮、招贴、产品介绍手册、企业介绍样本、产品样本等文案写作。

(二)电波媒体广告文案写作

电波媒体广告文案写作即通过电波媒体传播的广告文案所进行的写作。在目前的情况下,电波媒体广告文案写作包括广播、电视广告文案写作,虽同属于电波媒体但两者有重要区别。广播广告文案写作以声音作为文案写作的研究对象,电视广告文案写作以声画合一、语言和文字作为双重的研究对象。

（三）户外广告文案写作

户外广告文案写作即通过户外广告媒体（包括霓虹灯、路牌等广告媒体）所传播的广告文案所进行的写作。

（四）展示广告文案写作

展示广告文案写作是为通过展示媒体传播的广告文案所进行的写作。展示广告媒体主要指的是那些供展览会、交易会等场所使用的看板、展示板等。

（五）销售现场广告文案写作

销售现场广告文案写作指为通过销售现场媒体传播的广告文案所进行的写作。销售现场广告媒体包括商店的装饰、现场展示橱窗、售货柜台等。

（六）网络广告文案写作

网络广告文案写作是为在网络上发布的广告文案所进行的写作。网络广告在目前阶段，多为旗帜广告、图标广告及简介体广告形式。

第四节 广告文案的结构和写法

典型的广告文案，包括标题、广告语、正文、附文四部分。

一、标题

广告标题是整个广告文案乃至整个广告作品的总题目，它将广告中最重要的、最吸引人的信息进行富于创意性的表现，以吸引受众对广告的注意力；它昭示广告中信息的类型和最佳利益点，使他们继续关注正文。美国广告大师大卫·奥格尔威所言："标题是大多数平面广告最重要的部分。它是决定读者是不是读正文的关键所在。读标题的人平均为读正文的人的5倍。"

广告标题按其内容与形式两个方面划分，有不同的结构及创作技巧。

根据广告标题的内容，可分为以下两种：

1. 直接标题

即直接显示商品名称、品牌、企业名称或正文要点。它简明、确切，使人一目了然，使用较为广泛。常见的有名称式，如"中华牌牙膏"；陈述式，如"××公司新潮服装展览"；报道式，如"××牌空气清洁空调闪亮登场"；祈使式，如"欢迎选用××牌电脑"；劝诱式，如"海尔冰箱为您着想"。

2. 间接标题

即不直接点明广告主题和广告宗旨，而采取委婉曲折、耐人寻味的方法，以吸引公众。常见的有颂扬式，如"文曲星虽小　功能不得了"；疑问式，如"今年送礼送什么"；抒情式，如"献给母亲的爱"（广东威力洗衣机）；描写式，如"春光明媚，处处有芳草"（芳草药物牙膏）；悬念式，如"自12月23日起，大西洋将缩小20%"（国外

××航空公司）；寓意式，如"做天下头等事业　用人间顶上功夫"（××理发公司）等等。

根据广告标题的编排形式可分为单一标题和复合标题两种。

1. 单一标题

即由一个广告标题构成。其结构可以是单词组、多词组或独立完整的单句，或两个及两个以上有逻辑关系的句子组成。

2. 复合标题

又称多重标题，指由引题、正题、副题组成的标题群。引题亦称眉题或肩题，通常在正题前面，用于说明信息意义或交代背景等；正题也叫主题或主标题，是复合标题的中心，用来传达需要标题点明的最主要信息；副题亦叫副标题，一般位于正题之后，对正题内容补充说明。如：

（引题）万科城市花园告诉您——

（正题）不要把所有的鸡蛋都放在同一个篮子里

（副题）购买富有增值潜力的物业，您明智而深远的选择

复合标题除正题必须出现外，可视具体需要省略引题或副题。

二、正文

正文是指广告文案中处于主体地位的语言文字部分。其主要功能是，展开解释或说明广告主题，将在广告标题中引出的广告信息进行较详细的介绍，对目标消费者展开细部诉求。广告正文的写作可以使受众了解到各种希望了解的信息，受众在正文的阅读中建立了对产品的了解和兴趣、信任，并产生购买欲望，促进购买行为的产生。

根据广告文案正文的表达方式，可分为：

记叙式广告正文。主要通过记叙产品的研制、开发、市场销售情况、企业发展历史和未来展望等来宣传企业和产品。它注重用事实说话、线索鲜明、过程清晰，具有较强的说服力。

描写式广告正文。以描写为主要表达方式，勾画出广告宣传的具体形象、状况、环境，既可用浓墨重彩，也可用白描传神，给人以身临其境，直观形象之感。

抒情式广告正文。立足于渲染一种浓烈的情感氛围，以情感人，诱导公众产生美好的联想，形成强烈的消费欲望。

论证式广告正文。强调理性分析，着眼证据确凿，论证有力，论点明确，有很强的逻辑性，使人折服。

说明式广告正文。抓住广告对象特征，用简要朴实的文字，或结合照片、图画、表格等介绍，比较客观、准确，通俗易懂。

在具体运用上，可以有机结合，灵活运用，以增强表达效果。

三、附文

又称随文。是广告不可缺少的附属性文字，一般在广告文案的结尾部分。向公众传达企业名称、地址、购买商品或接受服务的方法、必要的联系表格等。

四、广告语

又称广告口号、广告标语。它是广告中长期反复使用的一种简明扼要的口号性语句，突出概括商品、服务、企业的特征、宗旨、优势或文化精神观念等，有固定性、长期性、反复性、流行性等特点，旨在使公众增强对企业、商品或服务的深刻印象，达到潜移默化、树立长远的品牌优势等战略目标。广告语是广告中重要的组成部分。优秀的广告语可以改变或影响公众的消费观念，扩大商品、服务、企业的知名度，提高经济效益，乃至广为流传，对社会文化、时尚都有推波助澜的作用。

广告语的位置最自由，它可以独立出现在广告中任何部位。既能放在广告文案的最前面，也可替代标题，或置于正文中或附文后。

按照广告语内容、风格不同类型，其写作特点也各有差异。

1. 广告语内容的类型

展示优势型。以企业、商品或服务的优势为主要信息，包括技术、质量、性能、价格、销售渠道、服务项目等优势内容。如"上上下下的享受"（三菱电梯），"一切尽在掌握"（爱立信手机），"农夫山泉有点甜"，"我们发展电话，电话发展我们"（电话发展总公司）。

承诺利益型。向公众承诺使用商品或接受服务的利益、企业的宗旨、目标等。如"更干、更爽、更安心！"（宝洁·护舒宝），"真诚到永远！"（海尔），"让我们做得更好！"（菲利浦）。

唤起情感型。以亲情、友情、爱情、豪情等种种情感唤起公众的肯定与支持。如"养育之恩，何以回报？"（养生堂龟鳖丸），"不在乎天长地久，只在乎曾经拥有"（铁达时表），"男人就该有男人的样子！"（雄牌服装）。

号召行动型。直接号召公众参与或支持某项行动。如"享受清新一刻！"（可口可乐），"请你为明天着想"（保险公司）。

2. 广告语风格的类型

诗化风格。运用文学性语言、诗化意象，创造诗的意境，常体现在对仗结构的广告语中。如"钻石恒久远，一颗永留传"（迪比尔斯），"滴滴香浓，意犹未尽"（麦氏咖啡）。

口语风格。从日常生活的口语俗话中选择运用，具有通俗易懂、朗朗上口之特点。如"请喝可口可乐"（可口可乐），"不打不相识"（打火机），"万家乐　乐万家"（电器）。

宣言风格。使用郑重的语言和宣言式的表达方式。颇有震撼力、感召性。如"先天下之忧而忧"（IBM 公司 PC 机），"立马沧海，挑战未来"（杉杉集团）。

此外，按照美学的标准，广告语还可以分为豪放风格、婉约风格、雄浑风格、淡雅风格、幽默风格等等。

广告语的语言创作，可运用比喻、比拟、对偶、排比、夸张、顶针、谐音、双关、反问、重叠等多种修辞手法。

第五节　广告文案的写作要求

一、广告信息的表现要来源于客观的现实存在

广告文案中要向广告受众传达的广告信息必须来源于客观真实的存在。特别是有关企业、产品、服务的内容、形式、质量、功能、价格、承诺等能给予消费者服务和利益的，广告主借此以说服消费者产生消费行为的内容，必须是真实的、客观存在的。任何在头脑中臆想出来的广告信息、广告承诺和广告利益点都是违反真实性原则的。

二、广告文案写作要具感召力和鼓动性

广告文案的终极目的是市场推广和促销，因此，它需要具有某种魅力，以此打动受众、感染受众、说服受众，让受众乐于接纳，被广告文案所鼓舞，不知不觉地接受广告的产品定位，继而采取购买行动，这便是广告文案创作的重要使命。

三、广告文案写作要突出个性

广告文案应与商品、服务、企业形象的优特点及独到的个性相联系，支持较长期的广告目标，结合广告卖点与广告主题，强调商品、服务及企业的独特和优越之处，强化视听觉印象，塑造商品及品牌的鲜明个性。在突出个性的过程中，可采用一语双关、旧词新意的表现手法，便能做到既搭乘文化传统的船又不失品牌个性的航道。

四、广告文案写作要反映新价值观

广告文案也是大众流行文化的一部分，追求新颖和时尚是大多数人的需要。所以作为承载和体现大众文化的广告文案，绝不仅仅是对某一产品的具体反映，而应具有前瞻性，把握住社会发展的脉搏，反映出时代的新概念、新价值观。

五、广告文案写作要短小精悍

由于广告文案的设定与使用的目的，是为了在反复不变的传播中使受众对商品、服务或企业形象留下鲜明而强烈的印象，因此，广告文案口号要简洁、精练、明了易懂，使受众便于理解和记忆。

例文1

(《中国广告》2001年第3期,第95页)

标题:五丰正宗"南瓜饼"

正文:三斤南瓜一斤饼,做工地道手艺精,锅里上下翻筋斗,黄袍加身传美名。

广告语:三斤南瓜一斤饼

评析:这则广告以暗黄色为衬底,标题为暖红色,其中"五丰""南瓜饼"五个字字体很大,以突出品牌。画面以水墨画笔调表现古代一位农民肩挑两个特大南瓜而行,广告文案是一首古老的民谣,这一切都体现了一种复古风格和怀旧的情绪,带给人一种乡土气息,充分体现了"五丰行"这一品牌的悠久历史,及其传统正宗特色。

例文2

INTEL 奔腾处理器报纸广告:"得'芯'应手"文案

标题:得"芯"应手

正文:一部高效率的超级个人电脑,必须具备一片高性能的快速处理器,才能得"芯"应手地将各种软件功能全面地发挥出来。

INTEL 现率先为您展示这项科技成就,隆重推出跨时代的奔腾处理器。

它的运算速度是旧处理器的8倍,能全面缩减等候时间,大大增加您的工作效率。

除此之外,它能与市面上各种电脑软件全面兼容,从最简易的文字处理器到复杂的 CD—ROM 多媒体技术应用,它均可以将这些软件的工作效率发挥得淋漓尽致,而它的售价却物超所值。

若想弹指之间完成工作,您的选择必然是奔腾处理器。

广告语:INTEL 奔腾处理器,给电脑一颗奔驰的"芯"。

例文 3
美国西格纳财产和伤亡保险公司的企业广告文案

标题:200 年来,灾害一个接一个

正文:1798 年加勒比海船只失事

　　　1835 年纽约船坞大火

　　　1871 年芝加哥大火

　　　1889 年约翰斯敦水灾

　　　1906 年旧金山地震和大火

　　　1938 年新英格兰飓风

　　　1947 年纳布拉斯卡龙卷风

　　　1955 年康涅狄格水灾

　　　1971 年洛杉矶地震

　　　1980 年华盛顿火山爆发

　　　1987 年艾奥瓦龙卷风

　　　1989 年胡戈飓风

　　　1989 年旧金山地震

　　天灾人祸一直是保险行业兴起的根源。灾害是生活中的严酷现实。在以往 200 年里,CIGNA 财产和伤亡保险公司处理了几千家公司的保险业务。保险公司的财源和专长使它们有能力支付世界上最严重的一些灾害所造成的损失,履行他们的诺言。但是最小的灾害对于受害的公司来说也是损害巨大的。大火,管道破裂,屋顶倒塌,我们所处理的事务比我们在一千个广告中所介绍的还要多。我们对所有参加保险的单位都是以诚相待、一视同仁的。不幸的是灾害总是伴随着我们,我们不知道下一个灾祸会降临在何处,也不知它是大是小。但是有一点是明确的,哪儿有灾害,我们将会在哪里。我们赔偿它带来的后果。

随文:(略)

思考与练习

1. 什么是广告文案？它有哪些作用？
2. 广告文案有何特点？
3. 举例说明广告文案的分类。
4. 结合例文，指出广告文案的结构及写法。
5. 试分析各篇例文的创作特色，体会广告文案的写作要求。
6. 联系实际，为学校、班级有关活动或比赛撰写一则广告文案。

第二十章 说 明 书

第一节 说明书的概念和作用

一、说明书的概念

说明书是用以对商业产品、工程、产品设计、图书报刊、影视戏剧、文艺演出、旅游览胜以及各种博览、展销活动作介绍、说明的一种文体。

二、说明书的作用

(一)传播科学文化知识,推动新生事物发展

随着经济繁荣和科技的发展,各种新产品、新技术、新服务项目层出不穷,说明书在传播时代信息、普及科学文化知识等方面的作用日益广泛。

(二)是商品经营者提供质量、保证义务的根据

法律规定生产者负有保证产品内在质量的义务,包括明示担保义务和默示担保义务,而事实上商品使用说明书便是生产经营者的明示担保义务事项之一,是商家对消费者的一种承诺。商品的生产经营者除了执行国家强制性标准(默示担保)外,还应以商品说明书向消费者约定该商品应有的质量、性能,这就意味着必须保证生产出的商品与此约定的内容保持一致,否则,消费者有权要求降价、退货、赔偿损失等。比如,羊毛衫上标明含绒量100%,即俗称"纯羊毛",尽管含绒量50%的也是羊毛衫,但只要商家作出这种明示,那么也就应当承担所约定的质量义务。如果实际上是混纺的羊毛衫,消费可以要求降价、退货等。

(三)帮助读者了解商品信息,完善消费行为

说明书对商品或服务内容进行客观的介绍、科学的解释,使读者了解并掌握商品或服务项目的特点、用途等。如果,消费者未按使用说明书进行操作或使用,因此所造成的损失,责任一般由消费者自负。所以,消费者在购买、使用商品时,要注意使用说明书,促成良好的、正确的消费行为,这样才能减少因"使用不当"给自己造成的损失。

(四)有益于企业推广产品或服务,扩大社会影响

说明书兼有广告宣传的性质,它既可以同产品或服务一起走入千家万户,也可

以机动灵活地分发赠送，且内容的阐述更具体、客观、周到，对企业推广产品或服务，扩大品牌知名度等，都有不可替代的作用。

三、说明书与广告的比较

说明书与广告的相同之处：在介绍商品或服务项目的性能、效果、特点等方面都能起到宣传、告知作用，均有吸引注意力、引导消费、提高品牌知名度等目的及功效。

说明书与广告的不同之处：

（一）发布形式上

广告一般需付费并通过一定媒介和形式直接或间接地介绍、推销商品或服务；参与者除广告主外，还须有广告经营者等，按《广告法》的规定，还必须订立书面合同，有规范的运作要求等。而说明书相对自由灵活。一般由企业独立撰写印刷，随商品赠送，往往是商品或服务项目不可缺少的附件之一，也可以作为宣传资料，在顾客消费前予以分发，如影视剧说明书、展览会说明书、银行存贷说明书等。

（二）发布内容上

广告简明扼要、不拘一格；说明书面面俱到、深入细致。广告突出艺术性、感染力；说明书注重实用性、科学性。

（三）表现手法上

广告手法丰富多彩，生动活泼，更强调创意新颖，表现独特，以刺激消费者购买欲望；说明书则以文字说明为主，朴实无华，冷静客观地阐述，以帮助消费者正确地使用和保养商品或选择并掌握服务项目。

第二节　说明书的特点和分类

一、说明书的特点

（一）内容科学性

科学性的要求是实事求是。说明书对产品或服务项目的介绍应恰如其分，准确客观，做到概念明确、使用程序等正确，不能为了达到推销目的而夸大其词，表达上要精准明了、周全细致。

（二）顺序条理性

要根据介绍对象的特点、性质，遵循一定的程序，或按商品的生产过程及相互关联的程序，或按用户认识商品或服务项目的递进次序，或按使用操作顺序等，有条理地依次分列清楚，使消费者逐一了解并掌握相关知识，在选择或使用、保管上准确有序。

（三）说明通俗性

说明书以通俗浅显的文字说明为主，一般不需要形容、描写等文学手段，尽量不用或少用专门术语。为了加强说明的形象直观性，可配以适当的图表、绘画或照片，以达到明白易懂，便于理解。

二、说明书的分类

说明书应用广泛，划分标准不一。根据说明对象的行业不同，可分成工业品说明书，农产品说明书，科技产品说明书，商业服务说明书，金融、保险服务说明书，游览观光说明书、影视剧说明书等等。根据表达形式的不同，分为条款式说明书，文字图表说明书等。根据说明的需要不同，分详细说明书，简要说明书。根据使用语种的不同，分中文说明书、外文说明书、中外文对照说明书等。

第三节 说明书的格式

一、标题

商品说明书常见的标题有三种：

1. 直接以文种作标题。例如《商品说明书》《产品说明书》《使用说明书》《使用指南》等。
2. 仅以商品名称作标题。例如《三九胃泰》《紫光扫描仪》等。
3. 以商品名称加文种作标题。例如《盖中盖口服液产品说明书》《昂立一号口服液产品说明书》等。

二、正文

正文是商品说明书的核心部分，各种商品不同，需要说明的内容也不同，有的说明商品的用法，有的说明商品的功能，有的说明其构造，有的说明其成分等，千差万别，各有侧重。例如食品说明书重在说明其成分，使用方法及保质期限；药物说明书重在说明其构成成分，基本效用及用量；电器说明书重在说明其使用和保养方法等。说明书的写作一般包括以下几个方面的内容：

1. 产品的概况（如名称、产地、规格、发展史、制作方法等）。
2. 产品的性能、规格、用途。
3. 安装和使用方法。
4. 保养和维修方法。
5. 附件、备件及其他需要说明的内容。

以上的内容，可以根据实际需求取舍详略和变动前后顺序。正文的写法有多种多样，常用写法如说明文式、条文式、对话式、表格式、故事式、解释式等，比较常见的有概述式、短文式、条款式、图文结合式。

1. 概述式。一般只有一两段文字,简明扼要地对商品作概括介绍。

2. 短文式。对商品的性质、性能、特征、用途和使用方法作简要介绍,多用于介绍性的内容说明,常用商品多采用这种方法。

3. 条款式。这是详细介绍商品的说明书的写法。它分成若干个部分,将有关商品的规格、构造、主要性能和指标参数、保养方法、维修保修方式逐一分条列项介绍给消费者。常用的家用电器说明书多采用这种方式。

4. 图文综合式。即图文并茂地介绍商品。既有详尽的文字说明,又有照片和图示解说,辅之一电路图、构造图、分子式(医药)等等。这种商品的说明书往往印成小册子作为商品附件。

三、落款

落款要写明产品的制造厂家的名称、地址、邮编、E-mail 地址、电话、传真、电挂及产品的批号、生产日期、优质级别等。不同的商品说明书,落款的项目有所不同,应根据实际需要落款。

第四节 说明书的写作要求

一、科学性

尤其是技术性强、事关生命安全、财产安危的,如日用电器、药品、化工品农药等;或新产品、进口品;或结构精致、代价昂贵、操作和保养维修较为复杂的产品,如电脑、家用高档品等等,说明必须正确无误,一丝不苟。同时,也要注意因用词不恰当或语义含混而影响表达效果。

二、条理性

应全面、深入、细致地介绍所有相关内容,不可遗漏或疏忽,要注意条理分明,前后有序。

三、通俗性

要考虑到阅读对象的大众化,尽可能将专业化的说明书写得深入浅出,有助于读者认知、接受。

四、统一性

面对新技术、新产品、进口品等,会有不少新概念、新词语或专业符号,应尽量使用规范化的解释,统一的文字说明,避免因理解不同产生麻烦。

五、直观性

有的说明书为了更好地增强直观感,表示文字难以说清的内容,克服文字冗长呆板的弊病,常辅之以图解。以此,图表文字有机结合,使其更形象、更醒目,方便消费者使用。

例文 1

散 利 痛 片
使 用 说 明 书

正　　名　散利痛片
英文名　Compound Propyphenazoni Tablets
[成　　分]　每片含对乙酰氨基酚(扑热息痛)250毫克,异丙安替比林150毫克,咖啡因50毫克。
[性　　状]　本品为白色片。
[药理作用]　本品为解热镇痛药,对乙酰氨基酚和异丙安替比林系通过抑制中枢神经系统的前列腺素的合成产生镇痛作用;解热作用系通过下视丘体温调节中枢而起作用。咖啡因能增强镇痛效果。
[适 应 症]　适用于头痛、牙痛、神经痛、月经痛、肌肉痛及风湿痛、发热等。
[用法与用量]　口服,成人每次1～2片,6岁以上儿童每次1/2～1片。一日3次。
[不良反应]　一般在常用剂量下可耐受,在极个别的情况下可引起皮肤过敏症(红疹,荨麻疹)。
[禁 忌 症]　严重肝肾功能不全,溶血性贫血及对本品某一成分过敏者禁用,学龄前小儿不宜服用。
[注意事项]　本品不宜长期或大剂量服用,服药期间应忌酒。
[贮　　藏]　遮光,密封保存。
[包　　装]　铝塑包装。10片/盒;20片/盒。
[有 效 期]　5年
[批准文号]　沪卫药准字(1995)第203001号

药物请勿放置于儿童容易接触之地方

制 造 商　上海罗氏制药有限公司
地　　址　上海浦东龙东大道1100号
邮政编码：201203
电　　话：021-50801888×2116

例文 2

××微波炉使用方法

一、微波炉用具的选择

(一)可用品

1. 耐热性玻璃容器：最适合微波炉使用和加热的容器,透明性好,烹调时食物一目了然,并可直接上餐桌。

2. 陶、瓷器:贴有微波炉适用标签的一般陶瓷、砂锅等均可使用。但有金、银装饰或饰有彩釉的容器不能使用。

3. 耐热性塑料容器:许多特殊的塑料是为微波炉使用而制造的,它们也是较理想的微波餐具。

4. 保鲜膜:能适用于微波炉使用的耐热高温保鲜膜,可用来包裹蔬菜,防止水分蒸发,但不可直接用来包裹肉类及油炸食物。

5. 铝箔纸:利用微波不能透过的原理,可以限制过分加热,如包裹鱼尾,鸡腿端部等。但使用时,请确保铝箔纸与炉内壁距离不少于20毫米。

(二)不可用品

1. 金属容器:不能用于微波炉,因微波不能穿透铝箔、不锈钢等金属容器。

2. 不耐热塑料及玻璃器皿(如雕花玻璃及钢化玻璃):耐热性差,不能用于微波炉的高温烹调。

3. 漆器:不能用于微波炉。因油漆可能会因高温而脱落。

4. 木、竹和纸质品:耐热性差,不能用于微波炉的高温烹调。

二、结构示意图(略)

提示:

1. 经解冻的食物请尽快烹调或食用,不宜再放入冰箱内冷冻。

2. 解冻厚的食物,请注意在时间过半时翻转食物,以取得良好的解冻效果。

3. 冷冻的生肉、鱼要除去包装放在容器内解冻,最好将其切成2.5~5厘米见方,并摆放整齐,更能改善解冻效果。

4. 如冷冻馅饼、奶油、饼干等易碎食品,只适宜用微波炉稍稍解冻,取出后置于室温下自然解冻。

5. 微波解冻后,请放置一段时间再加工,这是因为食品内部的解冻仍需要一个过程。

三、功能介绍

插上电源。微波炉接通电源后,蜂鸣器叫一声,程序进入演示状态。按"取消"键退回,返回待机状态。

常用功能介绍

1. 微波烹调

微波烹调具有5档微波火力,周期$T=22$秒。

(1)按"微波"键,选择相应的微波功率;

(2)按"10分""1分""10秒"键,调整烹调时间,最大烹调时间为99分90秒;

按键次数	1	2	3	4	5
火　　力	100%	80%	50%	30%	10%
显　　示	P100	P80	P50	P30	P10
接通时间(s)	22	18	12	8	4

(3) 按"开始"键,烹调开始;

(4) 在运行过程中按"开始/＋30秒"键,烹调时间增加30秒,火力不变。

2. 光波脆烤/组合烧烤

……

注意:烧烤时间运行到设定时间的一半时,蜂鸣器鸣叫二声,提醒开门翻转食物。

3. 快捷营养菜单

(1) 按蒸鱼、蒸水蛋、蒸排骨、蒸红薯、蒸海鲜、冷冻食品、牛奶/咖啡、翻热面包、煮米饭、蔬菜、营养汤、炖鸡、烤鸡翅、烤肉串任意"营养菜单"键,可直接显示菜单的分量;选择菜单时,相应的烹调标志点亮;

(2) 按"开始/＋30秒"键开始烹调,相应的烹调标志闪烁。

注意:烧烤菜单运行到设定时间的2/3时,蜂鸣器鸣叫二声,提醒开门翻转食物。

4. 快速烹调

在待机状态,按"开始/＋30秒"键,可立即启动30秒、100%微波火力烹调,每按一下可增加30秒烹调时间,最大烹调时间99分50秒。

5. 多段烹调

(1) 最多可输入三段烹调;

(2) 若三段烹调中有一段为解冻烹调,则解冻烹调建议放在第一段。

注意:

(1) 每段烹调完毕蜂鸣两声;

(2) 自动菜单烹调、电子除味等都不适合作为多段烹调之一。

6. 快速解冻

(1) 按"快速解冻"键,显示默认重量;

(2) 再按"快速解冻"键,可选择不同分量;

(3) 按"开始"键,解冻开始。

注意:解冻到一半时需翻转食物。

思考与练习

1. 什么是说明书？它有哪些作用？
2. 说明书与广告有何异同？
3. 说明书在写作上有什么要求？
4. 分析例文1和例文2各自的写作特色。
5. 试为学校或单位举办的展览会或竞赛活动写一份说明书。

第二十一章 审计报告

第一节 审计报告概述

一、审计报告的性质

根据《中国注册会计师审计准则第1501号——对财务报表形成审计意见和出具审计报告(2010年11月1日修订)》(以下简称准则)中第二章第八条所说："审计报告,是指注册会计师根据审计准则的规定,在执行审计工作的基础上,对财务报表发表审计意见的书面文件。"根据准则,凡上市股份有限公司和从事金融、证券、期货的公司;从事保险、创业投资、验资、评估、担保、房地产经纪、出入境中介、外派劳务中介、企业登记代理的公司;注册资本实行分期缴付未全额缴齐的公司;三年内有虚报注册资本、虚假出资、抽逃出资违法行为的公司;外商投资企业及分支机构一律要做年度审计报告,用报告作其他特殊用途的公司。

二、审计报告的作用

(一)评价作用

审计报告必须对被审单位的有关审计项目作出客观、公正的评价,如对企业各项内部控制制度是否健全、有效作评价;对会计账目是否真实地反映了企业经营的全过程作评价;对各项财务收支是否合理合法、经营盈亏的计算是否准确作评价;对各项经济活动有无违反国家法规、纪律作评价;对会计处理是否符合规定作评价等。通过评价,反映被审单位或其他有关人员的真实情况,也有助于其主管部门及其他与之有经济联系的部门和股东了解掌握其经营情况。

(二)鉴证作用

注册会计师在审计的时候,是以独立的第三者身份,站在客观公正的角度,对被审计单位的会计报表的合法性、公允性发表意见,作出评价,从而具有鉴证的作用,故能得到社会各界的普遍认可。政府有关部门,如财政税务部门等以及股份制企业的股东,也以注册会计师作出的审计报告作为主要依据,来了解掌握企业的财务状况、经营成果和现金流量等情况。

(三) 保护作用

注册会计师通过审计,可以对被审单位出具不同类型审计意见的审计报告,以提高或降低会计报表信息使用者对会计报表的信赖程度,能够在一定程度上对被审单位的财产、债权人和股东的权益及企业利害关系人的利益起保护作用。

(四) 证明作用

审计报告是注册会计师授权被审单位的会计报表进行严格的审核检查后,作出客观公正的评价。一方面,一个单位的会计报表,只有经过审计鉴证后,才能证明该单位的会计报表的合法性和真实性。另一方面,通过审计报告,可以证明注册会计师在审计过程中是否完成预定的审计程序,是否以审计工作底稿为依据客观地表示审计意见;表示的审计意见是否与被审单位的实际情况相一致;审计工作的质量是否符合一定的要求。即通过审计报告,可以证明注册会计师审计责任的履行情况。

三、审计报告的种类

审计报告可以从不同的角度进行分类。

(一) 按审计报告的性质分

按审计报告的性质分可分为标准审计报告和非标准审计报告。

标准审计报告是指不含有说明段、强调事项段、其他事项段或其他任何修饰性用语的无保留意见的审计报告。包含其他报告责任段,但不含有强调事项段或其他事项段的无保留意见的审计报告也被视为标准审计报告。

非标准审计报告是指带强调事项段或其他事项段的无保留意见的审计报告和非无保留意见的审计报告。非无保留意见的审计报告包括保留意见的审计报告、否定意见的审计报告和无法表示意见的审计报告。

(二) 按审计报告的详简程度分

按审计报告的详简程度分可分为简式审计报告和详式审计报告。简式审计报告,又称短式审计报告。它是指注册会计师对应公布的会计报表进行审计后所编制的简明扼要的审计报告。简式审计报告所反映的内容是非特定多数的利害关系人共同认为必要的审计事项,它具有记载法规或审计准则所规定的特征,属于标准的审计报告。详式审计报告又称长式审计报告,它是指对审计对象所有重要事项都要做详细说明和分析的审计报告。详式审计报告一般适用于非公布目的,具有非标准审计报告的特点,主要用来帮助企业改善经营管理服务的。

此外,审计报告还可根据审计的内容分,可分为财政财务审计报告、经济效益审计报告、验资和验证审计报告等;按审计报告的写作对象分,可分为外部审计报告和内部审计报告;按审计实施时间分,可分为事前审计和事后审计报告,以及年度会计报表和中期会计报表审计报告。

第二节　审计报告的基本要素、类型与适用范围

一、审计报告的基本要素

根据《准则》第四章第三节规定，审计报告的基本内容及报告应当包括八项要素：

（一）标题

审计报告的标题应当统一规范为"审计报告"。

（二）收件人

审计报告的收件人是指注册会计师按照业务约定书的要求致送审计报告的对象，一般是指审计业务的委托人。审计报告应当载明收件人的全称。

（三）引言段

根据《准则》第四章第二十六条规定，审计报告的引言段应当说明下列内容：

1. 已审计会计报表的名称；
2. 说明财务报表已经审计；
3. 指出构成整套财务报表的每一财务报表的名称；
4. 提及财务报表附注，包括重要会计政策概要和其他解释性信息；
5. 指明构成整套财务报表的每一财务报表的日期或涵盖的期间。

（四）管理层对财务报表的责任段

根据《准则》第四章第二十七——二十九条规定，审计报告应当包含标题为"管理层对财务报表的责任"的段落。管理层对财务报表的责任段描述被审计单位中负责编制财务报表的人员的责任。管理层对财务报表的责任段应当说明，编制财务报表是管理层的责任，这种责任包括：一是按照适用的财务报告编制基础编制财务报表，并使其实现公允反映；二是设计、执行和维护必要的内部控制，以使财务报表不存在由于舞弊或错误导致的重大错报。

（五）注册会计师的责任段

《准则》第四章第三十一条规定，注册会计师的责任段应当说明下列内容：

1. 注册会计师的责任是在执行审计工作的基础上对财务报表发表审计意见。
2. 注册会计师按照中国注册会计师审计准则的规定执行了审计工作。中国注册会计师审计准则要求注册会计师遵守中国注册会计师职业道德守则，计划和执行审计工作以对财务报表是否不存在重大错报获取合理保证。
3. 审计工作涉及实施审计程序，以获取有关财务报表金额和披露的审计证据。选择的审计程序取决于注册会计师的判断，包括对由于舞弊或错误导致的财务报表重大错报风险的评估。在进行风险评估时，注册会计师考虑与财务报表编

制和公允列报相关的内部控制,以设计恰当的审计程序,但目的并非对内部控制的有效性发表意见。审计工作还包括评价管理层选用会计政策的恰当性和作出会计估计的合理性,以及评价财务报表的总体列报。

4. 注册会计师相信获取的审计证据是充分、适当的,为其发表审计意见提供了基础。如果结合财务报表审计对内部控制的有效性发表意见,注册会计师应当删除本条第一款第(三)项中"但目的并非对内部控制的有效性发表意见"的措辞。

(六)审计意见段

《准则》第四章第三十三条规定,如果对财务报表发表无保留意见,除非法律法规另有规定,审计意见应当使用"财务报表在所有重大方面按照[适用的财务报告编制基础(如企业会计准则等)]编制,公允反映了……"的措辞。

第三十四条　如果在审计意见中提及的适用的财务报告编制基础不是企业会计准则,而是国际财务报告准则、国际公共部门会计准则或者其他国家或地区的财务报告准则,注册会计师应当在审计意见段中指明国际财务报告准则或国际公共部门会计准则,或者财务报告准则所属的国家或地区。

第三十五条　除审计准则规定的注册会计师对财务报表出具审计报告的责任外,相关法律法规可能对注册会计师设定了其他报告责任。如果注册会计师在对财务报表出具的审计报告中履行其他报告责任,应当在审计报告中将其单独作为一部分,并以"按照相关法律法规的要求报告的事项"为标题。

第三十六条　如果审计报告包含"按照相关法律法规的要求报告的事项"部分,审计报告应当区分为"对财务报表出具的审计报告"和"按照相关法律法规的要求报告的事项"两部分。本准则第二十六条至第三十四条提及的标题和段落属于第一部分,置于"对财务报表出具的审计报告"标题下;"按照相关法律法规的要求报告的事项"属于第二部分,置于"对财务报表出具的审计报告"部分之后。

第三十七条　注册会计师出具非标准审计报告时,应当遵守《中国注册会计师审计准则第 1502 号——在审计报告中发表非无保留意见》《中国注册会计师审计准则第 1503 号——在审计报告中增加强调事项段和其他事项段》和本准则的相关规定。

(七)注册会计师的签名和盖章

(八)会计师事务所的名称、地址和盖章

(九)报告日期

《准则》第四章第四十条规定,审计报告应当注明报告日期。审计报告的日期不应早于注册会计师获取充分、适当的审计证据,并在此基础上对财务报表形成审计意见的日期。

二、审计报告的类型与适用范围

审计报告是注册会计师根据独立审计准则的要求，在实施了必要的审计程序后出具的，用于对被审计单位年度会计报表发表审计意见的书面文件。审计报告一般包括标题、收件人、范围段、意见段，签章、会计师事务所地址和报告日期等基本内容。

注册会计师根据审计结果和被审计单位对有关问题的处理情况，形成不同的审计意见，出具四种基本类型审计意见的审计报告。

（一）无保留意见的审计报告

无保留意见是指注册会计师对被审计单位的会计报表，依照中国注册会计师独立审计准则的要求进行审查后确认：

1. 被审计单位采用的会计处理方法遵循了会计准则及有关规定；会计报表反映的内容符合被审计单位的实际情况；

2. 会计报表内容完整，表述清楚，无重要遗漏；报表项目的分类和编制方法符合规定要求，因而对被审计单位的会计报表无保留地表示满意。

无保留意见意味着注册会计师认为会计报表的反映是合法、公允和一贯的，能满足非特定多数利害关系人的共同需要。

（二）保留意见的审计报告

保留意见是指注册会计师对会计报表的反映有所保留的审计意见。注册会计师经过审计后，认为被审计单位会计报表的反映就其整体而言是恰当的，但还存在着下述情况之一时，应出具保留意见的审计报告：

1. 个别重要财务会计事项的处理或个别重要会计报表项目的编制不符合《企业会计准则》和国家其他有关财务会计法规的规定，而且被审计单位拒绝进行调整；因审计范围受到局部限制，无法按照独立审计准则的要求取得应有的审计证据；

2. 个别会计处理方法的选用不符合一贯性原则。

（三）否定意见的审计报告

否定意见是指与无保留意见相反。认为会计报表不能合法、公允、一贯地反映被审计单位财务状况、经营成果和现金流动情况。注册会计师经过审计后，认为被审计单位的会计报表存在下述情况时，应当出具否定意见的审计报告：

1. 会计处理方法的选用严重违反《企业会计准则》和国家其他有关财务会计法规的规定，被审计单位拒绝进行调整；

2. 会计报表严重歪曲了被审计单位的财务状况，经营成果和现金流动情况，而且被审计单位拒绝进行调整。

(四)无法表示意见的审计报告

无法表示意见是指注册会计师说明其对被审计单位会计报表的合法性、公允性和一贯性无法发表意见。注册会计师在审计过程中,由于审计范围受到委托人、被审计单位或客观环境的严重限制,不能获取必要的审计证据,以致无法对会计报表整体反映发表审计意见时,应当出具无法表示意见的审计报告。

当出具否定意见的审计报告时,注册会计师应当在意见段中使用"由于上述问题造成的重大影响""由于受到前段所述事项的重大影响"等专业术语。

如果审计范围受到限制可能产生的影响非常重大和广泛,不能获取充分、适当的审计证据,以致无法对会计报表发表意见,注册会计师应当出具无法表示意见的审计报告。

当出具无法表示意见的审计报告时,注册会计师应当删除引言段中对自身责任的描述以及范围段,并在意见段中使用"由于审计范围受到限制可能产生的影响非常重大和广泛""我们无法对上述会计报表发表意见"等专业术语。

第三节 审计报告的写作要求

一、事实数据真实准确

确凿无误的事实和数据资料是审计人员作出正确评价、出示意见的依据,也是审计报告真实有效的保证,故在撰写报告时,必须认真核实有关的数据资料,做到准确无误,没有疑义。对于未经查实或证据不足的数据和事实,不能轻率地写入审计报告中,否则,一旦有误,便会给被审单位、相关人员造成不良影响,甚至对有关投资者产生误导,作出错误决策,造成经济损失,也难以使审计报告达到客观公正的要求。

二、评价意见客观公正

评价意见的客观公正是审计报告的价值所在。要做到这一点,在撰写审计报告中,对任何的评价、提出的意见都应以法规政策和事实为依据。尤其是对存在问题必须找出其违背的法规政策条文规定加以明确。对一些暂无法规政策规定的问题,应当在认真研究问题实质的基础上,请示上级或有关职能部门,作出既不违背国家政策又能符合事实的客观评价意见,而不能自作主张、自以为是地评价。更不能为某种利益驱动,或趋附某些权势之人,隐瞒事实真相,徇私枉法,作出不符事实的评价意见。

三、语言表达严谨简洁

审计报告的写作在表达方面:首先,要注重行文的简洁和直截了当。要善于归纳概括事实,而不必对事实作周到、详尽的阐述,不涉及与内容不相干或无甚联系的话题。其次,要注重行文条理清晰、内在联系紧凑。第三,要注重措辞的谨严和慎重。审计报告是一种十分严肃的文种,故其写作措辞一定要字斟句酌,考虑周到,表意准确,褒贬得当,并应当使用《准则》中强调的四种不同类型报告的专业术语,如"在所有重大方面公允反映了""由于上述问题造成的重大影响""由于受到前段所述事项的重大影响""由于审计范围受到限制可能产生的影响非常重大和广泛""我们无法对上述会计报表发表意见"等。

在出具意见的审计报告中,有一些语言不宜出现,如"严重违纪""极其严重违反了财经纪律""手段非常恶劣"等较严重的定性语言,而用一些"无法证实""不符合""不能适当地"等中性语言较为妥帖,任何过激过甚或随意上纲上线的言辞都会给他人造成不良影响及后果。

例文1(无保留意见审计报告)

审 计 报 告

×××生物制药股份有限公司全体股东:

我们审计了后附的×××生物制药股份有限公司(以下简称贵公司)20××年12月31日的资产负债表和合并资产负债表、20××年度利润表及利润分配表和合并利润表及利润分配表、20××年度现金流量表和合并现金流量表。这些会计报表的编制是贵公司管理当局的责任,我们的责任是在实施审计工作的基础上对这些会计报表发表意见。

我们按照中国注册会计师独立审计准则计划和实施审计工作,以合理确信会计报表是否不存在重大错报。审计工作包括在抽查的基础上检查支持会计报表金额和披露的证据,评价管理当局在编制会计报表时采用的会计政策和作出的重大会计估计,以及评价会计报表的整体反映。我们相信,我们的审计工作为发表意见提供了合理的基础。

我们认为,上述会计报表符合国家颁布的《企业会计准则》和《企业会计制度》的规定,在所有重大方面公允地反映了贵公司20××年12月31日的财务状况以及20××年度的经营成果和现金流量情况。

×××会计师事务所有限公司　　　　　中国注册会计师:林××
中国　北京　　　　　　　　　　　　中国注册会计师:袁××
　　　　　　　　　　　　　　　　　二○××年五月十九日

例文 2（否定意见的审计报告）

审 计 报 告

××股份有限公司全体股东：

　　我们审计了后附的××股份有限公司（以下简称××股份公司）20××年12月31日的资产负债表以及20××年度的利润表和现金流量表。这些会计报表的编制是××股份公司管理当局的责任，我们的责任是在实施审计工作的基础上对这些会计报表发表意见。

　　20××年度××股份公司的经营活动陷于停顿状态，××股份公司对子公司及联营公司的生产经营活动失去控制或未做到施加重大影响，截至20××年12月31日止，公司流动负债总额超过流动资产总额高达 45 724 万元，累计亏损 60 652 万元，净资产为－1 902 万元。发生大量涉诉经济纠纷，且尚无明确的债务重整计划。凡此种种原因令××股份公司持续经营存在重大不确定性。××股份公司的会计报表系假设××股份公司可以持续经营而编制的，并未包括倘若××股份公司无法持续经营，而就有关资产和负债的金额及分类所需做出的调整。

　　我们认为，由于上述问题造成的影响重大，我们无法对××股份公司上述依据持续经营假设编制的 20××年度会计报表发表审计意见。

×××有限责任会计师事务所　　　　　　　中国注册会计师：刘××
　山东　济南　　　　　　　　　　　　　　中国注册会计师：王××
　　　　　　　　　　　　　　　　　　　　　　二〇××年四月廿五日

例文 3（无法表示意见的审计报告）

审 计 报 告

福建省××投资股份有限公司全体股东：

　　我们接受委托，对后附的福建省××投资股份有限公司（以下简称××投资公司）20××年12月31日的资产负债表和合并资产负债表、20××年度的利润及利润分配表和合并利润及利润分配表，以及2005年度的现金流量表和合并现金流量表进行审计，这些会计报表的编制是××投资公司管理当局的责任。

　　1. 截至20××年12月31日止，××投资公司应收款项账面余额合计为 51 416.79 万元，其中，应收已确定的关联方和前股东单位款项以及账龄已逾3年的应收款项分别为 38 353.79 万元和 49 489.40 万元；××投资公司对上述应收款项按个别认定法并结合余额百分比法提取的坏账准备合计为 34 725.82 万元，但我们无法获取充分、适当的审计证据，对××投资公司上述应收款项之真实性和可回收性以及已提取坏账准备之合理性作出专业判断。

2. 根据××投资公司编制的20××年度会计报表,××投资公司20××年12月31日的股东权益为－43 478.62万元。其主要经营性资产处于被抵押、冻结和查封状态,并存在大量逾期未偿还债务及已经法院判决须承担连带偿债责任的对外担保,财务状况已明显恶化。此外,××投资公司的主营业务已严重萎缩,可供经营活动支出的货币资金严重短缺,且可能无法偿还债务,××投资公司的持续经营能力存在重大不确定性。截至本报告日止,××投资公司亦未能就改善财务状况和增强持续经营能力的相关措施提供充分、适当的证据。因此,我们无法对××投资公司编制20××年度会计报表所依据的持续经营假设之合理性作出专业判断。

我们认为,由于上述事项可能产生的影响非常重大和广泛,我们无法对上述会计报表发表意见。

厦门×××有限责任会计师事务所　　中国注册会计师:林××
中国　厦门　　　　　　　　　　　中国注册会计师:胡××
　　　　　　　　　　　　　　　　　二○××年五月廿四日

思考与练习

1. 简述审计报告的作用。
2. 审计报告的类型主要有哪几种?分别适用于什么范围?
3. 审计报告的基本要素具体有哪些?
4. 如果被审计单位存在可能导致对其持续经营能力产生重大疑虑的事项或情况,但注册会计师无法确定被审计单位编制会计报表所依据的持续经营假设是否合理,注册会计师应当出具何种类型的审计报告?并提请管理当局在会计报表中披露哪些内容?注册会计师在审计报告中应如何说明?
5. 仔细阅读以下审计报告,回答文后问题。

审 计 报 告

ABC股份有限公司:

我们审计了A公司××××年12月31日的资产负债表以及利润表和现金流量表。这些会计报表由A公司管理当局负责,我们的责任是在审计的基础上对这些会计报表发表意见。

我们的审计是依据中国注册会计师独立审计准则进行的。独立审计准则要求我们制定审计计划和实施审计程序,对会计报表是否存在重大错报获取合理的保证。审计工作包括在测试的基础上抽查支持会计报表金额和披露的证据，评价管理当局在编制会计报表时所采用的会计政策和做出的重大会计估计，以及评价会计报表的公允反映。我们相信，我们的审计为发表意见提供了合理的保证。

我们认为，上述会计报表符合企业会计准则和企业会计制度的规定，在所有重大方面公允地反映了A公司××××年12月31日的财务状况以及××××年度的经营成果和现金流量。

此外，我们注意到，如会计报表附注所述，A公司营运资金出现负数，且累计经营性亏损数额巨大（流动负债高于资产总额），虽然A公司已经披露了拟采取的改善措施，但我们仍然对ABC公司的持续经营能力存在重大疑虑。本段内容并不构成对会计报表的任何保留，也不影响已发表的审计意见类型。

××会计师事务所（盖章）　　　　　中国注册会计师：×××（签名）

地址　　　　　　　　　　　　　　中国注册会计师：×××（签名）

　　　　　　　　　　　　　　　　　　　　××××年×月×日

要求：（1）根据上列审计报告中的表述，判断注册会计师应出具何种类型的审计报告；

（2）根据上列审计报告中的表述，指出错误所在，并重新出具一份审计报告。

第二十二章 验资报告

第一节 验资报告概述

一、验资报告的性质

验资报告是由注册会计师依法接受委托,按照独立审计准则的要求,对被审验单位注册资本的实收或变更情况进行验证核实后出具的书面验资报告。验资是我国法律法规赋予注册会计师的法定业务,企业在申请法人登记或办理变更注册资本前,必须委托注册会计师对其注册的资本进行审验。

二、验资报告的种类

根据《独立审计实务公告第1号——验资》(2001年1月21日修订)(以下简称《验资》)规定,验资分为设立验资和变更验资。

1. 设立验资

设立验资是指注册会计师对被审验单位申请设立登记的注册资本实收情况进行的审验。

2. 变更验资

变更验资是指注册会计师对被审验单位申请变更登记的注册资本变更情况进行的审验。

第二节 验资报告的程序、范围和方法

一、验资报告的程序

根据《验资》第二章条文规定,注册会计师应当在了解被审验单位基本情况,考虑自身能力和能否保持独立性,初步评估验资风险后,确定是否接受委托。如接受委托,会计师事务所应当与委托人签订验资业务约定书,并向被审验单位获取注册资本实收情况明细表或注册资本变更情况明细表。注册会计师在执行验资业务时,应当编制验资计划,对验资工作作出合理安排。注册会计师应当对验资过程进行记录,在此基础上形成验资工作底稿。

二、验资报告的范围

根据《验资》第二章条文规定：

第一，设立验资的审验范围一般应限于与被审验单位注册资本实收情况有关的事项，包括出资者、出资金额、出资方式、出资比例、出资期限和出资币种等。

第二，变更验资的审验范围一般应限于与被审验单位注册资本和实收资本（股本）增、减变动情况有关的事项。

增加注册资本时，审验范围包括与增资相关的出资者、出资金额、出资方式、出资比例、出资期限、出资币种及相关会计处理等。

减少注册资本时，审验范围包括与减资相关的减资者、减资金额、减资方式、减资期限、减资币种、债务清偿或担保情况、相关会计处理以及减资后的出资者、出资金额和出资比例等。

三、验资报告的方法

根据《验资》第二章条文规定：对于出资者投入的资本及其相关的资产、负债，注册会计师应当分别采用下列方法验证：

第一，以货币出资的，应当在检查被审验单位开户银行出具的收款凭证、对账单及银行函证回函等的基础上审验出资者的实际出资金额。对于股份有限公司向社会公开募集的股本，还应当检查承销协议、募股清单和股票发行费用清单等。

第二，以房屋、建筑物、机器设备和材料等实物出资的，应当观察、监盘实物，验证其产权归属，并按照国家有关规定在资产评估或价值鉴定或各出资者商定的基础上审验其价值。

第三，以知识产权、非专利技术和土地使用权等无形资产出资的，应当验证其产权归属，并按照国家有关规定在资产评估或各出资者商定的基础上审验其价值。

第四，以净资产折合实收资本（股本）的，或以资本公积、盈余公积、未分配利润、出资者的债权等转增实收资本（股本）及因合并增加实收资本（股本）的，或因合并、分立、注销股份等减少实收资本（股本）的，应当按照国家有关规定，在审计的基础上验证其价值。

第五，对于出资者以实物、知识产权、非专利技术和土地使用权等出资的，其价值应当经各出资者认可，并应当依法办理财产权转移手续。对于国家规定应当在一定期限内办理财产权转移手续，但在验资时尚未办妥的，注册会计师应当获取被审验单位与其出资者签署的在规定期限内办妥财产权转移手续的承诺函，并在验资报告的说明段中予以反映。

第六，对于分期出资或变更注册资本，注册会计师在审验时应当关注被审验单位以前的注册资本实收情况。

第三节 验资报告的要素和写作要求

一、验资报告的要素

1. 标题

标题统一为"验资报告"。

2. 收件人

收件人为验资业务的委托人。验资报告应当载明收件人全称。

3. 范围段

范围段应当说明审验范围、出资者及被审验单位的责任、注册会计师的责任、审验依据和已实施的主要审验程序等。

4. 意见段

意见段应当说明注册会计师的审验意见。

5. 说明段

说明段应当说明验资报告的用途、使用责任及注册会计师认为应当说明的其他重要事项。

6. 签章和会计师事务所地址

验资报告应当由注册会计师签名并盖章,加盖会计师事务所公章,标明会计师事务所地址。

7. 报告日期

验资报告日期是指注册会计师完成外勤审验工作的日期。

二、验资报告的写作要求

第一,注册会计师在发表审验意见时,应当说明已验证的被审验单位注册资本的实收或变更情况。如果出资者分期缴纳注册资本,注册会计师仅对本期注册资本的实收情况发表审验意见。对以前各期注册资本实收情况,注册会计师应当在验资报告说明段中说明进行审验的会计师事务所名称及其验证情况,并说明包括本期在内的累计注册资本实收金额。

第二,注册会计师与被审验单位在注册资本的实收或变更情况的确认方面存在异议,且无法协商一致时,应当在验资报告说明段中清晰地反映有关事项及其差异和理由。

第三,注册会计师在审验过程中,遇有下列情形之一时,应当拒绝出具验资报告并解除业务约定:

(1)被审验单位或其出资者不提供真实、合法、完整的验资资料的。

(2)被审验单位或其出资者对注册会计师应当实施的审验程序不予合作,甚至阻挠审验的。

（3）被审验单位或其出资者坚持要求注册会计师作不实证明的。

第四，注册会计师出具验资报告时，应当同时附送已审验并经被审验单位签章的注册资本实收情况明细表或注册资本变更情况明细表以及其他必要的文件。

例文1（适用于拟设立公司）

验 资 报 告

××公司（筹）全体股东：

我们接受委托，审验了贵公司（筹）截至××××年××月××日止申请设立登记的注册资本实收情况。按照国家相关法律、法规的规定和协议、章程的要求出资，提供真实、合法、完整的验资资料，保护资产的安全、完整是全体股东及贵公司（筹）的责任。我们的责任是对贵公司（筹）注册资本的实收情况发表审验意见，我们的审验是依据《独立审计实务公告第1号——验资》进行的。在审验过程中，我们结合贵公司（筹）的实际情况，实施了检查等必要的审验程序。

根据有关协议、章程的规定，贵公司（筹）申请登记的注册资本为人民币××万元，由××（以下简称甲方），××（以下简称乙方）于××××年××月××日之前缴足。经我们审验，截至××××年××月××日止，贵公司（筹）已收到全体股东缴纳的注册资本合计人民币××万元（大写）。各股东以货币出资××万元，实物出资××万元，知识产权出资××万元。知识产权出资金额占注册资本的比例为××%。

截至××××年××月××日止，以房屋和专利权出资的甲方尚未与贵公司办妥房屋所有权过户手续及专利权转让登记手续，但甲方与贵公司（筹）已承诺按照有关规定在公司成立后××月内办妥房屋所有权过户手续及专利权转让登记手续，并报公司登记机关备案。

本验资报告供贵公司（筹）申请设立登记及据以向全体股东签发出资证明时使用，不应将其视为是对贵公司（筹）验资报告日后资本保全、偿债能力和持续经营能力等的保证。因使用不当造成的后果，与执行本验资业务的注册会计师及会计师事务所无关。

附件：1. 注册资本实收情况明细表（略）
      2. 验资事项说明（略）

××会计师事务所（公章）　　　　　　　中国注册会计师（签名并盖章）

地址：　　　　　　　　　　　　　　　　报告日期：　　年　　月　　日

例文 2(适用于外商投资企业设立验资)

验 资 报 告

××公司:

我们接受委托,审验了贵公司截至××××年××月××日止申请设立登记的注册资本第 2 期实收情况。按照国家相关法律、法规的规定和协议、合同、章程的要求出资,提供真实、合法、完整的验资资料,保护资产的安全、完整是全体股东及贵公司的责任。我们的责任是对贵公司注册资本第 2 期的实收情况发表审验意见,我们的审验是依据《独立审计实务公告第 1 号——验资》进行的。在审验过程中,我们结合贵公司的实际情况,实施了检查等必要的审验程序。

根据协议、合同、章程的规定,贵公司申请登记的注册资本为(币种)××万元,由××(以下简称甲方)、××(以下简称乙方)分××期于××××年××月××日之前缴足。本次出资为第 2 期,应于××××年××月××日之前缴足。经我们审验截至××××年××月××日止,贵公司已收到甲方、乙方第 2 期缴纳的注册资本合计(币种)××万元(大写)。各股东以货币出资(币种)××万元,实物出资(币种)××万元、非专利技术出资(币种)××万元。非专利技术出资金额占注册资本的比例为××%。

同时,我们注意到,第 1 期出资(币种)××万元,其中甲方出资(币种)××万元,乙方出资(币种)××万元,已经××会计师事务所审验,并由该所于××××年××月××日出具(文号)验资报告。截至××××年××月××日止,连同第 1 期出资,贵公司共收到全体股东缴纳的注册资本(币种)××万元。

(上述所称币种均指注册资本币种)

本验资报告供贵公司申请设立登记及据以向全体股东签发出资证明时使用,不应将其视为是对贵公司验资报告日后资本保全、偿债能力和持续经营能力等的保证。因使用不当造成的后果,与执行本验资业务的注册会计师及会计师事务所无关。

附件:1. 本期注册资本实收情况明细表(略)

2. 累计注册资本实收情况明细表(略)

3. 验资事项说明(略)

××会计师事务所(公章)   中国注册会计师(签名并盖章)

地址: 报告日期: 年   月   日

1. 什么是验资报告?

2. 验资报告的范围包括哪些方面？

3. 验资报告的要素主要有哪些方面的内容？

4. 注册会计师在审验过程中遇有哪些情况时，应当拒绝出具验资报告并解除业务约定？

5. 阅读下文，请指出 ABC 会计师事务所的 A 和 B 注册会计师出具验资报告中的不妥之处，并予以更正。

×××公司系拟设立的有限责任公司，根据协议、章程的规定，其申请登记的注册资本为人民币 3 000 万元，由甲公司和乙公司于 2005 年 2 月 28 日之前缴足。其中，甲公司出资 2 400 万元，占注册资本金额的 80%，出资方式为：甲公司拥有的 a 机器设备 10 台，计 2 100 万元，有效期限尚余 8 年的 b 专利权 1 项，计 300 万元；乙公司出资 600 万元，占注册资本金额的 20%，出资方式为货币。

甲公司于 2005 年 2 月 27 日投入 a 机器设备 10 台，办理了交接手续，×××公司全体股东确认的价值为 2 100 万元；同日，甲公司投入有效期限尚余 8 年的 b 专利权 1 项，办理了交接手续，×××公司全体股东确认的价值为 300 万元。甲公司与×××公司尚未办妥 b 专利权转让登记手续，但已承诺按照有关规定，在×××公司成立后 6 个月内办妥 b 专利权转让登记手续，并报公司登记机关备案。

乙公司于 2005 年 2 月 21 日和 23 日分别缴存中国银行××市营业部人民币账户（账号 4518090016891）200 万元和 400 万元。

ABC 会计师事务所的 A 和 B 注册会计师负责执行该项验资业务，在按规定实施了所有审验程序后，于 2005 年 3 月 2 日结束外勤工作，并于 2005 年 3 月 5 日签发了下列验资报告：

验 资 报 告

××公司（筹）董事会：

我们接受委托，审验了贵公司（筹）截至 20××年 2 月 28 日止申请设立登记的注册资本实收情况。按照国家相关法律、法规的规定和协议、章程的要求出资是全体股东及贵公司（筹）的责任。我们的责任是对贵公司（筹）注册资本的实收情况发表审验意见。我们的审验是依据《中国注册会计师独立审计准则》进行的。在审验过程中，我们结合贵公司（筹）的实际情况，实施了检查等必要的审验程序。

根据有关协议、章程的规定，贵公司（筹）申请登记的注册资本为人民币 3 000 万元，由甲公司和乙公司于 20××年 2 月 28 日之前缴足。经我们审验，截至 2005 年 2 月 28 日止，贵公司（筹）已收到全体股东缴纳的注册资本合计人民币 3 000 万元。各股东以货币出资 600 万元，实物出资 2 100 万元，知识产权出资 300 万元。

附件：
1. 验资事项说明
2. 注册资本实收情况明细表
……

ABC 会计师事务所（公章）   中国注册会计师 A（签名并盖章）
地址：中国　××市   中国注册会计师 B（签名并盖章）
                                       报告日期：20××年3月5日

第六编 常用诉讼文书

在国家和社会的法制活动中,一切具有法律效力和法律意义的文书通称法律文书,它由规范性法律文书和非规范性法律文书组成。规范性法律文书又称立法文书,非规范性法律文书则又称为普通法律文书。本编所说的常用诉讼文书只是法律文书中普通法律文书的一部分,既有别于立法文书,也不同于普通法律文书中那些由司法机关依照法定程序处理各类案件时制作的、具有法律效力和意义的司法文书。它是诉讼当事人及其诉讼代理人,依照法定诉讼程序,向人民法院提出诉讼请求或答辩时所制作的文书,是社会组织和社会成员依法处理自己的合法权益活动的书面表现形式,也是人民法院对案件进行审理和调解的依据和基础。

常用诉讼文书又称诉状,俗称"状纸"或"状子"。诉状按当事人的法定权力和诉讼活动中的不同作用可分为起诉状、反诉状、答辩状、上诉状、申诉状。

第二十三章 常用诉讼文书的文体特征

第一节 常用诉讼文书的主旨和材料

一、常用诉讼文书的主旨

主旨是文书的灵魂和统帅。任何文书在制作时都有明确的目的,因此成文以后也会有贯穿全文的中心思想,诉讼文书自然也不例外。诉讼文书的终极目的是诉讼活动的有效和成功,即为了打赢官司。由此也决定了诉讼文书的主旨与客观的案情事实和法律的有关规定息息相关。正因为诉讼文书是诉讼活动的反映,所以,只有诉讼活动是依法进行的,诉讼文书的主旨才有可能做到正确。常用诉讼文书对主旨的要求是:

(一)以正确为原则

"以事实为根据,以法律为准绳"是我国社会主义法制的司法原则,也是判断诉讼文书正确与否的一项最根本的原则。

所谓"以事实为依据"既是指司法机关最后确认的案件必须是经过查证属实的客观存在的事实，同时也是诉讼文书叙述案情的基本要求。无论是诉讼当事人还是他的代理人在制作诉讼文书时，必须实事求是，以客观事实为根据，不能带有任何主观随意性，诉讼文书中的一切事实都必须有确凿的证据。否则，一切都无从谈起，假如诉讼活动赖以存在的根基尚且不稳固，遑论诉讼文书主旨的正确！

所谓"以法律为准绳"，就是指诉讼文书的分析说理，及提出的理由和请求必须符合法律的条文，既要有相关程序法(有关诉讼程序的法律规定)的依据，又要有相关实体法(有关诉讼内容的法律规定)的依据。只有准确地援引和运用有关的法律条款，阐明自己主张的合法性的诉讼文书，才能得到人民法院的重视和认同。

（二）以鲜明为旨归

在原则确定以后，诉讼文书的制作还要根据不同的案情确定其不同的性质。诉讼文书的制作者首先接触的是案情的事实材料，通过对材料的分析，并用有关的法律加以衡量，而后形成对案件性质的认识，这就形成了诉讼文书的核心内容，在此基础上，再根据不同的诉讼阶段需要解决的某个具体问题，从而确立该诉讼文书的主旨。而诉讼文书主旨的鲜明则由旨在解决诉讼的具体问题这一特点所决定的，也就是说诉讼文书的主旨往往体现在诉讼请求上。但诉讼文书的主旨不等于诉讼请求，诉讼请求可以有多个，而诉讼文书的主旨却是单一的——即为了诉讼请求的成功而确立的文书表达的中心。由于案情的复杂、多样，诉讼文书的内容可以详细、具体、丰富、复杂，但都必须紧紧环绕主旨来展开，紧扣诉讼请求来取舍，根据主旨的需要，删去那些与主旨的表达关系不大、可有可无的材料。只有这样，才能抓住中心，突出重点，使诉讼请求明确，使诉讼文书主旨鲜明集中，才能最终收到增强表达效果的作用。

二、常用诉讼文书的材料

在诉讼活动中，总是要面临着对过去已经发生了的事情的回顾和梳理，这就引出了诉讼文书的材料处理问题。案件有大有小，案情有简单有复杂，但无论怎样，在制作诉讼文书时都必须对全案材料精心筛选，选择最能有力地说明主旨的关键材料，才能事半而功倍。诉讼文书的材料，除了紧扣主旨，处处体现出它与主旨的牢固关系这一基本要求外，还需要强调以下几点：

（一）真实是生命

客观真实是案情事实材料的第一位要素。完全忠实于事实真相，是所有应用类文体区别于文学作品的共同特征之一。而诉讼文书事关当事人的切身利益，甚至身家性命，更要彻底摈弃文学作品的虚构、夸张和典型化的手法。对事实材料既不能夸大，也不能缩小；既不能道听途说、无事生非，也不能歪曲事实、伪造情节。而且对所选择的所有材料，按照"谁主张，谁举证"的法律原则，应具备确凿的、充分的证据来加以证实。毫无疑问，诉讼文书中选用客观真实的材料反映案情的事实，是保证案件得到公正处理的前提。

（二）准确是力量

面对着纷繁复杂、良莠杂陈的事实材料，准确地选材是至关重要的。诉讼文书选材的准确含义有三：一是选材的针对性。每一份诉讼文书都是为了达到诉讼目的和解决案件的实质问题而制作的，因此对各种事实材料，必须依照诉讼目的进行筛选，不但要去芜存真，而且要由表及里，从材料中看到其内在意蕴，看到其本质意义，这样的材料才足以说明问题，才能打中要害。上诉状、反诉状和答辩状的针对性还涉及对一审判决书和起诉状内容的回应。二是选材要突出重点。与案件相关的材料也许很多，有的可以直接说明案情事实，有的则是间接材料，所以诉讼文书的材料必须注意取舍，要有明确的违法与合法、罪与非罪的意识。对直接能说明案情的，并能证明违法和侵权性质的事实则要重点叙述。三是援引法律要确切。随着我国社会主义法制的健全，规范性的法律文本越来越完善，规范的对象越来越具体，因此选择针对案件事实的准确的法律条文也殊为重要，只有将基本事实、理由和请求与法律条文紧密地结合起来的诉讼文书，才有力量，才能取得预期的诉讼效果。

第二节 常用诉讼文书的表达

一、常用诉讼文书的叙述

在诉讼文书中，叙述主要用来对案情事实的回顾，客观真实地叙述案件中所发生的事实。民事诉讼和行政诉讼案件要求叙述清楚当事人双方争议的事实，在刑事案件中则要求叙述清楚被告人犯罪事实的时间、地点、动机、目的、手段和结果。常用诉讼文书的叙述方法不外是：

（一）自然叙述法

这种叙述方法是以时间为线索，将案件的发生、发展和结果按照事情原来的顺序自然加以叙述。民事案件和行政案件要围绕权益纠纷的产生、发展、变化的过程和结果来写。刑事案件则要围绕犯罪行为的预备、起始、进行、结局等各个阶段的过程来写。

（二）主错叙述法

这是对叙述的详略而言，记叙的详略决定于案情。案情有主次之分，罪错也有主次之分，在诉讼文书的叙述中，遇到多样罪错并呈的时候，应该突出主错，或主错详写，次错略写；不可平行罗列，主次不分，更不能主次颠倒或详略不分。

（三）局部概述法

这是指在具体详细地叙述了主要的罪错以后，对其他的同一性质的和次要的罪错行为作简略概括的叙述，以此说明被告的行为的一贯性和主观故意性。这样既能不遗漏其他的次要的问题，又能防止喧宾夺主，兼顾主次。

（四）纵横插叙法

"纵"就是把纠纷的来龙去脉交代清楚；"横"是将事实的某一方面或某一点作横向的铺陈。这是民事案件中，尤其是经济纠纷案和行政案件的诉讼文书中常用的方法。如购销合同纠纷，原、被告订合同的时间、地点、过程以及执行合同的情况是纵的叙述；而合同本身中的货物价格、双方权利义务范围等所涉内容，以及某一方的违约事实、双方矛盾和争执的焦点等则以横的加以叙述。这种方法既能将案情纠纷的整个过程叙述清楚，又能突出双方争执的焦点，使案件的叙述繁而不乱。

二、常用诉讼文书的说理

如果说叙述是对客观事物的反映，那么说理就是旨在对事物的本质特征的揭示。诉讼文书的说理是根据事实材料和法律条文，运用逻辑证明和推理的方法阐明客观事实性质的一种表达方式。事实上，诉讼文书中的许多事实和证据并不能直接引述，还必须对其进行适当的分析论证，才能明辨是非，判断正确与错误。也只有这样，诉讼理由才能讲得透彻，诉讼请求才站得住脚。

诉讼文书的说理有以下特点：

（一）依法说理

诉讼文书中的说理，必须"以法律为准绳"，即应当准确地运用法律，对事实和证据从法理上加强论证，阐明法律上的依据。引证还要因事而异，属程序方面的问题，要引用我国的《刑事诉讼法》《民事诉讼法》和《行政诉讼法》等涉及程序法的相关法律，属于实体方面的问题，则要引用我国的《刑法》《民法通则》《婚姻法》《继承法》和《合同法》等相关的实体法。引证法律既要注意全面，又要注意准确，要根据案件的属性落实到相关法律的条、款、项、目之中，不能笼统处之。

（二）有证有驳

证明是诉讼的每一个环节几乎都离不开的一种方法。诉讼当事人的任何主张，都要通过列举理由，来作出逻辑的证明。在法庭上，控诉的目的是在于证明被告的有罪错和罪错的性质；辩护的目的是反驳控诉，证明被告的无罪错。双方的地位不同，运用的手法也不同，控方着重于证明，辩方着重于反驳。但应该注意的是，辩方在为自己作辩护和对控方进行反驳的同时，也必须证明自己论断的正确，控方在遭到辩方的反驳或证明时也会作出反驳的反应。总之，证明和反驳是一个问题的两个方面，二者必须有机结合，相反相成。诉讼文书中，尤其是上诉状、反诉状和答辩状在证明或反驳上，要有清晰的思辨和融会贯通的意识。

（三）繁简得当

总的说来，诉讼文书的说理，讲究平实简明。因为诉讼文书是记载、分析案件，作出判断和结论的载体，它既不需要政论文的长篇大论，也无需学术论文的纯粹理论；它只要抓住案件的要害和实在，说透道理即可。但诉讼文书的说理还须繁简得当，把简单的问题复杂化了固然不可取，但把应该详尽和严密的问题加以简单推理也同样要出毛病。如作出"该财产是原被告父亲的遗产，理应由原、被告双方共同继承"这样的推理，显然是过于简单和直接了，因为原、被告父亲有否遗嘱，其他合法继承人的情况等都是不可忽略的重要前提，在这些前提不清楚和未阐明的情况下，作出这样的推理和判断就为之简单和草率。

第三节 常用诉讼文书的语言

作为应用文体的一类，诉讼文书的写作离不开一般写作的基础知识，在语言运用上自然也要遵循汉语言文字的一般规律，规范地遣词造句。但作为法律文书的一种，诉讼文书在语言运用上也自有它特殊的规律，这就是人们通常所说的"法律语言"，它在构词、语法及其实践使用上都有其一定的特殊性，这里择要介绍如下：

一、多用法律术语

在应用文写作中经常因所涉专业不同，需要运用一些不同的词汇和术语，有些属于与专业相关的专用术语，有些则属于一定的专业语境下的特殊运用，具有特殊的含义。法律专业在长期的司法和诉讼活动的实践中也形成了许多专门的词语，如"原告""被告""举报""举证""采证""送达""保全""讯问""量刑"等等。这些法律词语都有特定的法律内涵，在诉讼文书中恰当地运用不但可以准确地表达法律概念，显示法律文书的语体特征，而且可以收到简洁明白的表达效果，因为和不少专业术语一样，在法律领域里，法律专用词语的含义和概括力是一般词语所难以比拟的，这是法律术语的优势所在。

二、多用书面语言

书面语言由于其规范、固定、简练的特点，往往给人以庄重、典雅的感觉，因此，公文多用书面语言。诉讼文书事涉国家法律，更需严肃、庄重。因此，在制作过程中选择规范而又通用的书面语，不但是准确表达的需要，而且是法律文书的文体性质所决定的。因此，在诉讼文书的写作中对语体色彩的敏锐感觉殊不可少。如"爹""娘"是口语，"父亲""母亲"是书面语；"坏蛋"是口语，"歹徒"是书面语；"打群架"是口语，"聚众斗殴"是书面语；"没有预防"是口语，"疏于防备"是书面语。同是书面语，还有正规和严肃程度上的差异，如"老伴""家里的"是口语，"爱人"和"配偶"都是书面语，但后者无疑比前者更正规、更严肃。诉讼文书中除了必不可少的直接引语可以运用口语以外，一般都尽可能运用书面语言。

三、活用文言词汇

不少文言文中的词汇，由于具有简约、庄重的特点，至今仍被广泛使用着，尤其在应用文体中继续显示着它的不可替代的生命活力。法律文书也颇有所见，如"未遂""希图""故""且""均"等等。而用得最为普遍的：一是代词。如指示代词"该""本"等。"该"不能独立使用，后面必须紧跟所特指的人、事或地方，如"该犯""该校""该厂"，不能泛指，如"该群众"；它是一种承前省的指代，故后面一般不能跟全称，如"该威海路"。还有人称代词，如"其""某"等。二是助词。如在诉讼文书和其他法律文书中被广泛运用的结构助词"之"，尤其在引用法律条文时，诸如"依照《中华人民共和国民法通则》第六十一条之规定，……"这样的用法几乎已经成为一种固定的表达方式，也成为诉讼文书中正文陈述最后请求时常用的表达方式。当然，像"被告之目的想借原告之父李某去市里出差之时"这样文义不畅、累赘使用文言助词的例子也必须予以避免。

四、复用专用名词

为了语义明确，色彩庄重，诉讼文书常常要求在关键的地方，重复使用专用名词，单位和人物都尽量用全称。可以用人称代词的地方，也不轻易使用，而是以"当事人""原告""被告""男方""女方""双方"等词语来取代。好的诉讼文书都不忌讳重复使用专用名词，目的是务求文义的明白无误。

思考与练习

1. 简单叙述常用诉讼文书的主旨和材料的关系。
2. 常用诉讼文书叙述、说理各有什么特点？
3. 常用诉讼文书的语言有什么特点？
4. 改正下列病句，并指出症结所在：

（1）男方多次提出不合理的要求，障碍问题的顺利解决。

（2）陈某和王某发生拉扯，他将他拽倒在地，他起身又将他推倒在地。

（3）被告张某在本月内曾多次进行审讯。

（4）男女婚前了解不够，婚后感情不和，经常吵架，闹无原则纠纷，致感情发生破裂。

（5）该犯罪行极大，性质严重。

（6）某年某月某日，区公安局接报：该区××路某高层大楼内发生一起杀人、抢劫纵火大案。于是迅速赶往现场进行勘查。

（7）被告人刘某在任××粮库保管员期间，于××××～××××年3月，先后勾结某某等十余人,分别结伙五次,乘被告值班之机,以给本市××路粮站等单位提粮为名进库装粮,并由被告开出门证混过门卫。

(8)被告应某于××××年4月9日傍晚,借本楼居民李某带其女孩王某在其住室借火煎好中药,去同院居住的张某房内服药,小女孩王某在其住室玩耍之机,……

(9)汪某贪污公款,罪证确凿,但认罪态度恶劣。

(10)计盗得集体和个人财务:……闹钟表四只……以及眼镜、被褥、木板等家用杂物四十余件。

第二十四章 起 诉 状

第一节 起诉状的概念和作用

一、起诉状的概念

诉讼当事人或其法定代理人因自己的或依法由自己保护的权益受到侵害或发生争议时,请求人民法院通过裁判给予法律的保护,这种向法院提起诉讼的行为叫起诉。起诉状就是这种诉讼行为的书面形式。凡是在其中提出了诉讼当事人自己的诉讼请求、诉讼理由和诉讼的根据,并引起诉讼程序的发生的文书,就叫起诉状。

我国法律规定,任何公民、法人和其他组织,认为自身受法律保护的权益受到侵犯和损害时,都依法享有起诉权,请求人民法院通过审理予以保护。起诉必须符合这样的条件:一是原告是与本案有直接利害关系的公民、法人和其他组织。二是有明确的被告,即侵害原告权益的起诉对象的基本情况应当明确、具体,否则人民法院就无法立案。三是需有具体的诉讼请求和事实、理由,即原告的合法权益受到侵害的具体事实,被告应负的法律责任,要求法院予以解决的问题。四是需有必要的证据。五还必须是属于人民法院受理范围和受诉人民法院管辖,即原告提起诉讼的事由应是法律调整的范围,所请求的人民法院符合法定的级别管辖和地域管辖的范围。

二、起诉状的作用

我国社会主义法制的司法原则是"以事实为依据,以法律为准绳"。这里所说的"事实"是指客观存在和已经发生过的事情,也是原告通过起诉状要告诉人民法院的主要内容。所以,起诉状的首要作用就是告诉作用,即原告用来陈述案件事实的来龙去脉,表明自身诉讼理由和要求人民法院对自己的合法权益依法给予保护的诉讼请求。其次除了公诉案件,法律对待其他案件一律按照"不告不理"的原则,即如法律规定指出的那样:"起诉应当向人民法院递交起诉状",起诉状是法院立案的依据,没有起诉状,诉讼程序就无法启动。此外,起诉状还是人民法院审理案情的基础。原告凭借起诉状,反映案情事实,列举可证实事实情况的确凿证据,阐明自己的理由,这对人民法院准确断案有着十分重要的作用。所以,认真写好起诉状,对于诉讼当事人来说,绝非小事,而是关系到切身利益的大问题。

第二节 起诉状的种类和特点

民事诉讼、刑事诉讼和行政诉讼是我国的三大诉讼制度。根据这三种不同性质的诉讼，起诉状也可分为民事起诉状、刑事自诉状、行政起诉状三类。它们的基本概念和特点如下：

一、民事起诉状

民事起诉状适用于民事诉讼活动。我国法律规定，公民之间、法人之间、其他组织之间以及他们相互之间因财产关系和人身关系提起的诉讼属于民事诉讼。民事诉讼案件又可以分为涉及离婚、赡养、抚养的婚姻家庭纠纷案；涉及所有权、继承权、损害赔偿、分割财产、合同、房屋租赁使用等问题的财产权益纠纷案；涉及著作权、专利权的知识产权和智力成果纠纷案；涉及名誉、肖像等人身权益纠纷案。民事诉讼状就是民事诉讼中的原告或其法定代理人为维护自己的合法权益，就有关民事权利和义务的纠纷向人民法院提起诉讼的书状。其特点是：

第一，起诉状属于民用性质的诉讼文书。它与公诉机关的起诉书有本质的不同，起诉书是在刑事诉讼中检察机关代表国家对被告人提起公诉时所制作的文书。而起诉状则只代表合法权益受到侵害的公民、法人和其他组织，是具有民间性质的诉讼文书，因此，在起诉状中不能附带刑事诉讼的请求。

第二，起诉状有法定的基本内容。《中华人民共和国民事诉讼法》第一百一十条规定，起诉状应当记明包括双方当事人的基本情况、诉讼的事实、理由、请求和证据及其来源这样一些事项。这些内容都是法庭审理案件时所必须掌握的，缺一不可。否则，或导致法庭无法立案，不予受理；或会影响法庭的判断，妨碍审判的效率。

第三，起诉状有固定的格式。最高人民法院在1992年就制定颁布了《法院诉讼文书样式（试行）》，规范了起诉状的格式，1993年4月又以《最高人民法院关于〈法院诉讼文书样式（试行）〉若干问题的解答》，对包括起诉状在内的相关诉讼文书作了进一步的规范。所以，起诉状的制作应该按照规范的格式，有次序地展开，不得前后颠倒或相互混淆。

二、刑事自诉状

在刑事案件中，还有一种受害者自己直接就被告人（有别于民事、行政案件中的"被告"）的犯罪行为向人民法院提起诉讼的案件，称为刑事自诉案。刑事自诉状就是刑事案件的自诉人或其法定代理人直接向人民法院提起诉讼，指控刑事报告人犯罪，侵犯了自诉人的合法权益，要求法院依法追究其刑事责任的诉状。如果刑事被告人在对自诉人实施犯罪的同时，还使自诉人遭受了物质或财产的损失，自诉人还可同时提起附带民事诉讼，使用刑事附带民事自诉状，要求法院判令刑事被告人给以经济赔偿。刑事自诉状的特点是：

第一，刑事自诉状有特定的使用范围。这是特指那些公安机关或人民检察院认为被告人轻微触犯刑法，不予追究其刑事责任的案件中，被害人有证据证明被告人的侵权行为已经构成犯罪，应当依法追究其刑事责任时所使用的诉状。即属于刑法第九十八条规定的"不告不理"，告诉才处理的案件。

第二，刑事自诉状是民用性质的诉讼文书。它是被害人和被害人的近亲属以自诉人的名义向人民法院提起诉讼的诉讼文书。它与起诉书虽然同是处理刑事案件，但二者的区别是：起诉书是人民检察院代表国家提起公诉，刑事自诉状是代表个人提起的刑事诉讼。

至于刑事附带民事诉讼状，其特点与刑事自诉状基本相同，只是在诉状中增加了赔偿的请求，提供民事侵害的事实和证据而已。

三、行政起诉状

公民、法人或其他组织认为行政机关和行政机关工作人员的具体行政行为侵犯其合法权益，可以依法向人民法院提起行政诉讼。行政起诉状就是提起行政诉讼时所使用的诉状。行政诉讼和行政起诉状具有以下特点：

第一，行政起诉状也是一种民用性质的诉讼文书。所谓"民告官"，即无论原告是公民个人，还是企、事业单位的法人，抑或其他组织，都是代表民间来起诉代表国家或官方的行政机关。

第二，对行政案件，公民、法人和其他组织既可以先向上一级行政机关或法定的行政机关申请复议，对复议不服，再向人民法院提起诉讼；也可以直接向人民法院提起诉讼。

第三，代表民间的原告和代表官方的被告在行政诉讼中的法律地位平等。

第四，有权提起行政诉讼的公民死亡，其近亲可以提起诉讼；有权提起行政诉讼的法人或其他组织终止，承受它们权利的单位可以提起诉讼。

第五，行政诉讼的被告对作出的具体行政行为负有举证责任。这与其他诉讼活动中"谁主张，谁举证"的原则有明显的区别，也就是说，在行政诉讼中作为被告的行政机关首先要拿出证据证明自己的那个受到原告起诉的具体行政行为是合法的。

第三节　起诉状的内容和格式

一、起诉状的内容

起诉状由首部、正文、尾部三部分组成。

（一）首部

1. 标题

应根据起诉状的不同种类标以"民事诉讼状""刑事自诉状"（或"刑事附带民事

自诉状")、"行政诉讼状"。

2. 诉讼当事人的基本情况

当事人是公民的,应写明原告和被告(刑事诉讼案为被告人)以及与案件有法律上的利害关系的第三人的姓名、性别、出生年月日(或年龄)、民族、籍贯、职业或工作单位和职务、住址等八项。当事人系法人或其他组织的,则要依次写明原、被告的名称、地址(住所地)、法定代表人的姓名、职务、电话、企业性质、工商登记核准号、经营范围和方式、开户银行和账号等七项。若有数个原、被告,应该以他们在案件中的地位和作用,分别依次排列,逐一说明基本情况。原、被告有委托代理人的,如受委托者是公民,则写清其姓名、性别、职业、工作单位和职务、住址;如受委托者是律师,须写其姓名、工作单位和职务。

(二) 正文

1. 诉讼请求

应明确地向人民法院提出诉讼的目的和具体的请求事项。诉讼请求有确认之诉、变更之诉和给付之诉的区分,如民事案件中要求法院判定被告不享有继承权是一种确认之诉;要求法院判决原、被告离婚则是一种变更之诉;要求判令被告赔偿原告的经济损失则为给付之诉。如有数项诉讼请求,一般相互之间都有一定的联系,撰写时应具体、明确、准确地分项开列,总之,诉讼请求应力求既明确具体,又简明扼要,准确地把握双方争执的焦点,并且纲举目张,统帅全文。

2. 事实与理由

这是起诉状的核心部分,是内容的重点,也是提出自己诉讼请求的主要根据。具体包括以下三项内容:

(1) 事实部分。主要叙述被告侵犯原告合法权益的具体事实,写清当事人之间纠纷的发生、发展、结局,及纠纷的起因、时间、地点、经过、后果等,写清双方当事人争执的焦点和分歧的实质所在。陈述事实要求线索清晰,或按纠纷发生、发展的时间先后顺序写;或先写纠纷当事人的关系、争执的情况,再写争执的原因与焦点。同时还须详略得当,关键性的问题说清说透,枝节问题、次要问题则可写得概略一些。

(2) 理由部分。讲清了事实以后,接着就要分析被告侵权行为或双方争执的法定权益的性质,及其所造成的后果、被告应当承担的法律责任。并依照有关法律条文、法规、政策阐明提出请求的理由,论证请求的合理、合法性。

在那些案情比较简单的案件中,诉状中的事实和理由也可以合在一起写,不必分段。

(3) 证据和证据来源。在提出了事实和理由以后,就应该尽可能地向法院提供与此相关的证据,包括人证、物证、书证等一切可资证实上述事实和理由的材料,并且要告知法院证据的来源及查证的方法。人证须写明证人的姓名、住址、单位;证言应写明其可靠性,要有正式的书面记录或可以落实的见证人;书证和物证应该提供原件,并说明证明什么事实,如果是复印件、抄件、照片、影印件和复制品,应该注明确切的出处及持证人的姓名、住址等情况。证据及证据的来源书写时应分条开列。

（三）尾部

主要内容是写明呈送的法院的名称;附项须写清本状的副本几份;最后是起诉人的姓名、具状的日期。

二、起诉状的格式

××起诉状

原告：

被告（刑事自诉状为被告人）：

诉讼请求：

事实与理由：

证据和证据来源,证人姓名和住址：

此致

（　　　）人民法院

起诉人

年　月　日

附：本诉状副本　　份

例文 1

民 事 起 诉 状

原告：浙江××房地产开发有限公司，住所地：×××路28号，联系电话：×××××××。

法定代表人：×××。

被告一：杭州××房地产开发有限公司，住所地：××市×××村，联系电话：×××××××。

法定代表人：×××。

被告二：香港××投资有限公司的×××，住所地：××××××，联系电话：×××××××。

被告三：杭州××房地产开发有限公司，住所地：×××××，联系电话：×××××××。

法定代表人×××。

诉讼请求：

1. 判令被告一：一次性归还原告投资款人民币713.6万元；
2. 判令被告一：一次性支付赔偿金人民币1 466.6万元；
3. 判令被告一：一次性支付违约金人民币1 471.4808万元；
4. 判令被告二：香港××投资有限公司的×××承担连带保证责任；
5. 判令被告三：杭州××房地产开发有限公司法定代表人×××承担保证责任；
6. 判令由三被告共同承担本次诉讼费用。

事实与理由：

原告与被告于2000年签订《合作开发××花园项目协议书》和补充约定，合作开发经营×××山房地产项目。该房地产项目于2002年8月开始兴建，2003年1月对外销售。后被告一提出终止合作经营，要自行开发。经双方友好协商一致，双方于2003年10月4日签订终止合作开发协议书，自2003年10月4日起生效。同时，双方根据实际需要，又于2003年12月1日签订补充协议书。双方在终止合作开发协议书和补充协议书中约定：

（1）被告一应在2003年12月30日之前足额向原告支付清原告的投资款共计1 466.6万元。但被告一至今只向原告支付了753万元投资款。

（2）被告一应自2004年1月起至9月25日止，在每月25日向原告支付赔偿金162.96万元，共9个月计1 466.6万元。但被告一至今分文未付。

（3）如果被告一未按时足额向原告支付赔偿金，则自应付之日起根据未付款的每日3‰向原告支付违约金。

双方还在终止合作开发的补充协议书中约定：如果被告一不按以上约定向原告支付投资款或赔偿金，则原告有权要求被告一付清全部投资款和赔偿金。同时根据协议书约定，被告一的法定代表人×××以个人财产承担被告的还款保证责任。被告二香港××投资有限公司的×××和被告三杭州××房地产开发有限公司的×××承担连带保证责任。

综上所述，原告请求法院依法判令支持原告的诉讼请求，以维护原告的合法权益。

此致
杭州市中级人民法院

附：1. 本起诉状副本四份；
　　2. 证据清单一份。

起诉人：浙江××房地产开发有限公司
2005年1月20日

例文 2

民 事 起 诉 状

原告：×××，女，汉族，19××年××月出生，农民

住址：山东省威海市×××乡××村，暂住：烟台滨海区××路19号（310003）；联系电话：0535-××××××××

被告：威海市××区××镇××村村民委员会

住址：威海市××区××镇××村

诉讼请求：

1. 判令被告依法分配给原告农村承包口粮田；
2. 判令被告给予原告本村同等村民的待遇，补发940元老人补助金；
3. 判令被告赔偿原告实际经济损失×××元；
4. 判令被告承担本案诉讼费用。

事实与理由：

原告于1943年12月出生于被告所在地，后出嫁烟台××公司（现称山东××建设股份有限公司）职工×××，暂居于烟台滨海区××路19号。由于受我国户口迁移限制，原告户籍一直没有迁移出被告所在地，故原告一直系被告村民。被告根据国家的政策法规规定，于1982年依法分给原告9.8分地作为承包口粮田，供

原告种植口粮。原告由于身体不佳且出嫁后路途遥远，即将该口粮田交付同村村民其亲弟弟×××帮其耕种。1997年，被告未经原告许可，也没有通知原告即单方面收回原告分得的9.8分承包口粮田。后原告多次异议和对被告的上级部门（××区×××镇人民政府）的上访，都没有能维护自己的合法权益不受侵害。原告认为，被告无视我国政策法律法规的明确规定，非法剥夺一个村民依法应享受的土地承包权，同时，被告还对原告实施不公平的同村村民待遇，这是一种严重的侵权行为。原告在与被告多次协商和直接向被告的上级部门上访不能取得效果的情况下，只能诉讼于贵院，以期望贵院能维持法律的尊严，依法保护原告的合法权益，支持原告的诉讼请求。

此致

威海市××区人民法院

　　附：1. 起诉状副本1份；
　　　　2. 证据目录2份。

具状人：×××

20××年2月8日

思考与练习

1. 简述民事起诉状、刑事自诉状、行政起诉状的各自特点。
2. 起诉状和起诉书的区别是什么？
3. 指出下文的毛病，并加以修改。

行政诉讼状

原告：赵光，男，45岁，广东省××市人，南方远洋公司珠江轮轮机长

被告：广州港务监督

20××年5月，珠江轮从欧洲返航回国途中，发生主机曲轴断裂的重大事故。关于事故的责任问题，我与公司意见不一，我认为我作为轮机长，当时还是恪尽了职守。之所以发生事故，除了本人现场应变能力问题以外，还有客观原因。在我的要求下，公司委托省海运材料研究所，南方海运学院等单位的专家，对事故产生的原因进行技术鉴定。但南方远洋公司没有完全采纳专家的意见，于20××年12月3日作出撤销我轮机长职务的决定。广州港务监督以南方远洋公司的处理决定为依据，以我在这次事故中"表现其轮机管理能力不符合轮机长的要求"为由，于20××年1月20日作出决定，吊销我的轮机长职务证书。

本人认为，珠江轮的事故，是否为责任事故，应以专家鉴定为准，广州港务监督

吊销我职务证书，没有事实根据，理由不充分。被告无视行政法规，已严重损害了原告的合法权益，为此，根据《行政诉讼法》第十一条第一款的规定，特提起诉讼，要求：

一、撤销广州港务监督吊销原告职务证书的决定。

二、补偿原告此间工资和奖金收入的损失。

此致

珠海区人民法院

具状人：赵光（盖章）

××××年6月14日

附：1. 本诉状副本2份；

2. 广州港务监督《关于吊销赵光轮机长职务证书的决定》。

4. 如果某人在一年前借了你10万元钱（有借据），久催不还，你打算上法院起诉他，请自拟一份起诉书。

第二十五章　反诉状和答辩状

第一节　反　诉　状

一、反诉状的概念

根据我国《民事诉讼法》第一百二十六条和《刑事诉讼法》第一百七十三条的规定，民事案件的被告和刑事自诉案件的被告人在诉讼过程中认为原告或自诉人侵犯了其合法权益，有权针对原告、自诉人的起诉提起反诉。被告和被告人为了维护自己的合法权益，向人民法院提出的与原告和自诉人指控相反的独立诉讼请求的书状称为反诉状。

反诉状可分为民事反诉状和刑事反诉状两种。

二、反诉和反诉状的特点

第一，只有到反诉人的权益在诉讼中受到了侵犯，反诉人才具备了诉权和行使诉权的条件。

第二，反诉状在内容上必须与原诉有内在联系。民事反诉状的事实须与原诉相关，诉讼请求也须与原诉相对或相反；刑事反诉状的内容不能超出原诉的范围。否则，就成了另一案件的诉讼了，反诉就无法成立。

第三，反诉状的目的是在于使反诉与原诉合并审理，以抵消或吞并原诉的请求。

第四，反诉必须在诉讼过程中提出。

三、反诉状的内容和写作要求

（一）反诉状的内容

反诉状的内容与起诉状、自诉状基本相同。其内容上的独特性主要显示在"事实与理由"的陈述上。在这部分内容中，反诉状应该先扼要地摆出原诉的主要内容，然后针对原诉所述的事实和主张提出自己的看法。再详细列举自己掌握的事实真相，并分析论证，既要显示自己维权的合法性，又要指出原诉的侵权事实，并最终得出与原诉相反或相对的结论，以求得法院的认同和反诉的成功。

(二) 反诉状的写作要求

1. 要紧扣"反"字做文章

叙事行文要站在与原诉相对的立场上,提出与原诉相对立的诉讼请求,尽可能运用与原诉截然相反的事实、证据和理由来分析、说理和论证。

2. 写作内容必须把握在与原诉是同一的法律关系和同一的法律事实范围之内

必须要舍弃那些有利于反诉但不在原诉范围内的事实和理由。

3. 语气要平和、冷静,不可强词夺理

从被告成为反诉中的原告,不能意气用事,还须实事求是,以理服人。

例文 1

反 诉 状

反诉人(本诉被告):轻工部××食品添加剂应用技术推广站。
住所地:×××市东大街139号。
法定代表人:张××,××食品添加剂应用推广站经理。
被反诉人(本诉原告):××省××市××食品有限公司。
住所地:××省××市××街325号。
法定代表人:任××,××食品有限公司经理。

反诉请求:

1. 被反诉人应承担本合同纠纷的违约责任,处以违约金23 212元。
2. 被反诉人应承担其调走货物由反诉人支付的保管费、运输费、卸车费共计2 386元。

事实与理由:

反诉人与被反诉人于2017年1月22日、1月28日分别签订了两份食品购销合同。合同约定:由被反诉人向反诉人提供10 200千克cmc系列食品添加剂,货款共计222 000元。收到货物后,反诉人发现所运货物与合同中约定的类型不符(见证据一);包装标准也未按合同规定(见证据二);对部分货物进行化验,发现混浊体严重,并有异味,属伪劣产品(见证据三),基于此,反诉人2018年3月29日与被反诉人交涉,双方达成了由××食品有限公司将全部货物的96%自行调走,反诉人承付已售出的4%货物货款的协议。2019年6月18日××食品有限公司委派销售员刘××来催要货款,反诉人方法定代表人张××当即表示,货款一定偿付,但钱尚未完全回笼,应宽限几天,并当场认定货款额为13 000元,已远远超过了售出4%货物的款额。但时隔不久被反诉人却突然起诉,要求返还拖欠款18 000

元,致使本应自行协商解决的问题变得复杂化了。

反诉人认为:欠债还款乃天经地义之理,但上述货款未能及时兑付的原因却是由被反诉人先行违约造成的,货物种类与合同约定不符,包装标准也与合同规定不符,加之质量低劣,已属严重违约,反诉人为了顾全大局,始终未采用法律手段,但被反诉人却认为反诉人软弱可欺,径先起诉。基于上述事实,特依照《中华人民共和国民事诉讼法》第×××条的规定,提出反诉,请法院依法公正判决,以维护反诉人的合法权益。

此致
×××区人民法院

附:本反诉状副本3份

反诉人:轻工部××食品添加剂应用推广站
2020年4月8日

第二节 答 辩 状

一、答辩状的概念

答辩状是指诉讼活动中,被告(人)或被上诉人针对原告、自诉人或上诉人的起诉、自诉、上诉状内容进行答复和辩解的一种诉讼文书。制作答辩状实际上是一种应诉的法律行为,是法律赋予被诉方的一种诉讼权利。

答辩状可分为民事答辩状、刑事(自诉)答辩状、行政答辩状和各类上诉的答辩状。

二、答辩状的作用

第一,答辩状的设置是充分体现了诉讼当事人在诉讼活动中权利平等的原则。

第二,答辩状有利于人民法院依法维护被告(人)、被上诉人的合法权益。

第三,答辩状有利于人民法院全面地了解案情,了解双方的意见、要求和主张,避免偏听一面之词,以达到全面、公正地审案。

三、答辩状的内容和写作要求

(一)答辩状的内容

1. 首部

(1)标题。答辩状的标题既可以只写"答辩状"三字,也可以在此前面冠以"民事""刑事""行政""行政上诉"和"民事上诉"这样表示性质和限制的文字。

(2)答辩人的基本情况。答辩状与其他诉状在这一部分中的不同之处是它只有答辩人一方的基本情况,无须再写原诉人的基本情况。如果答辩人是公民应该列出与其他诉状一样的八项内容;如果答辩人是法人和其他组织则也应该列出相应的七项内容;如有委托代理人,同样要写清基本情况。

2. 正文

(1)案由。即答辩的缘由。答辩人是对何人起诉或上诉的何案提出答辩。通常的写法是:"因对原告人(自诉人、上诉人)×××诉×××一案,提出答辩如下:"或"贵院于××××年×月×日寄来的诉状副本及应诉通知书本答辩人已于××××年×月×日收到,现提出答辩意见如下:"

(2)答辩理由。作为应诉行为,答辩状的这部分内容最为关键。它的基本要求就是要针对原诉提出的事实、理由和诉讼请求进行答复和辩驳。如果要使答辩有力,就要针对性地提出相反的事实、证据和理由来驳斥原诉的请求,阐明自己的观点和意见。答辩状具有很强的辩驳性,往往与原诉针锋相对。

3. 尾部

答辩状的尾部与其他诉状尾部的内容无差异。

(二)答辩状的写作要求

1. 有的放矢,针对原诉而作

写答辩状一定要对原诉诉状细加研究,这样才能抓住原诉状中的关键性问题,针锋相对地摆事实、讲道理,也只有这样才能澄清事实,击中要害,达到驳倒对方不实的指控及不合理的诉讼请求的目的。

2. 客观真实,不焦不躁行文

答辩状要尊重客观事实,既不能夸大缩小,也不能歪曲捏造,只有真实才有力量!而且行文措辞不可激烈,不可用"纯属无稽之谈""大放厥词"这样的话来刺激对方。

3. 应注意与反诉状的区别

答辩状与反诉状最主要的区别是,答辩状只是对原诉的回应和辩驳,它并不另行提出自己的诉讼主张和请求;而反诉状在列举了与原诉相反的事实、证据、理由的同时,还必须明确提出主张自己实体权利的请求,从而使自己从原来的被告变成了反诉中的原告。

例文 2

答　辩　状

答辩人:刘××　汉族　香港居民　身份证号码:(略)

工作单位:上海×××有限公司职务CTO

联系电话:13×××××××

因答辩人与被答辩人王××间借贷纠纷一案,现答辩如下:

一、被答辩人王××对"刘XY"提起诉讼,"刘XY"不是答辩人的户籍登记姓名,贵院应依法驳回原告无明确被告的诉讼请求

1987年前,答辩人曾在上海市黄浦区居住,徐汇区工作,1987年8月由于特殊原因移居香港后,成为香港永久居民。由于答辩人在内地工作生活过程中曾使用过"刘XY"名字,大陆的许多人习惯还称呼答辩人为"刘XY"。但本人的准确名字为"刘××"而非"刘XY"。被答辩人王××起诉对象错误,因本案没有明确的被告,贵院理应依《中华人民共和国民事诉讼法》第一百零八条第二款"起诉必须有明确的被告"的规定,贵院应驳回原告的起诉。

二、答辩人既不是虹口区居民,在虹口区也无经常居住地,被答辩人王××不应在贵院起诉答辩人

答辩人为香港居民,上海市虹口区既不是答辩人的户籍所在地,也非答辩人的经常居住地,答辩人此次回到内地,一直居住在上海市卢湾区一朋友的家中。根据《中华人民共和国民事诉讼法》第二十二条之规定,被答辩人无权向答辩人提起诉讼。贵院也不应管辖本案。

三、答辩人不认识被答辩人王××,也从未向王××有过民间借贷

答辩人是上海×××有限公司(以下简称"公司")股东之一,担任公司CTO,兼管财务支出和收入。公司基本账户在上海市工商银行。

2018年3月,祁××与其好友王××谈好资金往来,要王××借祁××4万元人民币。因答辩人在兼管财务,所以祁××电话通知答辩人到海淀区某大厦找王××取转账支票。见了被答辩人王××后,祁××电话临时通知答辩人给被答辩人开一个欠条,然后等祁××来沪后,与王××结清。所以,答辩人临时以答辩人的名义,按照祁××的要求,给被答辩人开了一张收到4万元人民币币种转账支票的欠条(被答辩人提供的证据)。当时,被答辩人给的并不是现金,而是证券公司开出的4万元转账支票(见附件2)。该转账支票转入公司账户后,即由祁××分期分批以报销此前后时间发生的几次差旅费为名从公司取走。在此前后,答辩人与被答辩人也没有任何来往。答辩人借用支票的行为是公司行为,是公司而非答辩人与被答辩人有过借贷关系。被答辩人应起诉公司而非答辩人。

四、本案涉及被答辩人王××与祁××的犯罪行为,不宜作为民事案件来审理

本案事实清楚,被答辩人王××与祁××利用法院诉讼进行的三角诈骗行为可能已触犯《中华人民共和国刑法》第二百六十六条,构成诈骗罪,答辩人拟向公安机关报案以维护答辩人的合法权益。人民法院不应为被答辩人所利用。为被答辩人谋取非法利益提供便利条件。

综上所述,被答辩人所提要求和事实不符合,为维护法律尊严,保护港澳同胞

合法权益,答辩人请求贵院依法驳回被答辩人的起诉。
　　此致
上海市虹口区人民法院

答辩人:刘××
2018 年 12 月 1 日

思考与练习

1. 反诉状和答辩状各有哪些特点?
2. 反诉状与答辩状有什么不同?
3. 反诉状和答辩状各有哪些写作要求?
4. 请以下列材料为被告拟一份答辩状:

原告:雅马哈发动机株式会社。住所地:日本国静冈县磐田市。法定代表人:长谷川至,该株式会社社长。被告:天津港田集团公司。住所地:天津市津南区双港镇。法定代表人:龚兆杉,该公司董事长。被告:天津港田发动机有限公司。住所地:天津市津南区双港镇。法定代表人:何万利,该公司董事长。

原告雅马哈发动机株式会社(以下简称雅马哈株式会社)因与被告天津港田集团公司(以下简称港田集团公司)、天津港田发动机有限公司(以下简称港田有限公司)发生侵犯商标专用权纠纷,向天津市高级人民法院提起诉讼。

原告诉称:原告在中国注册了"YAMAHA""VISION"商标,依法享有商标专用权。第二被告生产、销售的港田牌 GT125T、GT125T-B 和 GT50T-A 两轮摩托车发动机上,均有"YAMAHA"商标标识,被告的行为属于非法使用原告注册商标标识的侵权行为,应共同承担民事侵权责任。

被告港田集团公司在《全国汽车、民用改装车和摩托车生产企业及产品目录》中,登录的港田 GT125T、GT125T-B 和 GT50T-A 型摩托车使用了"林海 YAMAHA"牌 LY152QMI 和 LY1E40QMB 发动机的内容,与事实不符。江苏林海雅马哈摩托有限公司不生产"林海 YAMAHA"牌 LY152QMI 和 LY1E40QMB 发动机,该部分登录内容属虚假宣传,依法应予删除。

原告的诉讼请求:1. 第二被告立即停止侵犯原告注册商标专用权的行为;2. 第二被告向原告连带赔偿因其侵犯原告商标专用权造成的经济损失人民币 1 000 万元;3. 第二被告在全国发行的报刊上向原告公开道歉,消除影响;4. 被告港田集团公司消除其在《全国汽车、民用改装车和摩托车生产企业及产品目录》中,有关"GT125T、GT125T-B 和 GT50T-A 摩托车使用林海 YAMAHA 牌 LY152QMI 和 LY1E40QMB 型发动机"的内容;5. 第二被告承担本案全部诉讼费用。

被告港田集团公司辩称：原告在诉状中所提及的侵权产品不是被告港田集团公司实际制造的，在工商行政管理部门对第二被告港田有限公司作出行政处罚决定后，我公司才得知第二被告港田有限公司的侵权行为。我公司是依据购买发动机时签订的《工矿产品购销合同》，严格按照国家规定申报目录的程序及需要提交的材料申报目录。因此，没有侵犯原先的商标专用权，不应承担赔偿责任。

被告港田有限公司辩称：我公司从未生产过 GT125T-B 型摩托车，也不生产 GT125T 摩托车。GT125-B 型摩托车是我公司在不知道"VISION"系原告为商标所有人的情况下生产的，只有 50 辆，销售前已受到工商行政管理部门的处罚，没有流入市场，未给原告造成损失。我公司生产的 GT50T-A 型摩托车所采用的发动机，系从原告授权生产的厂家购买，因此车身及发动机上带有"engine licensed by YAMAHA"是合法的。

被告港田公司和被告港田有限公司提供下列证据证明其主张的事实：

（1）《天津市工商行政管理局津南分局〔2000〕年第 008 号行政处罚决定书》。该决定书认定并处罚的侵权人为被告港田有限公司，用以证明被告港田集团公司并未侵权。

（2）港田有限公司与南方摩托股份有限公司于 1999 年 7 月 27 日签订购买用于 GT50T-A 型摩托车的 NF1E40QMB 发动机 1 111 台协议书及履行该协议的 4 张增值税发票，用以证明其生产的 GT50T-A 型摩托车前身和后身使用"engine licensed by YAMAHA"是合法的。

（3）被告港田有限公司与江苏林海雅马哈摩托有限公司签订的购买 135FM 和 1E40FM 发动机的《工矿产品购销合同》、履行该合同的 1 张增值税传真件，用以证明被告港田集团公司是严格按照国家规定的申报目录程序及需要的材料进行"目录"申报的，在"目录"中登录使用 LY125QMI 和 LY1E40QMB 型发动机有合法依据。

（4）天津市军利达工贸有限公司出具的证明和送货单，用以证明被告港田有限公司从天津市军利达工贸有限公司购买的是油箱成品，该油箱成品带有"VISION"标识，且该事实已被工商行政管理部门的处罚决定书所确认。

（5）天津市罚没统一收据，用以证明二被告生产的 GT125-B 型摩托车 37 辆在销售前即被封存，未曾获利。

5. 根据答辩状要针对原诉诉状的要求，试以本章例文 2 为材料拟写一份原诉诉状。

6. 假设前一章例文 2 原诉所述被告的合作等情况与事实有误，以此拟写一份反诉状。

第二十六章　上诉状和申诉状

第一节　上　诉　状

一、上诉状的概念

上诉状是民事诉讼、刑事诉讼和行政诉讼的当事人及其法定代理人,不服地方一级人民法院的一审判决或裁定,依照法定程序和期限,向上一级人民法院提起上诉,请求撤销或变更原审裁决的书状。

上诉状可分为民事上诉状、刑事上诉状和行政上诉状。

二、上诉状的特点

第一,上诉状显示了在各类诉讼活动中,诉讼当事人相互间、诉讼当事人与一审法院间的法律地位是完全平等的。通过上诉状提起上诉是诉讼当事人的合法权利。但刑事案件的被告人的近亲属和辩护人,须经被告人同意方可提出上诉。刑事附带民事诉讼的原告人和法定代理人只能就附带民事诉讼部分提出上诉。

第二,上诉状的提交,可以引起审判的第二审程序的发生,给诉讼当事人再次提供了保护自己合法权益的机会。

第三,上诉有法定的期限。法律规定民事、行政案件是在一审判决书送达之日起十五日内,刑事一审判决书和裁定书分别为送达之日起十日内和五日内,判处死刑的一审刑事判决书则是送达之日起三日内,可向上一级人民法院提起上诉。如果超过法定的上诉期限,一审裁决即产生法律效力,不能再行上诉。

三、上诉状的内容和写作要求

(一)上诉状的内容

1. 首部

(1)标题。上诉状的标题可以只写"上诉状",也可冠以"民事""刑事"和"行政"这样的限定名词。

(2)诉讼当事人的基本情况。上诉状在这一部分中除了将起诉状中的原、被告改成"上诉人""被上诉人"以外,其他写法类似于起诉状。但在民事和行政诉讼中其次序应按上诉人、被上诉人、第三人顺序开列。刑事案件中,公诉案只列上诉人的基本情况;自诉案件则要列写上诉人、被上诉人的基本情况。

2. 正文

(1) 案由。通常写成："上诉人因×××一案,不服×××人民法院××××年×月×日所作的×字第×号一审××判决(裁定)书,特向你院提起上诉。现将上诉请求和理由陈述如下："

(2) 上诉请求与理由。上诉状的这一部分内容包括:对案情和原审结果的简要叙述;对原审判决说明是全部或部分的不服;提出部分变更、撤销或改判的请求。并且论述原审判决或在认定事实上部分、全部之错误;或在定性不当;或在适用程序法的不当;抑或在适用实体法的不当。

3. 尾部

上诉状的提交法院应是××中(高)级人民法院,落款则是"上诉人"。并且也有注明证据的附项。

(二) 上诉状的写作要求

1. 指认不当须确切

上诉状的写作一开始就应该将原判与客观事实认真对照,针对原审认定事实的不实、不准、不清和不当的地方进行反驳,无论是部分还是全部否定一审判决,都要表述清晰,根据和理由充分,不可含糊或笼统。

2. 引用法律须正确

上诉状还要针对原审运用法律上的疏漏,认真对照法律,恰当地引用能证明上诉理由的法律条文,使二审人民法院作出正确的判断。

3. 说理透彻充分

我国法律是两审终审制,因此上诉状事关重大,必须抓住重点,充分说理,力争达到上诉的目的。

例文 1

上　诉　状

上诉人(原审被告):杭州××建设监理有限公司。

住所地:杭州市西湖区,法定代表人:×××。

被上诉人(原审原告):浙江省××××总公司。

住所地:杭州市上城区,法定代表人:×××。

上诉人因原告浙江省××××总公司诉被告杭州××建设监理有限公司建设工程监理合同纠纷一案,不服杭州市西湖区人民法院于××××年×月××日做出的杭西民初字第××号判决,现提出上诉。

诉讼请求:

1. 全部撤销原判决;

2. 由被上诉人承担诉讼费用。

上诉理由：

上诉人对该判决的事实认定没有异议，但上诉人认为一审法院在适用法律上存在错误。上诉人认为就上诉人与被上诉人之间的欠款纠纷已过诉讼时效，被上诉人已丧失了胜诉权。理由如下：

根据《最高人民法院关于民事诉讼证据的若干规定》第2条规定："当事人对自己提出的诉讼请求所依据的事实或者反驳对方诉讼请求所依据的事实有责任提供证据加以证明。没有证据或者证据不足以证明当事人的事实主张的，由负有举证责任的当事人承担不利后果。"上诉人承认2017年12月20日的函件系因原告向被告主张权利后发给原告的答复，但并没有承认原告是在2年的诉讼时效内向被告主张权利。原告向一审法院提供的证据只是表明了他在2002年12月20日之前曾口头向被告主张了权利，但原告却没有证据来表明是在2年的诉讼时效内提出。

由于该项诉讼请求是原告提出，因此，根据我国民事诉讼法及相关司法解释的规定，应由原告自己来承担他是在2年的诉讼时效内向被告主张权利的举证责任。但一审法院却对此将举证责任倒置，责令由上诉人承担举证责任，这显然违背了我国民事诉讼法及相关司法解释的规定，明显对上诉人不公正。因此，上诉人认为一审法院的判决在适用法律上存在错误。根据《中华人民共和国民事诉讼法》第153条的规定，请求法院依法改判，以维护上诉人的合法权益。

此致
杭州市中级人民法院

附：本上诉状副本2份

上诉人：杭州××建设监理有限公司
2018年3月4日

第二节　申　诉　状

一、申诉状的概念

申诉状又称申诉书。它是诉讼当事人、法定代理人对已经发生法律效力的判决、裁定和调解协议书，认为确有错误，表示不服，依法向原审法院或上级人民法院要求复审或重新审理的诉讼文书。

二、申诉和申诉状的特点

第一，申诉状由行政诉讼和民事诉讼（称为可"申请再审"）的当事人向原审人民法院或上一级人民法院提出；刑事诉讼的当事人、被告人及其家属或其他公民向人民法院和人民检察院提出。

第二,申诉状的提出不受时间的限制。

第三,申诉期间不停止原裁决的执行。

第四,申诉状是申诉人维护自己合法权益的一种补救性文书,但申诉状的提出并不一定引起审判监督程序的发生。

三、申诉状的内容和写作要求

（一）申诉状的内容

1. 首部

（1）标题。即"民事申诉状"或"行政申诉状"。

（2）申诉人的基本情况。只需写明申诉人单方面的八项（公民）或七项（法人或其他组织）情况。

2. 正文

（1）案由。通常写："申诉人×××对××人民法院××××年×月×日×字第×号××案,提出申诉。"

（2）申诉请求。提出重审要解决的问题和要求撤销、变更原判或要求再审。

（3）事实和理由。对认为有错误的原判逐一提出事实、证据和法律依据,充分阐明申诉的理由。

3. 尾部

与其他诉状的写法大同小异。

（二）申诉状的写作要求

（1）申诉状写法上与上诉状基本相同。

（2）申诉状与上诉状的不同之处：一是无上诉状的时间限制,因为申诉状是在原判已经生效后提出。二是申诉状的提出未必像上诉状那样一定引起二审程序,只有当司法机关经审查认为申诉合理合法时,才可提起审判监督程序进行再审。

例文 2

申 诉 状

申诉人：绍兴市××公司

住所地：浙江绍兴市桥镇

法定代表人：×××　　职务：经理

电话：(057-3384396)

被申诉人：吉林省吉林市××社

住所地：吉林省吉林市

法人代表：×××，电话：×××××××××
被申诉人：吉林省吉林市××社（不具备法人资格）
地址：吉林省吉林市
负责人：××主任

申诉请求：

请上级法院或有关机关撤销二审错误审判，维持一审判决。

事实与理由：

申诉人诉被申诉人存款纠纷一案经北安市法院一审判决申诉人胜诉。而二审法院在认定事实上是主观臆断，其判决与法律相抵触的，申诉人完全不服，具体情况如下：

一、二审法院认定事实错误违法判决

申诉人的工作人员史××在被申诉人处存款34.5万元，是客户的存款，根据商业银行法第三章对存款的保护第29条第二款："对个人蓄存款，商业银行有权拒绝任何单位或者个人查询、冻结、扣划，但法律另有规定除外"的规定，不但包括任何单位个人不能扣划申诉人的存款也包括商业银行本身的工作人员都无权扣划申请人的合法存款。由于被申诉人擅自扣划申诉人的钱，一审法院就是根据这条法律的规定作了正确判决的。

二审法官漠视上述法律的规定，不依法判处。案中诈骗犯罪嫌疑人张××收到农户林××的大豆，然后货物连夜被张××运到吉林市卖掉，而史××在××社存有34.5万元，并和××社主任签订了协议，所以为了使超越职权的乱扣划成为合理，二审法官首先主观地认定史××口头委托张××代理采购大豆，其依据是诈骗犯罪嫌疑人张××、××社副主任王××、××社主任樊××的老朋友林××的口供，但是没有任何书面的授权委托书。张××是诈骗犯罪嫌疑人，他收取了大豆，并私自把大豆卖掉，犯罪嫌疑人口供是为减轻自己的罪责不足为信，王××是被申诉人的副主任其口供是与其单位利益有关不能作为证据。林××是货主从未直接与我司联系，我司业务员也不认识他，他把大豆交樊××转交给张××而被张××卖掉，他为了取走我司存款，而提供不实之词，因此不能作为证据。而申诉人的经办人史××认识他们不到10天，几十万的生意在外地，我司工作人员又在当地办事，会委托陌生人去全权代理吗？

二审法官的错误判决在于：首先置申诉人存在信用社存款应受法律保护的法律规定不顾，其次置大豆买卖的商品交易行为由供方供货后需方才付款的简单道理不顾，再次置信用社无权直接扣划存款人的存款给供货人的非法行为不顾，主观认定购货人委托了张××，主观认定信用社行为合法。二审法院审判员人员"认定事实不清，证据不足"，违反法律规定胡乱下判，造成申诉人重大损失。因此申诉人不得不提出申诉。

二、关于"买卖结算协议书"问题

申诉人工作人员史××与××社负责人樊××签了一份"买卖结算协议书"。这份协议书不能作为被申诉人扣划存款人的法律依据。

首先，申诉人工作人员史××把钱存在信用社的目的是存款安全，避免丢失、被盗或他人抢劫。一旦采购商品成功可以支付。根据商品买卖购货人购买商品，收货后才付款的简单道理，本案史××既没有见过货主也没有收到大豆，自然不会付款。同样信用社既没有权利又没有义务付款给他人。被申诉人的擅自扣划申诉人存款的行为违法是完全可以认定的。

其次，这份买卖结算协议书的主体一方樊××他本人不是货主，他是信用社的负责人。协议上又没有加盖单位公章，他的签署既不能代表信用社，又不能代表货主（没有货主的委托），只是个人的行为。他无权扣划申诉人的存款是可以肯定的。因此樊××与史××这签署的结算协议，不能认为是信用社的行为，被申诉人吉林市城市信用社就不能把史××的存款，当作货款支付给他人。协议书中有个中间人张××，倒能证明申诉人工作人员并未委托张××作代理人，如要履行这份协议书，应由史××另行通知信用社支付货款，或由存款人自己提款再付款给货主。二审法院认为"史××在××社的存款虽然是合法行为，但因史××与城市信用社的负责人樊××之间有买卖大豆的结算协议，樊××已付给史××的委托人张××345 259元的大豆款，应从34.5万元的存款扣除。"二审法院这个认定的错误在于：首先认定张××为史××是委托人是没有证据可以证明，其次存款人在信用社存款受法律保护与本案结算协议书是商业上的协议两个不同法律关系应分别处理不能混为一谈，二审法官却主观地把它强行搞在一起，主观认定被申诉人有权扣划申诉人的存款。二审法院经办人为何会作出这样违法的判决，其中有什么问题，申诉人不掌握情况不能乱说，但申诉人相信法律是公正的，执行法律的人虽然可以漠视法律，不顾事实，错误判决，但只手总不能遮天的。为了维护申诉人的合法权益，特向贵院和有关单位提出申诉，盼能接受重审本案维护申诉人的合法权益。

三、违反法律上的程序

吉林市××社只是班组性质，不具备法人资格，因而一审、二审均应追加吉林市××社的上级，真正具有法人资格的吉林市×联社进行诉讼。民法通则规定的主体是有法人资格的单位、个人、机关、团体，没有班组，所以程序上存在问题。樊××只是班组长，不是单位的法人代表，他所签署的法律文书，更能说明只是代表其个人的意见，也更说明信用社无权扣划存款。并说明应追加该联社参加诉讼！

四、北安市公安局的意见

本案张××诈骗后，申诉人与被申诉人都向吉林市公安局报了案，吉林市公安局经办同志对我们说："货（大豆）已追回，你们的钱仍在信用社，我们已通知信用社解冻这笔钱，这已不关你们的事，你们的钱没有人动用，可以取回你们的存款，可是现在事实上我们的钱没有任何法律程序，被申诉人强行扣划，无法取出；公安局又因被申诉人报案，追回的诈骗之货也将归还被申诉人；所以造成由于二审法院的错误判决，申诉人既不能收回存款，又由于买卖大豆未成交，申诉人又得不到货物，无从挽回损失"。

基于以上事实，申诉人一定坚持申诉，以维护自身的合法权益！

此致

××××人民法院

申诉人：绍兴市××公司

法定代表人：×××

20××年5月8日

思考与练习

1. 上诉状、申诉状和起诉状在写法上有什么不同？
2. 上诉状和申诉状有何异同？
3. 根据以下材料各拟一份原审的起诉状和二审的上诉状。

上诉人神龙汽车有限公司（以下简称神龙汽车公司）为与被上诉人华泰财产保险股份有限公司（以下简称华泰保险公司）、原审被告神龙汽车有限公司北京销售服务分公司（以下简称神龙汽车公司北京分公司）保险合同纠纷一案，不服北京市中级人民法院（2000）京中经初字第403号民事裁定，向高一级法院提起上诉称：双方所签订的《分期付款购车保险协议》系保证保险合同，属担保的范畴。该协议属于《分期付款购车合同》的从合同，具有从属性，它以主合同的存在为成立的前提，其管辖应从属于主合同的约定。神龙汽车公司北京分公司是一个不具备法人资格的分支机构，该分公司亦不是《分期付款购车保险协议》的当事人，不具备本案诉讼主体资格。另外，该公司以购车人和华泰保险公司为被告已向有管辖权的武汉经济技术开发区人民法院提起诉讼。本案由该公司所在地法院受理在先，北京市高级人民法院不应重复受理。被上诉人华泰保险公司答辩称：本案当事人签订的《分期付款购车保险协议》是信用保险合同，不是担保。该合同在形式、内容和法律性质上均系保险法律范畴。保险与买卖分属于不同法律关系，管辖问题应遵从保险法和合同法的不同管辖规定和当事人的约定来处理。保险与购销合同虽然存在内在联系，但不具有主从关系。北京市中级人民法院受理本案与保险条款中的管辖约定并不矛盾。神龙汽车公司北京分公司是投保人，其拥有《营业执照》，可以作为本案被告，且保险标的物在北京市，北京市是保险合同纠纷诉讼管辖地。武汉经济技术开发区人民法院受理的购销合同纠纷之诉与本案保险合同纠纷之诉分属不同的诉讼，各自独立，本案审理不受该案影响。另外，武汉经济技术开发区人民法院在审理购销合同纠纷案件中将其列为第三人的做法是违法的，该院对保险纠纷没有管辖权。

4. 以本章例文1的上诉状为基础，摹写一份原来的上诉状。

第七编 经济新闻和经济论文

第二十七章 经济消息

第一节 经济消息的含义和种类

一、经济消息的含义

经济消息是对当前经济领域中出现的具有一定社会价值或具有一定影响的事实所作的简要报道。经济消息从时间上来说,是指近期出现的或是以前未曾报道的经济领域中的事情;从内容上来说,一定要有价值,否则即使是刚发生的事也不一定成为消息。比如,一个厂商新制作了一件衣服,这不是新闻,但这件衣服是用特殊材料做成,具有特殊的功能,举世无双,这就成了消息。经济消息从属经济新闻(广义的新闻还包括:通讯、评论、特写等)。

二、经济消息写作的特点

（一）真实

"真实"是经济消息的生命所在。经济消息的写作不同于文学创作,必须反映客观的真实情况,经济消息中的人物、事情、地点、时间及引述的数据都要经过反复核实,做到绝对的准确可靠,否则,就成了虚假消息,蒙骗读者,有损党和政府的形象,甚至还会造成恶劣影响和严重后果。

（二）新颖

"新颖"包含两方面的内容:一是指时间上的"新",即所报道的事是新近发生的。西方报界称:"今日的新闻是金子,昨日的新闻是银子,前天的新闻是垃圾。"当然,这是相对而言的。二是指内容的"新",有些事虽不是近期发生的,但对其内容有新的认识、新的发现、新的意义,那也是值得可写的。相反有些事情虽是新近发生的,但内容不新,老调重弹,那也称不上是消息。"新颖"是经济消息的价值体现。

（三）简洁

经济消息的篇幅大多简短,行文讲究简洁、精炼,这样可以传播快捷,在较短的时间内掌握更多的信息。有的短消息只有几十个字,甚至还有一句话的简明消息。

"简洁"好比是其形体的表现。

（四）迅速

经济消息的传播常常争分夺秒，谁快，谁就掌握了新闻报道的主动，赢得了读者，谁慢了，就会影响其报刊的发行量、市场的占有率。现在的电台、电视台常常用直播的形式，同步播出消息实况，就是为了以更快的速度将消息传播至观众，以满足观众的需要，争取到更多收听或收视的观众，并以此取得更高的收视、收听率。

（五）生动

经济消息要吸引读者、观众，还需写得生动活泼、引人入胜。在内容上，要抓住最新鲜、最精彩的事实；在形式上也要用最精彩的语言将其表达出来。胡乔木在《人人都要学会写新闻》一文中指出：经济消息要写出"色、香、声、味，呼之欲出"。这样才能赢得更多的读者。

三、经济消息的作用

（一）传播信息的作用

经济消息最主要的用途就在于传播大量的信息。在当今社会，信息就是资源，就是财富。谁掌握的信息多，谁就能在日益激烈的市场竞争中"克敌制胜"，使自己立于不败之地。谁掌握的信息少，对市场情况不了解，对先进的技术浑然不知，谁就会随时被市场淘汰。

（二）传播知识的作用

经济消息不仅传播大量的信息，同时还传播广泛的知识，如新技术的开发，投资策略、技巧和分析，购物的注意事项，生活基本常识等，使人们在吸收信息时又得到了学习，扩大了知识面，提高了文化素质。

（三）舆论监督作用

经济消息本着对国家、对人民利益高度负责的精神，还可以利用新闻媒介及时反映人民群众的意见、要求、呼声，对社会生活中出现的问题，如不正之风、不规范的行为、欺诈现象等及时披露、曝光，以引起社会关注，接受舆论监督；督促有关单位、有关人员端正经营作风，提高服务质量，遵纪守法，以加强精神文明教育，促进经济建设的健康发展。

第二节　经济消息的写作

一、经济消息的基本内容

经济消息除一些标题新闻或一两句话的简明消息外，一般由标题、导语、主体、结尾和背景材料五部分组成。

（一）标题

经济消息的标题有多种，通常有单行标题、双行标题、三行标题。

1. 单行标题

也称主标题、正标题或母题，它是消息主旨的概括，如："中外合资谨防中方股权萎缩""三十三家企业获发行 B 股资格""平常心乃投资理财之本"等。

2. 双行标题

双行标题是由主标题和副标题或主标题与引题组成的标题。其中的副标题是对主标题的补充说明或解释，位于主标题之下；其中的引题，又称肩题、眉题，它是主标题的先导，交代背景、或烘托气氛、说明原因、揭示意义等，位于主标题的上方。如：

① 有情教育　无情管理　　　　　　　　　　　　　　　（主标题）
　　——上海大众汽车××特约维修站发展的启示　　　　（副标题）
② 文化有中西，艺术可嫁接　　　　　　　　　　　　　（引题）
　　《西游记》将变身魔幻大片　　　　　　　　　　　　（主标题）

3. 三行标题

三行标题是由引题、主标题和副标题三者组合形成的标题。如：

　　思想精深　艺术精湛　制作精美　　　　　　　　　　（引题）
　　白求恩走上荧屏　　　　　　　　　　　　　　　　　（主标题）
　　20 集电视连续剧将与观众见面　　　　　　　　　　　（副标题）

具体使用哪一种形式的标题，需根据消息的内容和报道的要求作决定，并力求突出消息的主旨，写得新颖生动，富有吸引力。

（二）导语

导语是消息的开头，它常常用一句话或一段话将消息中最有价值、最基本、最重要、最吸引人的部分简洁地揭示出来。导语虽然简短，但是很重要。美国新闻学家威廉·梅茨曾说："导语是记者展示其杰作的橱窗。"一则消息是否能吸引读者，往往取决于导语写得是否成功。故有人说："导语是一条消息的生命"，"写好导语，等于写好了消息"。好的导语有八个特点，即提供信息、简短、明晰、简单、直截了当、生动、客观、富于色彩和格调高尚。其中以简短、明晰和色彩尤为重要。

导语的写法有多种形式，按不同的分类方法，常见的有如下几种：

1. 根据导语要素是否完整分

导语可分为六要素导语和部分要素导语

（1）六要素导语，就是消息六要素齐全的导语，即五"W"和一个"H"（who，what，when，where，why 和 how），也称全型导语。六要素导语具体、完整。常可以独立成一条消息。但有时内容太多，重点不突出。对初写新闻的人来说，掌握五个

"W"和一个"H"还是很有必要的。

（2）部分要素导语，即指只包含"六要素"中的部分要素的导语，也称微型导语或第二代导语。部分要素导语通常突出强调"六要素"中某一要素，然后辅之以其他一两个要素，其他则在主体中展开。有经验的记者在写作导语时多要此种方法。

2. 根据导语表达方式和表现手法上分

导语又分叙述式导语、描写式导语、评论式导语、对比式导语、引语式导语、提问式导语等数种。以下列举若干说明。

（1）叙述式导语（也称直叙式导语），即用直接叙述的方法，以凝练的语言，扼要地写出最重要、最精彩的事实，是导语最基本、最常见的写法之一。如：

"香港邮政署昨天宣布，1月25日起将停售绘有英国女皇头像的通用邮票。"（《新民晚报》1997年1月9日）

"昨天下午，××省××市中级人民法院作出一审判决，依法分别判处挪用公款达一亿多元为个人进行炒股盈利活动的主犯××市信托投资公司证券营业部经理、副经理×××、×××死刑，剥夺政治权利终身。"（《上海证券报》1996年12月14日）

（2）描写式导语。它是对消息中的主要事实，根据所观察到的情况作简要的描绘，给人以身临其境、生动具体的感觉。如：

"在浦东施湾乡，有一片硕大的灌木林，远远望去，只见那绿叶在海风的吹拂下，如波涛一般起伏荡漾，阵阵香气扑鼻而来，这里就是浦东最大的无花果园。"（《新闻报》1996年2月3日）

（3）提问式导语。它是把消息中需要告诉读者的事情，先作为一个问题提出，然后在主体中给予告知解答。如：

"随着上海市民家庭装潢标准的提高，一个新的问题提了出来：住宅电话移机能否先装后拆？"（《文汇报》1997年1月8日）

（4）评述式导语。它是在消息的开头对所报道的事先发表一段评论，以导入主题的阐述。如：

"年底将至，55亿额度新股发行已近尾声，这是我国股市首次实现扩容与二级市场承载能力的同步增长，同时大量的新股发行有力地支持了大中型企业的建设。但是也应该看到，新股发行、上市中还存在一些问题。对这些问题加以分析，有助于证券市场的规范发展。"（《上海证券报》1996年12月14日）

（三）主体

经济消息的主体又称"新闻躯干"。主体的内容，一是对导语中所说的事作进一步的展开，作具体的阐述；二是对导语中没有概述进去的次要内容作补充或详细阐述，充分阐发表现新闻主题，使读者对该消息报道有较完整、具体的了解。比如进一步提供有关细节和背景材料,使其更清楚明白。

(四)结尾

经济消息的结尾是消息的最后一句话或一段话,主要是对全文作归纳小结,或阐明消息的意义,加深读者的印象。有些消息因本身简短而不另设结尾,事尽言毕,以避免重复、拖沓。结尾的写法也有多种,常见的有小结式、展望式、启发式和引语式等。

(五)背景材料

背景材料是指经济消息中的人和事所处的环境、条件等情况的介绍,如人物背景、政治背景、历史背景、地理环境等。消息中适当做一些背景介绍,可以烘托深化主题,对人、对事有进一步的理解和认识。背景材料在消息中并非必不可少的,有的需要作背景介绍,有的却无需作背景介绍。如2000年6月7日,国内数家报纸都同时报道了河南开封一些乡村出现罕见蝗灾的消息。有的记者只对蝗虫出现的时间、范围及对农作物造成的危害作了简要的报道,不写背景材料。有的记者则在报道这些情况的同时,又对河南数月不雨、土地龟裂严重而造成蝗虫迅猛暴发的气候、地理环境因素作了介绍;还对近二十多年来,该地区蝗灾出现的时间、范围、每平方米蝗虫的密度等历史情况做介绍。通过这些背景材料,使人们加深了对该地区蝗灾的了解以及对防治蝗虫重要性的认识。

背景材料在消息中的位置灵活,可独立成段,也可穿插于导语、主体或结尾之中。

二、经济消息的写作结构

经济消息的写作,通常采用如下结构:一是按照事物发展的先后顺序组织编排材料,亦称"金字塔结构";二是按照事物因果内在联系组织编排材料;三是一种称之为"倒金字塔"的写法。其中,"倒金字塔"的写法最为新闻工作者常用,现具体介绍如下:

倒金字塔结构也称"倒三角"结构,它以事实的重要性程度或受众人关心程度先重后轻依次安排消息中各项事实内容,犹如倒置的金字塔或倒置的三角形一样。如:

新华社供本报专电　美国总统克林顿7日向国会提交了总额达3 054亿美元的2001财政年度国防预算。这是自冷战结束以来美国第二次大幅度增加国防开支。

如果获得国会批准,自今年10月1日开始的美国2001财政年度国防预算将比本年高出165亿美元。

新国防预算计划拨款600亿美元购置和更新武器装备,比1998年财政年度猛增了三分之一,购置的更新武器装备包括F-22和F/A战斗机、直升机、DDC-51型驱逐舰、一艘新型攻击型潜舰和一艘价值40多亿美元的尼米兹级航空母舰。尼米兹级航母是美国最大的核动力航母。

（摘自《新民晚报》2000年2月8日）

这则消息的重要事实是——美将大幅增加年度国防开支，因其影响巨大，故作为导语放入首段；次重要的事实是——与本年度比，增加幅度究竟有多少，即高出165亿美元；再次重要的事实是——大幅增加国防开支主要用于什么地方，即购置和更新武器装备；最次要的是——主要购置和更新哪些武器和装备，即文中所列。这样排列，事实材料由重到轻，由主到次，层次分明，意图明显，给人印象深刻。

倒金字塔结构的好处在于：一是开门见山，概括性强，直接反映事实；二是有利于编辑取舍删削。编辑选定来稿，往往先看导语，有价值的则用，价值小的缓用，无价值不用。如果报纸版面有限，要压缩消息报道篇幅，则可从末尾删起，而不因此影响主要事实的报道，且快捷简便，省时省力；三是便于读者阅读。读者可根据对消息内容的所好程度，逐次阅读，随时都可中止，转看其他报道。

三、经济消息的写作要求

1. 内容要真实

经济消息要求报道真人真事，不能虚构，也不能道听途说，随意发挥，而应实事求是地报道，用事实说话，反映消息的真实面貌。

2. 层次清晰结构紧凑

在经济消息写作中，要组织好材料，安排好材料，做到合理布局，前后连贯。如哪些材料在前，哪些在后；哪些需要详写，哪些需要略写等。做到有主有次、有轻有重、有详有略，衔接紧凑而不分散。

3. 语言简朴准确生动

经济消息的写作要适应各阶层、各种文化程度的读者的需要，所以消息不仅要求简洁，还要求通俗、朴实。美国一位新闻学家道格拉斯·伍德·米勒在他的《新闻语言的特色》中指出："最优雅的写作是最简朴的写作""要避免用多数人不懂的行话""要使用普通而熟悉的词"。消息的语言应该是朴实而不单调，优美而不花哨，概括而不枯燥，只有这样才能更好地吸引读者，收到更好的效果。

例文1

大学生入伍可享受多项优惠政策

新华社北京10月29日电（王东明、赵秀涛、黄明） 20××年冬季征兵将增大征集在校大学生的范围和数量，应征入伍的大学生可享受多项优惠政策。

根据有关政策，在校大学生入伍前，学校应尽可能安排他们参加本学期所学课程的考试，也可根据其平时的学习情况对本学期所学课程免试，直接确定成绩和学分，并保留学籍到退役后一年内。对修完规定课程或修满规定学分、符合毕业条件的，学校可准予毕业，发给毕业证书。大学生入伍后，有条件的可参加原学校组织的函授或自学原专业课程，经部队团级单位批准可参加学校组织的考试。

入伍大学生退出现役后复学，其家庭经济困难的，由学校酌情减免学费；入伍前享受优秀学生奖学金的，复学后提高一个奖学金等级；在部队立功的，复学后可部分减免或免交全部学费。退役大学生专科升本科、本科报考研究生的，在同等条件下应优先录取。在部队受到立三等功以上奖励的，原是本科生的可申请转到本校其他专业学习，原是专科生的可以免试转入本校同专业或相近专业的本科学习。在部队荣立二等功以上的，所学本科专业毕业后可免试保送所学专业研究生。退出现役后不愿复学的，由入学前户口所在地的退伍军人安置机构负责接收，并按照退役士兵的有关政策规定安置。

（摘自20××年10月29日云南日报）

例文2

美八岁华裔女童出12万字书从古埃及到文艺复兴

中新网6月6日电 据美国《世界日报》报道，华裔女童邹奇奇（Adora Svitak），年仅8岁就出版了12万字的《飞扬的手指》（Flying Fingers）一书，被誉为"美国文坛小巨人"。在她的倡导下，西雅图的主流社区甚至掀起了一股读书写作的小旋风。

家住西雅图的奇奇去年10月出版的《飞扬的手指》一书长达296页12万字。她与妈妈邹灿3日飞抵洛杉矶，4日与出版商商讨出书细节，同时接受了华洋媒体访问。

奇奇所撰写的逾300篇故事中，多以中世纪为背景。从古埃及写到文艺复兴，文中透露着独特的政治、宗教、教育见解，思想内涵深刻，文思严谨，令人难以相信是由8岁的孩子一手撰写。

对于自己的成功原因，奇奇认为要归功于涉猎书目广泛。她说她的藏书包括天文、地理、文史、传记，而最爱的莫过于历史和虚幻小说。奇奇读书的速度也令人咋舌，一本700页"哈利波特"小说，她一天花8个小时就能读完。

在奇奇倡导下，西雅图Redmond社区刮起了"远离电视，读书写作"的小旋风。近十所高中、初中、小学的学生听完奇奇的写作心得后，尝试翻开书本，发挥无穷想象，走入奇幻的小说世界，读而优则写。

虽然在美国生活，奇奇对中华文化历史非常熟悉。她数着手指说，读过《西游记》《三国演义》《中国古代史》《毛泽东故事》《红领巾的故事》等书，对中国皇朝变更特别感兴趣。

奇奇的妈妈邹灿表示，她与美籍捷克裔的丈夫原本想把两位掌上明珠送到资优班就读，可是Redmond天才孩子太多，连资优班都要排队，所以决定在家自己教，不料却闯出另外一番天地。

邹灿从事中、英文翻译工作，丈夫是微软工程师，两人给了女儿选择读物的自由。她说，读书就像买衣服，只有经常逛街、了解流行潮流的消费者才有独特见解，挑选合宜服装。家长不要因为子女年龄小，不懂得选择书本，其实他们有自己独特的见解，这样反而促进他们学习自主性。

（陈　婷）

（摘自http：//news.tom.com，2006年06月06日11时16分，来源：中国新闻网）

例文3

河南宣判简历诈骗案　假北大博士被判三年半

新华社郑州5月19日电　河南一名自考本科生伪造虚假简历，冒充北京大学在读博士生蒙蔽求职单位，被察觉后以涉嫌诈骗被提起公诉。5月19日，郑州市二七区法院对该案作出公开审理，一审认定其诈骗罪成立，并判处有期徒刑3年6个月。

据了解，2004年11月底，在北京举行的全国高级人才招聘会上，一则求职简历吸引了郑州航空工业管理学院（简称郑州航院）的招聘人员。该简历内容为：1994年考入北京大学，1998年考取北京大学经济学专业（硕博连读）。研究生在读期间，曾先后在中国证监会基金部任助理研究员、信息产业部电信规划院任电信规划咨询师、北京大学经济学院任教员等，主持过东风汽车与日产合资的改制和并购、中国电信企业的管理方案与投融资策略研究等13项活动及科研、论文等21项。

该简历的主人叫刘志刚，别名刘××，河南许昌县人，1975年出生。面对有如此造诣的"高级人才"，招聘人员很快向学校作了重点推荐，郑州航院方面也很快向刘××发出用人邀请。经过一番考虑之后，刘××同意到郑州航院工作。该校将其当成高级人才，并按照学校引进人才政策及其要求，给予刘××安家费、工资、津贴等共计4.6万元，并分给其一套120平方米的住房。后郑州航院在调查中发现刘××简历中提供的科研、论文情况并不属实。2005年2月，郑州航院人事处派人去北大调查落实，查证得知刘××的学历、论文等全部为虚假情况，立即向公安机关报案。

法院经审理认为，刘××以非法占有为目的，虚构事实、隐瞒真相，以虚假的在读博士身份骗取公共钱财，且数额巨大，其行为已构成诈骗罪，故判处有期徒刑3年零6个月，并处罚金4 000元，责令退回被害单位郑州航院经济损失5 370元。

（摘自http：//edu.tom.com,20××年05月20日,来源：北京青年报）

思考与练习

1. 经济消息有哪些特点？
2. 什么是倒金字塔结构的写法？这种写法有何好处？
3. 什么是背景材料？
4. 三行标题通常由哪几部分组成？请举例说明。
5. 阅读消息，回答文后问题。

（1）

美国密歇根州警方2月25日说，该州一所小学当日上午发生枪击案，一名6岁女童被同班一名7岁的男同学打死。

枪击案发生在当地时间上午10时许，地点位于底特律西北的比尔小学。据报道，7岁男生是在教室里向6岁的女孩开的枪。枪杀案发生后，女孩立即被送往附近的医疗中心救治，但半小时后死亡。

当地警方表示，枪击案发生时，教室里还有22名学生，但他们都被安全地疏散出去，没有再发生新的意外。警方已将凶手拘留，但还不清楚凶手是故意的还是无意的。不过，据说这两名小学生28日在操场活动时发生了矛盾并扭打起来。警方将对事情进行全面的调查。

美国总统克林顿为一名7岁的孩子能够获得枪支并用来杀人表示愤怒，要求美国人在今年总统选举中考虑枪支的安全问题。

（2）

日前，一次以无底价倒拍方式进行的减价拍卖会在北京成功举行，吸引了500多名竞拍者前来助兴。

这次中国拍卖史开先河的减价式拍卖一共有60件拍品，其中包括服装、珠宝、工艺品、书画、家具等，多数高档拍卖品均以低于起拍价一半的价位成交。其中有一枚南非钻石，起拍价为35 000元人民币，最终被一竞买人以15 000元的价格买得。

据资料显示：减价拍卖起源于荷兰，因此又名"荷兰式拍卖"。减价式拍卖是由拍卖师首先报出最高价，如果没有竞买人举牌，便逐渐减价，一直到有竞买人举牌为止。如果在某一价位上同时有几个竞买人举牌,拍卖师就逐渐加价,一直到只有一位竞买人买得。在国外,减价式拍卖一般用于拍卖花卉、蔬菜等鲜活商品,在中国尚未有拍卖行尝试过。北京这次减价拍卖对于丰富拍卖形式,提高竞买人兴趣,促进拍卖业发展起到了相当大的作用。

(1) 给这二则消息添上标题(单行标题、多行标题均可)。

(2) 第一则消息是如何排列材料的?这是一种什么样结构的写法?

(3) 以上哪一则消息用了背景材料?它被放在消息中哪一部分介绍的?起到了什么作用?

6. 根据下列材料写一则经济消息。

精明的日本人发现在一些缺水的阿拉伯国家水比油还贵,于是他们就在水上大做文章。经过反复研究,日本人找到一种比出口淡化海水更简单、更省钱的方法:出口雨水。从多雨的日本海接来雨水,用轮船运到阿拉伯国家,多种费用加在一起,每吨不到1美元,赚头可观。第一个接受这种特殊商品的是阿拉伯联合酋长国,这个国家计划每年进口2 000万吨雨水用来灌溉和开垦荒地,种植农作物。

为了保证出口雨水的质量,防止污染,日本三菱公司还专门成立出口雨水的专业公司。日本专家还研究出了一种清除轮船内石油废渣的方法,利用油轮运载雨水,往返不空驶,大大地降低了雨水的成本,增加了外汇的收入。

7. 阅读以下消息,回答文后问题。

本报12月26日讯 世界首例"手臂残端再造指控制多自由度电子假手"今天在上海通过专家技术鉴定,宣布这项由上海医科大学附属中山医院和上海交通大学共同承担的国家自然科学基金研究项目获得成功。专家称这一研究项目,是一个填补世界空白的伟大创举。

今年9月19日,上海中山医院骨科专家、中科院院士陈中伟教授在陈峥嵘教授等配合下,为因打工致残失去右手的19岁湘妹子阳东华,进行了游离第二足趾再造前臂手指手术。在交通大学胡天培教授的指导下,阳东华的右残臂上装上了上海交通大学研制的多自由度电子假手。她如今能用从脚上移植至残臂的"手指",正确传递大脑运动信息,经专家检测,三自由度六个动作的控制信号,指令操作100次无一次失误,准确度达到100%(误动作为0)。现在,阳东华佩戴使用第一只再造指控制的自由度,可做指伸、指屈、旋前、旋后、腕伸、腕屈等六个动作,进行准确的生活自理动作操作表演。

(1) 你以为该新闻导语写得如何?为什么?

(2) 请你为该新闻重新设计一条导语。

8. 根据班级或学校最近发生的事,写两则消息。

第二十八章 经济评论

第一节 经济评论的概念、作用和种类

一、经济评论的概念和作用

经济评论是针对当前经济领域中出现的问题或现象,以及广为人们关注的经济方面的事实发表意见、看法的一种议论性的应用文体,如有关经济方面的社论、短评、述评、专论、纵横谈等文章,均属经济评论。

经济评论在经济建设中,具有十分重要的作用。它可以随时对当前经济活动中发生的事实加以评析,揭示客观事物的内在本质,揭露存在问题,扬善抑恶,或者对一些不明朗的问题展开争论,明辨是非,提高人们对事物的看法、认识,帮助企业改进工作作风,提高管理水平,更新陈旧观念,提高产品质量和服务质量,切实维护国家和人民的利益,以此不断地推动经济建设的健康发展。

二、经济评论的种类

经济评论的种类根据不同的标准,可分为多种。如根据文章的内容分,有:经济形势的评论、经济理论思想的评论、经济动向的评论、经济政策的评论等;根据作者的身份不同,可分为官方的(代表政府的)评论、专家学者的一家之言评论、记者或编辑部根据报道所作的短评、其他社会各界人士、普通百姓的评论等;根据表现形式不一,还可分为社论、评论员文章,述评、短评、随笔,编者按等。现根据评论的权威性、重要性程度将经济评论分为三类:社论和评论员文章,经济述评和专论,经济短评和随笔。

1. 社论和评论员文章

这类评论大都针对国内外的经济形势或国民经济发展中的变化、金融政策的调整以及经济领域中发生的重大事件等所发,且由国家政府部门或重要报社发表,具有很高的权威性和政策的导向性等特点,篇幅也较一般评论长。如《依法治市,按市场经济规律办证券市场——纪念〈证券法〉实施一周年》(上海证券报 2000 年 7 月 1 日)。

2. 经济述评和专论

经济述评、专论往往着眼于经济领域中的某一方面出现的问题,发生的变化,

及某项经济政策的调整、改变,就此进行专门的分析、评价,发表看法,提出建议,帮助人们正确地看待问题和变化,提高思想认识。尤其是对披露的经济问题,进行评述后,更能引起社会各界的重视和警觉,加强防范,以保证经济建设的健康发展。经济述评和专论文章大都由资深专家或有关行家撰稿,因此对读者也有较强的引导作用。

3. 经济短评和随笔

经济短评和随笔比述评和专论更注重实际。它常就日常碰到的一些经济方面的具体问题和现象,以及有些看似不经意但也能发人深省的小事,发表独自的见解或感想。这类短评、随笔缘事而起,随感而发,文章短小精悍,内容丰富多彩,形式自由、语言生动,是新闻评论中使用最为广泛和最为活跃的一种评论。

第二节　经济短评的写作结构和基本内容

综上所述,经济评论有多种,且写法不一,有些评论文章,如社论、评论员文章等,通常由专业的人士所写。人们看得最多、写得最多的是短评及一些随笔。短评是经济评论的基础,只有将短评写好,才能继而写好专论、述评等评论文章,故此本节着重介绍短评的写作方法。

经济短评的写作通常由以下部分组成。

一、标题

经济短评的标题写法类似消息,但它更注重将所论的观点在标题中直接或间接地揭示出来。如有一则短评标题是《怎样杀"鸡"》,而文中所谈的是一些单位对人的惩罚不当的问题,这是间接点题;又如《国有名牌何以流失》则直接点题。短评的标题常用单标题,也有用双标题的,如《分歧加深、协调徒有虚名——西方各国财长和中央银行行长会议述评》。无论用何种形式的标题,都应力求新颖生动,简洁明了。

二、导语

导语是文章的开头。导语部分主要是引出所要评论的事或问题,让人明白因何事而评论。导语的写法多样,常用的有如下几种:

(一) 引述式

这种开头常简要地引用在媒介上所报道的新闻事实。如新民晚报 2000 年 1 月 24 日的一篇短论《质检应多放"马前炮"》中的导语为:"据《文汇报》报道,市卫生局卫生监督所近日一次抽查表明,有 10% 的裱花蛋糕产品不合格……"即是这种开头的方式,以此为下文的评论提供事实依据。

（二）设问式

即先提出问题，然后再引出事实依据，展开评议。如一则短论的导语为："××冰箱原是国家的知名品牌，市场供不应求，而现在怎么销声匿迹了呢？"提问式的开头，很容易引起人们的关注。

（三）论辩式

这种开头常先引出某种错误的说法或观点，以此树立靶子，展开针锋相对的辩论。如"现有人认为……究竟如何看待这个问题呢？不妨看看以下的一些事实……"然后在下文展开事实，进行批驳。

（四）结论式

结论式的开头是直接提出自己的观点，如"元旦过后，整个市场的目光都注视着高价股，低价股非但长期在底部徘徊无人问津，而且成为换股平仓的对象。但我却认为，低价股中存在更大的机会。"随后在下文，提出事实根据，证明以上观点。

导语的写法还有数种，无论采用何种方式，都应开门见山，直接入题，避免用公式化的套话或空话。

三、本论

本论是文章的主体部分。本论的写作主要是根据导语的内容，展开事实依据，进行评价议论。在评议中首先应就事论理，不能脱离事实，空发议论；其次评议要有深度，有新意，透过现象看本质，而不能表面化、简单化、雷同化、泛泛而谈；再次评议应恰如其分，适可而止，不能随意发挥，也不能过分吹捧或过分丑化他人。

四、结尾

短评结尾的写法也多样，有的是对全文作归结，再次强调所论的观点，给人深刻印象；有的则就如何解决存在的问题提出建议，希望有关方面给予重视和采纳；有的就如何改进工作、服务态度等，提出希望和要求等。也有的不分结尾，直接在本论末结束。如要结尾，则当简短有力，当行则行，当止则止，不可拖泥带水，硬凑字数。

第三节　经济评论的写作要求

一、有的放矢　评有所值

经济评论的写作首先必须针对经济领域中所发生的事实而发，如某种经济现象、某些服务观念、某些经济问题、某些金融政策等。不能脱离事实而空发议论、空谈道理。此外，由于经济领域中所发生的事毕竟很多，不能一一都评，必须有所选择，选择那些最新近的、能引起人们广泛关注的、影响老百姓切身利益的；能严肃经济法规、稳定经济秩序的；能促进社会经济建设健康发展的；能提高人们的道德法制观念等进行评论。通过评论,揭露经济生活中存在问题,抨击不法的经济行为,维护国家和人民的利益,扬善抑恶。只有这样,才能评有所值,更好地为国家的经济建设服务。

二、言之有理　评有深度

言之有理体现在两方面:一是评有道理;二是评有条理。经济评论文章的重点在于"评"和"论"。要做到评之有理、有深度,首先,要针对事实而发,还要结合党和国家的方针政策、有关经济法规纪律来言明道理,阐述观点。其次,事实要确凿,论据要充分,还应善于透过现象看本质,挖掘内在的、深层次的问题所在,而不应就事论事,仅作表面、肤浅的评论。

另外,在评论时还应注意材料与观点的统一,做到层次清晰、条理井然、联系紧凑、论证有力、富有逻辑性,这样才能令人赞同和信服,收到更好的效果。

三、简洁生动　评有生气

简洁是针对评论文章的篇幅而言,生动是针对评论文章所用的语言而言。评论文章要做到简洁,首先选用事例要精,真正能说明问题即可,而不在于事例的多。其次所议要精,抓住问题的实质而发,不求面面俱到。做到文短而意深,而不要高谈阔论,言之无物。

评论的语言不仅要求严谨、通俗易懂,还应尽可能做到生动有趣。如在文中适当使用一些成语、俗语、歇后语等,或带有哲理的精辟警句,都能给文章起到生动有趣的效果。一篇评论如既能做到以理服人,又能以情动人、以文感人,那么它的可读性就会大大增强。否则,即使所论十分在理,但用语单调、枯燥、乏味、缺少生气,同样难以吸引读者,激不起阅读的兴趣,也达不到好的行文效果。

例文1

展望"十一五":不唯速度是从

王麦玲/文

速度对人类具有一种特别的意义。

2004年雅典奥运会上,当刘翔以12秒91的成绩跨越110米栏的时候,世界为之震撼,中国为之震撼。目睹了刘翔夺冠的每一个中国人都热血沸腾,因为刘翔创造了一份新的速度记录,一个自有人类以来历史上最快的110米跨栏世界纪录。"更高、更快、更强"的奥林匹克精神标志着人类不断挑战自我,挑战极限的奋斗精神!

在经济领域,人类也从来没有停止过前进的脚步。为了能生活得更加富裕一些,人们不断地发明、创造、生产和建设。尤其是像我国这样的发展中国家,人民盼望富裕的愿望更加强烈,连做梦都想着能早一天赶上和超过西方发达国家。

改革开放以来,中国创下了世界历史上的最高发展速度记录。1978～2004年26年间,国内生产总值从1473亿美元增加到16 494亿美元,年均增长达到9.4%;出口总额从206亿美元增加到11 548亿美元,年均增长超过16%;国家外汇储备从1.67亿美元增加到6 099亿美元;农村贫困人口由2.5亿人减少到2 600万人。综合国力显著增强,人民生活不断改善,中国的发展速度让世界惊叹!

然而,在追求经济快速发展的过程中也出现了一些不和谐因素:为了追求经济快速增长,部分地区和部分行业盲目投资、重复投资、只看经济效益不惜其他代价的投资,已经给我们的生产、生活造成了很大的负面影响。在经济快速发展的同时,我们的生存环境却没有得到很好的保护,空气和水遭受污染的情况增加,蓝天白云甚至成为奢侈品,频发的矿难事故给安全生产敲响了警钟……这些都告诫我们,一味追求速度的经济增长需要付出高昂代价,人类经济的发展是一个全面发展的过程,不能唯速度是从!

我们曾经有过惨痛的教训。1958年的"大跃进"运动,给共和国造成了巨大损失。五年超过英国,十年赶上美国的不切实际的目标,片面追求工农业生产和建设的高速度,大幅度地提高和修改计划指标,导致瞎指挥、虚报风、浮夸风盛行。历史一次又一次告诉我们:经济建设往往欲速则不达!

以史为鉴,以科学的发展观为指导,我们对经济发展有了新的认识。党的十六届五中全会提出了"十一五"时期经济社会发展的主要目标:要在优化结构、提高效益和降低消耗的基础上,实现2010年人均国内生产总值比2000年翻一番;资源利用效率显著提高,单位国内生产总值能源消耗比"十五"期末降低20%左右;《中共中央关于制定国民经济和社会发展第十一个五年规划的建议》指出,要坚定不移地以科学发展观统领经济社会发展全局,坚持以人为本,转变发展观念,创新发展模式,提高发展质量,把经济社会发展切实转入全面协调可持续发展的轨道;党和国家领导人在不同时间、不同场合反复强调,要全面落实科学发展观,彻底转变粗放型的经济增长方式,使经济增长建立在提高人口素质、高效利用资源、减少环境污染、注重质量效益的基础上,努力建设资源节约型、环境友好型社会,实现经济社会全面协调可持续发展。

中国在创新自己的发展模式,从追求GDP为中心的旧发展观转向以人为本、以十几亿人口共同富裕为中心的新发展观。中国人对于速度有了全新的把握,对于发展速度的追求有了限定语,有了前提和条件,对发展质量的重视和强调显示了中国人迈向现代化过程中的紧迫和从容。

中国希望快速发展,但是中国需要的是一种全面、协调、可持续的健康发展。中国对于发展速度的调控体现了一种理性,一种自信,一种能力和一种责任。它向世人表明，中国有能力掌控自己国民经济的发展方向和发展脚步，中国的经济增长必须放在历史的长河中审视，必须放在全球背景下审视，必须是功在当代，利在千秋。理性的光芒在此闪耀，中国将克制自己追求经济增长的强烈冲动，从片面发展到全面发展，从不协调发展到协调发展，从不平衡发展到均衡发展，从不可持续发展到可持续发展。因为中国明白发展是硬道理，全面协调可持续发展更是硬道理。

中国需要速度，但不能唯速度是从！

（选自《中国信息报社》2005年11月30日）

例文2

中青：消费敢死队："品牌暴力"的又一牺牲品

郭之纯

最近一项针对都市青年的调查显示，有57%的受访者表示"敢用明天的钱"，48%的人称自己"不会因为负债消费担忧"。以致《中国青年报》在6月20日的报道中得出这样一个结论："年轻人渐成消费敢死队主力。"与以前流行过的"月光族""新贫族""百万负翁"等称呼相比，"消费敢死队"在生动风趣之外，透出一种苦口婆心的干预和奉劝。

这种潜在的"干预"或许是必要的。全面看来，这确实已经是一个需要进行讨论乃至引导的问题。缺乏事业基础的青年群体日渐成为奢侈消费的主体，这一现象怎么看也有些反常。

奢侈品是给什么人用的？按常理，当然是手头宽裕"有钱没处花"的富人。然而，在当前的年轻都市白领阶层中，"有人买不起几万块钱的服装，也要买几千元的钱包甚至两千元一把的裁纸刀来表现自己的品位"。对于"月光族"们并不丰厚的钱包来说，这样的消费方式虽然看起来"自爱"，实际上是自虐——人前风光必定人后受苦，即便只是一小件用处并不太大的奢侈品，也不知道要以压抑多少次必需消费为代价。这不是"生活品质的提高"，而恰恰相反。

为什么会这样？难道他们不懂得这些道理？显然不是。那么，到底应该如何理解这种现象？

最近有一个被称作"品牌暴力"的概念比较流行：本来1000元的服装，贴上名牌便卖两三千元，这是对消费者的掠夺；本来1000元的服装，有品牌者可卖两三千元，无品牌者只卖1000元甚至更低，这是不公平的竞争。有人将产生这种现象的原因总结为"品牌暴力"。看眼下的"消费敢死队"，似乎就是中了"品牌暴力"的招儿。

不难发现，近年来的"品牌营销者"都在有意模糊一个概念：品位。不知道从什么时候开始,"消费能力"与"事业成功"混淆在一起,而"成功"竟然又和"品位"混淆在一起——于是就有了这样一种逻辑:只有具备了某种层次的消费、某种品牌的消费,才能算成功;只有"成功人士"才能称得上是"品位人士"。于是,只有具备了某种品牌的消费,才能算是有"品位"——"品牌压力"由此形成,渐成"品牌暴力"。

于是,在炫目的"品牌压力"下,很多年轻人无所适从,只好"跟着潮流走",从而"走"入了一套巨大的商业阴谋当中,陷入了消费文化的陷阱。于是,"他们劳心劳力地工作,长期处于亚健康状态,而辛劳所得,只用来换一个身份符号"。很多年轻人为了追求"生活品位",为了追求别人的认同,再也不肯穿着普通的牛仔T恤,虽然比尔·盖茨经常也这么穿;再也不肯喝普通的中国茶,如果不喝"高级白领象征"的立顿红茶,就一定是"味道好极了"的雀巢;再也不肯请女朋友吃普通冰棍,而一定是"爱她,就请她吃"的哈根达斯——典型的"品牌强迫症"。

被"品牌暴力"暗箭射中的,不仅仅是年轻的"消费敢死队"。眼下,从亨氏到麦当劳,从雀巢到哈根达斯,这些著名品牌接连出事,使不少国人很受伤,怒不可遏,义愤填膺。仔细品味某些人的姿态和反应,隐约也能看到其对"品牌暴力"曾经屈从或顺从的影子。

因而,要拯救"消费敢死队",就让我们先来揭穿这个"品牌的暴力阴谋"。

(选自《中国青年报》20××年06月22日)

思考与练习

1. 根据下列报道,写一则短评,字数400字左右。

装潢场里无亲情

顾 武

亲戚小王供职于沪上某大型家庭装潢公司,平时与我家来往甚密。当获悉我们买了新房,她虔诚表示要尽至亲义务,为我们包工包料,让我们省钱、省时、省力地住进气派、一流的新房。母亲、妻子及我都认为凭当年父亲在世时,月月资助她家的情分,定会竭尽全力相助的。一开始,我提出与她签订装潢合同,她却连连摆手说:"我私下喊工程队帮忙,不但各种材料可到厂里按批发价进货,人工费也可节约4 000元,一个工程下来比签合同起码便宜25 000元!"一番话,更令我们感叹亲情的弥足珍贵。

然而,一俟工程队进场后,不顺心的事接踵而至。潮湿木料已做成了吊顶夹板、门框;坑洼不平的毛坯墙面已贴上瓷砖,导致近百块亚细亚高档瓷砖报废损失;

油漆的地面起伏不平，2万元地板被糟蹋……我愤愤然，小王却笑着说："十全十美是不可能的。"

两个多月后，装潢终于完工。小王不得不报账了（其间我多次要看材料价格、发票，她一会儿说发票不在身，一会儿说托熟人买的材料价格低，再开发票人家要亏本的），如今，她竟拿不出一张像样的发票或收据，给我看的全是领料单，价格全是随口报的。据懂行朋友估算（我们也领了行情），她多赚了1.9万元材料费。本想深究，可母亲再三强调亲戚情分高于钱财，要我们迁就算了。可难以迁就的是，入住半年来房子重病不断：电话线断不通、地板变形开裂、墙面油漆散落，最近又发现厨房木门合不拢、水斗和抽水马桶底座渗水……要小王派人解决，她却迟迟无回应。

请亲戚装修，又未签合同，到头来投诉无门，还要克制自家，不得撕破脸皮了断亲情。痛呀，懊呀，悔呀，都晚了呀。

2. 根据近期所观察到的经济现象（好的、坏的均可），结合你的认识，写一则短评，字数在400字左右。

第二十九章 经济论文

第一节 经济学术论文

一、经济学术论文的概念

经济学术论文是学术论文的一种。所谓学术论文,简单地说就是科学研究活动的书面成果。它是那种旨在通过对社会科学、自然科学中的某个领域、某个现象、某个问题作比较系统、深入的研究,来探讨其本质特征和规律的理论性文章。它的发表和传播的载体往往是学术刊物和学术会议。

经济领域中的经济活动和经济现象,事关国计民生,它的纷繁复杂、随机多变性使它成为科学研究和学术活动的重要对象。经济学术论文就是一种研究经济现象、探讨经济规律、阐发经济理论、指导经济工作实践和活动的学术论文。

二、经济学术论文的特点和种类

(一)经济学术论文的特点

从文体上说,学术论文就是写作学中的议论文;但从工作性质说,它又是科学研究过程的一个环节,科学研究活动的一个重要手段;经济学术论文的对象又是社会科学领域里的一门分支学科,而且这门学科本身又可分许多专业。如涉及经济学的类似有《论产权与产权制度》,涉及经济宏观管理的有《论宏观调控的目的与手段》,涉及农业经济的有《谈农业增长方式的转变》,涉及工业经济的有《论公司制度》,涉及劳动经济的有《关于最低工资立法的经济研究》,涉及贸易经济的则如《关于经纪人》等等。因此,经济学术论文是处在交叉学科地位的文体,它除了具备专业性、创造性、综合性这些一般学术论文的共同属性以外,还有以下明显特征:

1. 见解独创性

所谓独创性这是所有学术研究的生命,就经济学术论文来说,就是指作者提出的经济观点,是对某个经济问题的一种与众不同的或前所未有的看法。这当然很难,对一般人尤其是研究水平不高或初入此行的年轻人、青年学生来说,未免要求过高了一点。但若能占有新的材料,或运用新的方法、新的视角重新对已有观点、结论(有的是正确的但阐释不深不透的,有的停留在理论上而实践或实用方面研究不够的)加以进一步阐发的论文,也不失为一种创造性的研究。

2. 目的功利性

文艺创造旨在供人欣赏,新闻写作则在传播信息,而经济论文的写作不是为了达到这些目的,它要求直接或间接地为经济工作、经济活动以及与此相关的生产生活服务。特别在市场经济的环境中,更要求经济论文的写作契合实际,注重务实、注重应用、注重效益、注重对社会生产力和经济的健康持续发展起有力有形的杠杆作用。归根结底,经济学术论文的价值,取决于它的理论奉献和经济价值的大小、社会效益的好坏、经济效益的多少。因此,经济论文的写作应该优先考虑那些经济工作中亟待解决的问题,要摈弃那些空洞无物的堆砌、干巴巴的说教、推磨式的争论和毫无价值的天方夜谭,以务实为本。

3. 科学规律性

经济活动和经济工作既是我们日常生活的一部分,我们朝夕相伴的身边事,又是一门科学,它也像其他客观事物一样,有其内在本质和自身运动、变化、发展的规律。经济研究的目的就是为了发现、揭示最终掌握这些本质和规律,在认识客观世界的同时,改造客观世界。因而,经济论文的写作必须以现有现象、事实和理论为依据,具有客观的实在性;必须有利于经济现实问题的解决,促进经济的发展、效益的提高,具有一定的先进性;还必须经过反复研究,多次实验,进退有据、言之成理,具有相当的成熟性;与此同时,经济论文也须具有明白、平实、全面、透彻等表达上的准确性和正确、充分、严谨等论述上的逻辑性。总之,经济学术论文的浓郁的科学理论色彩,应该经得起实践的检验。

(二)经济学术论文的种类

经济学术论文按照不同的角度可以划分成不同的种类。从其涉及的范围分,有专题性经济论文、综合性经济论文;从其论述的方式分,有论证性经济论文、争辩性经济论文;从其内容的性质分,有研究性经济论文、文献性经济论文、报告性经济论文、应用性经济论文;这里我们就对象的应用范围和写作的切入方式着眼重点介绍以下两类:

1. 宏观经济论文

它是对经济领域的问题作整体性的、全局性研究的结果。大至整个世界的经济趋向、发展态势,或者洲际的、超国界的地域范围的经济动态,小到本国的国民经济、现实社会总体性的经济现象作全方位的研究;同时也包括对经济领域中某一分支方面问题作全面性的考察。它是凭借宏观分析的理论,对经济运行中的各相关总量、变化趋势、周期规律进行观察、比较、研究,探索那些带有全局性的、综合性的问题,揭示其内在联系和客观规律,从而促进经济建设持续、健康的发展。宏观经济论文的对象所统摄的问题广泛、复杂,难度极大,但也影响重大,20世纪以来的诺贝尔经济学奖金多数颁发给了宏观经济研究领域里的专家,即可证明人们对这种研究重要性的认同。近几年,我国以积极的金融货币政策对经济进行有效的调控,就是对人类的宏观经济研究成果的吸收、借鉴的结果。

2. 微观经济学术论文

它是运用微观分析理论对经济领域和经济活动中某一部门的、地区的、局部的、个别的、典型的问题作具体的分析研究的成果。如对特定的生产者或企业的经济行为、消费领域里的个别现象、市场的局部变化等的记录、排比、描述和分析研究,都属于微观经济论文内容。它同样可以帮助人们认识经济现象及其规律,总结经验教训,改善经营管理,提高经济效益。它贵在大处着眼,小处着手,具有以小见大的优势,对整个国民经济的正常有序的运行同样具有积极意义。而且它口子小、角度窄,相对容易把握,许多有成就的、成熟的专家对这类研究尚且乐此不疲,经济学术论文写作的初学者更不可偏废对这类研究的重视。

三、经济学术论文的写作

(一) 经济学术论文的选题

经济学术论文的写作归根结底是与经济科学研究分不开的,因此,这里所说的选题不纯粹是写作上的问题,实际上更是研究方向、研究对象的问题。经济论文的价值首先取决于某项经济研究本身课题的价值,其次才是研究的水平和质量,如果没有这些最根本的条件作保证,纵有生花妙笔也是徒劳的,因为学术论文质量的高低,实在不只是依据文笔技巧或篇章结构的优劣。从这个意义上讲,经济论文的选题,以及与之相关的经济科研的选题至关重要。经济学术论文的选题大致有如下方法和途径:

1. 从经济活动的实践中选题

理论来源于实践,反过来又可以用来指导实践。作为人类生存方式的一部分,经济的实践活动中蕴藏着无限丰富的研究课题。经济论文既可以根据经济发展的实际需要,瞄准应用方面的选题;也可以从某些特殊经济领域中普遍存在的现象探求普遍规律,选择基础研究的课题;还可以根据科学和社会的日新月异的变化、发展,挑选经济方面的新兴的、边缘的、交叉的课题。当然,从经济工作的问题、困难及其教训中,从经济活动成功的经验中选题也不失为一种好方法。总之,以实践为母,选取经济方面亟待解决的课题是最有意义、最为讨巧的选题方式,这样的课题即便难以深刻、透彻,但其筚路蓝缕的作用无论如何要强于那些拾人牙慧的选题。

2. 以作者的优势和专长来选题

人各有所长,即使是从事经济研究的专家,他的学识也无法包容所有的经济问题,这就需要在选题的时候扬长避短,尽可能选择能发挥自己业务专长的、自己有足够的知识背景及积累可支撑的课题,只有这样,论文的选题和论文的作者才能很好地统一起来,选题的可行性才能落实。当然,这样说,并不意味着人只能在原有知识背景里打转转。因为研究的过程、写作的过程本身就是一个学习的过程、积累的过程,每个经济学术论文的写作者应该通过每一项研究,每一篇论文的写作提高自己,获得进步。科研不但有益于研究对象,无疑也有益于研究者本身。因此,经济学术论文的选题既要量力而行,又要具有挑战性。挑战性可以激发人的兴趣,激起人的求知欲,这是科学研究的动力,是克服困难和艰辛的力量所在。

3. 从经济研究成果中选题

人的生命和经历有限,不可能在有生之年穷尽一门学科的整个过程,这既不切实际,也无此必要。在经济论文的写作中就是要尽可能地、充分地利用前人的研究成果,为我所用。具体说,就是要在间接材料中寻找选题,充分利用现有的图书资料,充分应用现有的科技手段,尽可能获取各种信息,在这个过程中磨炼自己的筛选、鉴别能力。舍他,别无捷径!讲到底,人的阅历、学识就是在皓首穷经中获得的。就经济论文的写作来说,既可以通过阅读前人的成果获得新的启示,包括这些成果中的选题启示,分解问题的启示,寻找角度的启示;也可以从这些成果中发现它的不足,它的虽已触及但不透彻的一面,它的那些未尽事宜。

(二) 经济学术论文的撰写

撰写经济学术论文与写一般的议论文不同,它的论述范围相对更广,论证方法更需严谨,还要有明确的结论。经济领域里有的研究课题涵盖的面更广,步骤更复杂,需要反复实验或论证,才能得出结论。因此动笔之前须考虑周到,行之有效的办法就是先编写提纲,搭起一个大的框架后,再全面展开论述。因此,经济学术论文撰写的步骤有:

1. 编写提纲

写提纲最主要的目的是理清思路。这种思路的梳理,既是就未来文章的逻辑层次而言,又是就现有手头占有的材料的分门别类而言,而且根据选题对搜集到的材料进行分类、归纳、清理、鉴别,应该是编写提纲的一项必不可少的先导性的步骤,其次才是根据这些已经分类的材料,结合对未来文章的构想编写文章的提纲。其实,编写提纲就是锻炼概括能力的一种方法,要善于运用简单的文字把复杂的思维概括出来。提纲的形式一般有两种:

(1) 有要点无序号。如:

《经济学家与经济理论研究》

史晋川

研究的意义。——学术问题导向的经济理论研究。斯密《国富论》。瓦尔拉斯均衡理论。阿罗·德布鲁的拓扑学。完全信息静态博弈及纳什均衡。不完全信息静态博弈及精练贝叶斯纳什均衡结构的技巧。——现实经济问题导向的经济理论研究。传统经济理论与新经济问题矛盾。凯恩斯的有效需求理论。从形而下切入原创形而上理论。——跨学科问题导向的经济理论研究。不同学科相互交叉的经济理论研究。经济学与法学的交叉。向非经济问题扩张的经济理论研究的前景。

（提炼自《学术月刊》，2005 年第 6 期）

（2）有要点有序号。如：

《实行城乡一元税制的现实基础分析》

杨春玲

一、二元税制结构对农民负担及收入水平的影响
（一）二元税制结构下政府提取农业剩余状况
（二）城乡收入差距的实证考察
（三）农民负担沉重及城乡差距过大的决定因素
二、统一城乡税制的客观条件
（一）我国工业化进程分析
（二）财政承受能力分析
三、结论
（一）二元税制结构的历史作用
（二）及时结束农业剩余提取的国际经验
（三）城乡一体统一征收增值税和所得税
（四）城乡一元税制的意义和需注意的问题

（原载《浙江大学学报》2004 年第 2 期，略修改）

编写提纲无一定法，可以根据自己的习惯，任意选择，无非是理清自己的思路。编出了粗线条的提纲以后，还可以进一步扩充，进一步细化，直至拟出每一部分的主题句。使写作时论述、表达顺畅，修改时也更为便利。

2. 安排结构

多数学术论文的结构，都是按照引论、正论、结论这样的议论文结构展开的，经济学术论文也不例外，并无它专用的结构形式。因为这种结构大致上是与提出问题、分析问题、解决问题这样的思路相吻合的。

（1）引论。即论文的开头。一般都是以简略的文字概述论文课题的背景、起源，研究的目的和意义。明确地提出文章的中心论点或提出自己对问题的认识、疑问等，有的还提示下文的论述内容。

（2）正论。即本论，全文的主体和核心内容。对论点展开分析、论证，其方法因人而异，并无固定的写法，社会科学论文的论述方式就像其研究的对象一样，呈现灵活多样的态势,有的作者甚至故意追求与众不同的写作风格,只要能达到表达的目的就可。但循序渐进的纵向方式为多数作者所青睐,即遵循事理的内在联系,由浅入深、由表及里、由低层次到高层次,呈递进状态,它或围绕中心论点层层推进,直至得出最后结论;或前后铺垫、由此及彼,最后水到渠成、瓜熟蒂落。也有用并列的横向方式,还有纵横交叉的方式,都是可以选择的展开论述的方式。

（3）结论。是正论的结束语,是论证的自然而然的结果,也是对课题的解答。它应该与引论照应,对中心论点再作强调。

3. 起草、定稿、修改

（1）起草。执笔起草多数是按自然顺序,即从引论落笔破题开始,然后写正论,一直写到结论为止;但也可先写本论,即先写最关键的地方,解决最困难的部分,先难后易,然后再写结论、引论;还可根据手头材料的全、缺情况来确定起草的顺序,灵活处理。

（2）定稿。学术论文的定稿最关键之处是对内容的核定,论题的表述是否准确、完整,材料与论题结合得是否紧密。其次则是论文结构、段落层次、过渡照应以及措辞用语等形式问题再作斟酌、调整,力争内容与形式的尽可能的统一完美。

（3）修改。学术论文的修改大多是在定稿过程中,边写边改。也可在写完以后放一段时间,尤其是遇到文章中有些问题自己尚无把握,或心存疑虑、或还不满意的时候,更应该如此。不要轻易放弃修改的机会,不要轻易舍弃能使自己心血凝成的成果更完善、更完美的机会。

（三）经济学术论文的格式

经济学术论文的格式适用常用社会科学论文的写作格式。大致有以下内容和顺序：

1. 标题(题目)与作者署名

多人合作论文署名限为三人,其余姓名和团体作者的执笔人都标注在首页下(地脚注)。如：

————————————

注：本文的其他作者为：朱丽丽、石林、赵新。(本文执笔：林文先)

2. 摘要和关键词

摘要尽量要反映包括研究目的、方法、结论和意义的论文的主要信息,不超过200字。关键词是反映论文主要内容的名词性术语,尽可能从《汉语主题词表》中选用,每篇3~8个。如：

摘　要　我国对外贸易环境主要表现为：(1)制度背景,它具有转轨经济、发展中经济和特有的思想文化背景三项典型特征；(2)国际环境,其中世界经济基本格局、世贸组织和发达国家对华政策的影响最为重要；(3)内部条件,包括国内的经济增长、技术进步、发展周期以及本币汇率变动等。它们都对我国的外贸活动产生了明显的推动和制约作用。

关键词 外贸 制度背景 国际环境 内部条件

3. 正文

正文内大段落的标题居中,其余靠左空两格或顶格标,加不加序号都可。层次序号不超过5级,即:一、(一)、1、1)、(1)。注号用①。

4. 注释与参考文献

注释应依次注明:注号、作者、译者、书名(篇名、刊名)、出版社、出版年、版次(卷次、期次)、页码。书名和篇名一律用全称。注释可以是当页的脚注(左下角),如:

① 周一星:《城市地理学》,商务印书馆1995年7月,第89页。

此类情况,文后参考文献就无注释的功能。注释还可以文末注,一般与参考文献合二为一,文中引文后注明参考文献的序号和引文在该文献中的页码,如"[10](p.28)"表明该引文是序号为"10"的著作中的第28页。参考文献宜集中排在文末,现行学术刊物通行以下方式:

专著、论文集、学位论文、研究报告:[序号]主要责任者. 文献类型标识[M](著作 M,论文 C,报纸文章 N,期刊文章 J,学位论文 D,研究报告 R). 出版地:出版单位,出版年,起止页码. 如:周振甫. 周易注[M]. 北京:中华书局,1991.

译著:[序号]原著者国名. 原著者. 文献名[M]. 译者名. 出版地:出版单位,出版年. 起止页码.

期刊文章:[序号]主要责任者. 文献题名[J]. 刊名,年,卷(期):起止页码. 如:[2]何龄修. 读顾城《南明史》[J]. 中国史研究,1998,(3):167~173.

报纸文章:[序号]主要责任者. 文献题名[N]. 报纸名,出版日期(版次). 如:谢希德. 创造学习的新思路[N]. 人民日报,1998-12-25(10).

论文集中的析出文献:[序号]析出文献主要责任者. 析出文献题名[A]. 论文集主要责任者. 论文集题名[C]. 出版地:出版单位,出版年. 析出文献起止页码. 如:瞿秋白. 现代文明与社会主义[A]. 罗荣渠. 从西化到现代化[C]. 北京:北京大学出版社,1990,121~133.

例文

虚拟经济:人类经济活动的新领域

曾康霖

摘 要 研究虚拟经济旨在表明人类经济活动的变化,对此必须排除固有的观念,必须深入理解马克思经济学中的各种虚拟资本论。虚拟经济不能等同于虚拟资本、网络经济、泡沫经济。当代值得关注的虚拟经济是衍生金融商品交易、电子货币和网络银行。

关键词 虚拟经济 虚拟资本 衍生金融商品 电子货币 网络银行

一、马克思、恩格斯考察虚拟资本的思维逻辑

虚拟资本是马克思提出来的,对此人们了解得更多的是股票,而股票为什么和怎样成为虚拟资本,则往往做一般地分析。要深入地理解马克思经济学中的虚拟资本论,必须考察其思维逻辑。

1. 虚拟资本想象论。在马克思以前,法国古典学派经济学家西斯蒙第曾提出过"想象的资本"这一概念,他说:"国家有息证券不过是一种想象的资本,它代表用来偿还国债的一部分年收入。与此相等的一笔资本已经消耗掉了;它是国债的分母,但国家有息证券所代表的并不是这笔资本,因为这笔资本早已不再存在。但新的财富必然会由产业劳动产生;而在这个财富中每年都有一部分预先指定给那些曾经贷出这个被消耗的财富的人;这个部分是用课税的方法从生产这些财富的人那里取走,然后付给国家债权人的。并且人们根据本国通行的资本和利息的比率,设想一个想象的资本,这个资本的大小和能产生债权人应得年利的那个资本相等"[1](p.540)这样的论述表明:在西斯蒙第看来,国债之所以是"想象的资本",是因为"与此相等的资本已经消耗掉了"。而以后通过发行国家有息债券,以利息的形式,偿付给国家的债权人,只不过是以征税的形式,从创造的社会财富中取走的一部分,这部分的多少取决于"本国通行的资本和利息的比率",也就是说"设想一个想象的资本"额度,使"这个资本的大小和能产生债权人应得年利的那个资本相等"。可见,"想象的资本"是由于国债不代表资本而产生的,但为了从财富中取走一部分用于对国家债权人付息,又不得不"设想一个想象的资本"。

马克思在《资本论》第三卷中,曾用过"幻想的虚拟的资本"这一概念,他也是从给国家的贷款"本来不是作为资本耗费的,不是作为资本投入"的这一角度阐述的,由于不是作为资本耗费的、不是作为资本投入的,因而这种贷款作为资本已经不再存在,所以才把"国家付款看成是自己的幼仔(利息)的资本,看成是幻想的虚拟的资本"。如果仅从这一点来观察,则马克思批判地继承了西斯蒙第的这一学说,但需要提出的是,马克思的论述比西斯蒙第前进了一大步:(1)假定"债权人不能要求债务人解除契约,而只能卖掉他的债权,即他的所有权证券。"这样的假定,意味着政府只付息,不还本,国债所有者要收回本金,只有把它卖掉。(2)假定国债能在市场上卖掉,"一旦债券卖不出去,这个资本的假象就会消失"。(3)指出了"不管这种交易反复进行多少次,国债的资本仍然是纯粹的虚拟资本"。马克思的论述表明:国债作为"虚拟资本"是对投资者即购买国债者而言,因为购买国债的人把它的投入当作对国家的贷款,即当作生息资本来看待,而出卖国债的政府又不把它当作资本来运用。

马克思考察国债是虚拟资本以后,进一步考察股票。他认为:股票是信用制度创造的联合的资本,这种资本的价值也纯粹是幻想的。为什么是幻想的? 他们分析的逻辑是:(1)股票本来是代表资本的所有权证书,代表的是现实的在企业中执行职能的资本,代表的是股东预付的货币额,但具有双重的存在:一是作为所有权证书即股票的资本价值的存在;另一是作为这是企业实际已经投入或将要投入的资本的存在。作为所有权证书产生对这个资本所实现的剩余价值的所有权;作为实际已经投入的资本创造并实现剩余价值。马克思认为资本具有双重的存在是矛盾的,也就是说,既然股票作为所有权资本就不能作为职能资本。(2)怎样解决这一矛盾呢? 马克思认为解决这一矛盾的办法是让股票在市场上买卖,"A 可以把这个证券卖给 B,B 可以把它卖给 C,这样的交易并不会改变事情的本质。"[2] (p.530)也就是说,通过交易使卖者把它的证券转化为资本,使买者取得预期可得剩余价值的证书,体现股票作为所有权资本的存在。(3)既然要让股票作为所有权资本在市场上买卖,其资本价值如何确定,是考察股票是否是虚拟资本的又一逻辑起点。马克思认为,股票作为所有权资本的价值与它代表的现实的职能资本的价值变动无关,而与它的收益大小有关,收益的大小怎么体现股票的价值,也就是把收益资本化。进一步说,也就是以现有市场利息率去衡量,所得到的收益是多少投资带来的,"假定一张股票的名义价值即股票原来代表的投资额是 100 镑,又假定企业提供的不是 5%而是 10%,那么,在其他条件不变的情况下,在利息率是 5%时,这张股票的市场价值就会提高到 200 镑,因为这张股票按 5%的利息率资本化,现在已经代表 200 镑的虚拟资本。用 200 镑购买这张股票的人,会由这个投资得到 5%的收入。"[3](p.529)这样的假定表明:股票的价值也就是它在市场上买卖的价格,始终是资本化的收益,而资本化的尺度是"现有利息率",换句话说,股票的价值是按现有利息率计算可取得的收益所幻想出的资本。为什么是"幻想的资本",因为股票的价值不是由现实收入决定的,而是由预期得到的收入决定的,在上述假定的条件下,用 200 英镑购买这张股票的人,会由这个投资得出 5%的收入。但这只是一种可能性,而不是现实性,因为股票的价值除了决定于收益的大小外,还决定于其他因素,如投机等。

从马克思考察股票为什么是虚拟资本的思维逻辑,我们能发现,股票之所以成为虚拟资本,不在于股票本身,而在于股票买卖。从股票不能作为职能资本与所有权资本的双重性存在,导出股票必须买卖才能体现它作为所有权资本的存在,再从买卖的价值确定,导出虚拟资本。股票作为虚拟资本体现在收益的资本化上,其资本化以现有的利息率和未来的收益为尺度。股票作为虚拟资本与国债作为虚拟资本不同,前者含有实现预期的价值的含义,而后者没有这一层意思,因为国债的收益是既定的,而且是有保证的。

2. 虚拟资本制造论。……
3. 虚拟资本派生论。……
4. 虚拟资本的相对论。……

二、考察虚拟经济需要界定不同的概念

马克思在《资本论》中，在考察虚拟资本时，运用了不同的概念，如"虚拟资本""幻想资本""幻想的虚拟的资本""虚拟的货币资本""这种'货币资本'的最大部分纯粹是虚拟的"等，应当说不同的概念有着不同的含义，表达不同的意思。

但在我国，人们在考察虚拟经济时，总是把不同的概念搅在一起，混为一谈，比如把虚拟资本等同于有价证券，把虚拟经济等同于虚拟资本、网络经济、泡沫经济等。由于概念不清，讨论问题时，往往对不上口径。如果细致地思考则：

1. 虚拟资本不完全等同于有价证券。……
2. 虚拟经济不完全等同于虚拟资本。……
3. 虚拟经济不同于网络经济。……

三、当代值得关注的虚拟经济

人们在考察虚拟经济时，多注重有价证券的市场特别是股票的上市流通，这自然是需要的。但在当代经济金融化的趋势下，更值得我们关注的虚拟经济，应当是金融衍生商品交易、电子货币和网络银行。

1. 衍生金融商品是在原本金融商品的基础上派生的。如果说原本金融商品是银行借贷契约、公司股票和政府或企业债券，则衍生金融商品便是在它们的基础上派生的金融资产证券、股票及债券期货和期权。衍生金融商品相对于原本金融商品而言有其共性，但更有其个性。最重要的个性是与实体经济过程的联系不同，从而增值能力不同。公司股票和企业债券是实体资本的副本，与个别经济过程密切相关，其增值能力取决于个别经济过程的业绩和回报。但这一点，国债却不同：国债的增值能力不取决于个别经济过程的业绩和回报，而取决于政府的还本付息能力。政府的还本付息能力取决于国家的财政收入，国家的财政收入不取决于个别经济过程，而与整个社会经济活动相关。如果我们把其增值能力与个别经济过程密切相关的公司股票和企业债券，称为第1类虚拟资本，则我们能够把其增值能力与个别经济过程不密切相关，而与社会经济活动密切相关的国债，称为第2类虚拟资本。

按马克思虚拟资本的相对论，没有投资于实体经济企业，不在实体经济企业中发挥作用但又要求增值的货币都是虚拟资本，则银行借贷的货币资本也应列入虚拟资本之列，银行借贷活动也是虚拟经济活动。银行借贷活动关系的载体是借贷契约，借贷契约与实体经济活动过程密切相关，因而其增值能力取决于个别经济过程。但银行作为"存款者的集中和贷款者的集中"，其增值能力又不完全取决于个

别经济过程,而取决于社会经济过程。从这个意义上说,作为虚拟资本的银行借贷资本,处于第 1 类虚拟资本和第 2 类虚拟资本之间,可称作准第 2 类虚拟资本。

金融衍生商品是在前三类金融资本商品的基础上派生的。比如金融资产证券,便产生于银行贷款资产证券化。贷款资产证券化使得债权债务关系起了变化:证券化以前,银行与借款人的债权债务关系是双向的、个别的。证券化以后,银行把债权转让给金融资产证券的购买者,使得债权债务关系集合化和社会化,也就是说,债权人是广大的金融资产证券的购买者,债务人不是个别的借款人,而是集合的借款人。这样,证券化资产的增值能力,不取决于个别借款人的经济状况,而取决于整个社会的经济状况。从这个意义上说,金融资产证券与个别经济过程的关系不直接。由此我们把它称作第 4 类虚拟资本。

股票、债券的期货、期权交易,其对象是期货、期权合同,由于买进与卖出的合同能够抵消,不必在合同到期时实地结算、交割某一种金融资产,所以,绝大多数交易者不必在实际结算时,真正拥有这种商品,只是根据其价格的涨落支付差额。其增值能力完全取决于当事人的心理预期,可以说这类交易完全与实体经济过程无关,由此我们能够把这一类交易活动称作第 5 类虚拟资本。把虚拟资本从而虚拟经济作以上的划分,表明在当代,虚拟经济活动有相当一部分,独立于实体经济过程。影响虚拟经济活动的因素有别于影响实体经济活动的因素。虚拟经济活动有其自身的规律。

2. 电子货币的兴起,对社会经济生活带来不可忽视的影响:(1) 电子货币的出现,改变着消费者与企业家之间的交换方式。网上购物,电子交易能够完全取代支票和现金。但在这里需要权威机构的支持和信任,包括商家和银行,它们是能够被充分信任的第三者。(2) 电子货币的出现改变着人们储蓄与投资的方式,有剩余的收入者能够在家通过电脑储蓄和投资,并获取大量的金融产品变动的信息,可以通过四通八达的网络去希望去的交易场所。(3) 电子货币的出现,使 90% 以上的财富在电脑网络里从一个账户转到另一个账户并大大提高创造和追逐财富的速度。有人说,这个速度相对于 20 年前大约有 3 倍以上的提高。有人说,流通中的货币相对于中央银行的真实储备,从 1974 年的 8∶1 上升到 20∶1。(4) 货币电子化,不仅能节约资金给付、交换的时间,而且能从优选择资金的成本和收益,如能够在最佳的时刻上选择最优的利率和汇率。

3. 网络银行的出现是 20 世纪 90 年代金融领域中的一件大事,网络银行又称虚拟银行,是虚拟经济的重要组成部分,考察虚拟经济不能不关注网络银行。1995 年 10 月,全球第一家网络银行"安全第一网络银行"(Security First Network Bank)在美国诞生。这家银行没有地址,只有网址,营业厅就是主页画面,所有交易都通过互联网进行,员工只有 10 人,1996 年存款达 1 400 万美元,估计 1999 年存款金额达 4 亿美元。在美国，已经有 400 家金融机构推出了网络业务。据调查，在 2000 年以前，有 16％的家庭使用互联网的电子银行业务，带来的利润占所有银行利润的 30％。网络银行的出现对经济的影响是：（1）在网络银行的世界里，银行的规模不能再以分行数、人员数去衡量。（2）在网络银行的世界里，各银行的金融产品一目了然，客户很容易挑选出最有利的产品，银行很难再靠单纯的存放款业务生存，而必须推出特殊、高附加值的投资理财业务。（3）不论是实体银行还是虚拟银行，当前都处于一个以客户为导向的金融时代，设计出高附加值、个人特色强的金融产品是银行经营的核心所在。个人只要在网络银行上留下姓名、年龄、职业、家庭等资料，只要用鼠标回答薪金所得、不动产状况，电脑就可以自动评估信用等级。中国台湾玉山银行开办了个人贷款业务，只要信用评级在 60 分以上，就可获得 60 万元以下贷款。（4）网络银行对人才的需求有新的标准，不仅需要银行家，而且需要经济学家、数学家和自然科学家，他们能设计模型，预测发展趋势，成为金融世界的先知先觉者。当然，网络银行的发展也要受到制度环境、投入成本、运作条件和法律保障等约束，但科学技术的发展，人类理念的更新，网络银行在虚拟经济中的地位将与时俱进。

虚拟经济源于经济主体又超越原经济主体，扩展了人类经济活动的空间，缩短了人类经济活动的时间，改变着人类经济活动的价值观、信息掌握、资源配置以及运作方式，对社会经济的发展将产生重要影响。

参 考 文 献

[1] 西斯蒙第.政治经济学新原理[A].第 2 卷.马克思恩格斯全集[C].第 25 卷.北京：人民出版社,1972.

[2] 马克思恩格斯全集[C].第 25 卷.北京：人民出版社,1972.

[3] 马克思恩格斯全集[C].第 26 卷.北京：人民出版社,1975.

（选自《当代经济科学》2004 年 1 月刊）

第二节　经济类毕业论文

一、经济类毕业论文的概念和特征

毕业论文是学术论文的一种，它具有一般学术论文的特点。毕业论文是高等学校的毕业生在校学习阶段最后一个学习环节，旨在通过综合运用所学的理论、知识和方法对所选的课题进行研究，然后独立地把研究成果通过毕业论文显示出来。包括经济类学科在内社会科学类大学生的毕业论文，毕业以前的课题研究大多与毕业论文的撰写同步进行。所谓经济类毕业论文就是经济类学科大学生的毕业论文，它以他们所学的经济类专业作为研究和阐述的对象。其特征是：

第一，它是应届大学毕业生必须独立完成的总结性作业。是对大学生几年学习的质量和水平的综合性检验。

第二，大学生毕业论文应该在教师的指导下完成。教师的指导包括：确定课题，指定参考书，制订研究计划，选择研究方法，审定论文提纲，解答疑难问题，直到最后评定论文成绩。

第三，毕业论文必须是大学生自己所学专业领域里某一课题。

二、经济类毕业论文的选题

经济类毕业论文的选题除了是在指导教师的指导下进行和更要注意量力而行、难易适中以外，其方法和途径与上一章经济学术论文的选题基本相类似。其选题的方向和种类可从这几方面考虑：

第一，论题宜小不宜大，选择经济领域里微观课题为主。如某一具体经济现象，某一财政经营问题。

第二，论题宜易不宜难，对毕业论文不应要求太高，尤其在理论深度上应该切合缺少实践经验的大学生实际情况，重在过程。不妨可选择一些相对容易把握的综述性选题，对经济领域里的某一方面现有成果进行总结和分析，这是一种对他人的研究成果的研究，比选择和寻找一个新的论题稍显容易。

第三，根据兴趣和爱好来选题。在自己所学经济专业的大框架下，在一定的范围内可以选择自己感兴趣的课题，这不失为大学生毕业论文选题的可行方法。兴趣是最好的老师，没有兴趣，或者兴趣不高，对初涉学术论文领域的大学生影响非同一般，与其达不到预期效果，不如因势利导。

三、经济类毕业论文格式

除了与普通学术论文类似的格式，譬如都需要有提要、关键词、正文等等以外，毕业论文还有一些特殊的构成项目，通常每个高校都根据自己的设计有统一的格式，尚无全国一致的严格规定，一些比较完整规范的做法大致有如下特别构成项目：

（一）封面

除了类似普通书籍的保护作用之外，毕业论文的封面更主要是提供相关信息：

1. 分类号

分类号在封面左上角标注，一般应注明《中国图书资料分类法》的类号，同时应尽可能注明《国际十进制分类VDC》的类号。

2. 本单位编号

一般标注在封面的右上角。

3. 密级

论文内容有保密要求的,标注在封面的右上角,拟公开发表的则不标。

4. 标题

用大字号标于显著的位置。

5. 责任者

包括论文作者、指导教师、答辩委员会主席、评阅及学位授予单位。个人责任者(如导师)的职务、职称、所在单位名称(规范的全称)及地址。

6. 申请学位的级别

在学士、硕士、博士三级学位中,应标注清楚(有的高校毕业论文统一封面的颜色、文字上已有区别)。

7. 专业名称

即论文作者主修专业的名称。

8. 研究方向

即论文作者主修专业在一二级学科所属范围内专业子方向(通常本科没有)。

9. 完成日期

包括论文提交的日期、答辩日期和学位授予日期。

10. 印装日期

完成印刷及装订的具体日期。

(二) 衬页

毕业论文封面之后和封底之前,一般各有一张衬页,除了显得庄重美观外,有的高校把此衬页利用作为排放与论文相关的声明(如"论文独创性声明""论文使用授权声明")和答辩委员会对论文审查结论、主席和委员的签名的文书。

(三) 目录

毕业论文由于篇幅较长,一般都有单独的目录页。其内容包括致谢、提要(中、英文)、前言、章名、节名、注释、参考文献目录、附录、后记。论文的目录要醒目,所以章节的字号要从大到小有所区别。

四、经济类毕业论文的撰写

毕业论文的撰写应该自始至终与指导教师积极配合,每一个步骤都将自己的想法、思路多与教师交流,彼此反复商讨,避免浪费时间,出现不必要的差错和纰漏。除此以外,经济学术论文的撰写步骤和方法以及基本格式,都是毕业论文撰写中可资借鉴的。

思考与练习

1. 经济学术论文有哪些特点?
2. 经济学术论文中宏观、微观研究各有什么特点和意义?
3. 根据编写提纲的方法和要求将本教材中经济活动分析报告的例文还原成写作提纲。
4. 根据本章所列《实行城乡一元税制的现实基础分析》的提纲和学术论文的格式要求,试写一篇简单的模拟经济学术论文。
5. 简述经济类毕业论文的特征、选题的方向和种类。

附录一

党政机关公文处理工作条例

第一章 总 则

第一条 为了适应中国共产党机关和国家行政机关(以下简称党政机关)工作需要,推进党政机关公文处理工作科学化、制度化、规范化,制定本条例。

第二条 本条例适用于各级党政机关公文处理工作。

第三条 党政机关公文是党政机关实施领导、履行职能、处理公务的具有特定效力和规范体式的文书,是传达贯彻党和国家的方针政策,公布法规和规章,指导、布置和商洽工作,请示和答复问题,报告、通报和交流情况等的重要工具。

第四条 公文处理工作是指公文拟制、办理、管理等一系列相互关联、衔接有序的工作。

第五条 公文处理工作应当坚持实事求是、准确规范、精简高效、安全保密的原则。

第六条 各级党政机关应当高度重视公文处理工作,加强组织领导,强化队伍建设,设立文秘部门或者由专人负责公文处理工作。

第七条 各级党政机关办公厅(室)主管本机关的公文处理工作,并对下级机关的公文处理工作进行业务指导和督促检查。

第二章 公文种类

第八条 公文种类主要有:

(一)决议。适用于会议讨论通过的重大决策事项。

(二)决定。适用于对重要事项作出决策和部署、奖惩有关单位和人员、变更或者撤销下级机关不适当的决定事项。

(三)命令(令)。适用于公布行政法规和规章、宣布施行重大强制性措施、批准授予和晋升衔级、嘉奖有关单位和人员。

(四)公报。适用于公布重要决定或者重大事项。

(五)公告。适用于向国内外宣布重要事项或者法定事项。

(六)通告。适用于在一定范围内公布应当遵守或者周知的事项。

(七)意见。适用于对重要问题提出见解和处理办法。

(八)通知。适用于发布、传达要求下级机关执行和有关单位周知或者执行的事项,批转、转发公文。

（九）通报。适用于表彰先进、批评错误、传达重要精神和告知重要情况。

（十）报告。适用于向上级机关汇报工作、反映情况，回复上级机关的询问。

（十一）请示。适用于向上级机关请求指示、批准。

（十二）批复。适用于答复下级机关请示事项。

（十三）议案。适用于各级人民政府按照法律程序向同级人民代表大会或者人民代表大会常务委员会提请审议事项。

（十四）函。适用于不相隶属机关之间商洽工作、询问和答复问题、请求批准和答复审批事项。

（十五）纪要。适用于记载会议主要情况和议定事项。

第三章 公 文 格 式

第九条 公文一般由份号、密级和保密期限、紧急程度、发文机关标志、发文字号、签发人、标题、主送机关、正文、附件说明、发文机关署名、成文日期、印章、附注、附件、抄送机关、印发机关和印发日期、页码等组成。

（一）份号。公文印制份数的顺序号。涉密公文应当标注份号。

（二）密级和保密期限。公文的秘密等级和保密的期限。涉密公文应当根据涉密程度分别标注"绝密""机密""秘密"和保密期限。

（三）紧急程度。公文送达和办理的时限要求。根据紧急程度，紧急公文应当分别标注"特急""加急"，电报应当分别标注"特提""特急""加急""平急"。

（四）发文机关标志。由发文机关全称或者规范化简称加"文件"二字组成，也可以使用发文机关全称或者规范化简称。联合行文时，发文机关标志可以并用联合发文机关名称，也可以单独用主办机关名称。

（五）发文字号。由发文机关代字、年份、发文顺序号组成。联合行文时，使用主办机关的发文字号。

（六）签发人。上行文应当标注签发人姓名。

（七）标题。由发文机关名称、事由和文种组成。

（八）主送机关。公文的主要受理机关，应当使用机关全称、规范化简称或者同类型机关统称。

（九）正文。公文的主体，用来表述公文的内容。

（十）附件说明。公文附件的顺序号和名称。

（十一）发文机关署名。署发文机关全称或者规范化简称。

（十二）成文日期。署会议通过或者发文机关负责人签发的日期。联合行文时，署最后签发机关负责人签发的日期。

（十三）印章。公文中有发文机关署名的，应当加盖发文机关印章，并与署名机关相符。有特定发文机关标志的普发性公文和电报可以不加盖印章。

（十四）附注。公文印发传达范围等需要说明的事项。

（十五）附件。公文正文的说明、补充或者参考资料。

（十六）抄送机关。除主送机关外需要执行或者知晓公文内容的其他机关，应当使用机关全称、规范化简称或者同类型机关统称。

（十七）印发机关和印发日期。公文的送印机关和送印日期。

（十八）页码。公文页数顺序号。

第十条　公文的版式按照《党政机关公文格式》国家标准执行。

第十一条　公文使用的汉字、数字、外文字符、计量单位和标点符号等，按照有关国家标准和规定执行。民族自治地方的公文，可以并用汉字和当地通用的少数民族文字。

第十二条　公文用纸幅面采用国际标准 A4 型。特殊形式的公文用纸幅面，根据实际需要确定。

第四章　行　文　规　则

第十三条　行文应当确有必要，讲求实效，注重针对性和可操作性。

第十四条　行文关系根据隶属关系和职权范围确定。一般不得越级行文，特殊情况需要越级行文的，应当同时抄送被越过的机关。

第十五条　向上级机关行文，应当遵循以下规则：

（一）原则上主送一个上级机关，根据需要同时抄送相关上级机关和同级机关，不抄送下级机关。

（二）党委、政府的部门向上级主管部门请示、报告重大事项，应当经本级党委、政府同意或者授权；属于部门职权范围内的事项应当直接报送上级主管部门。

（三）下级机关的请示事项，如需以本机关名义向上级机关请示，应当提出倾向性意见后上报，不得原文转报上级机关。

（四）请示应当一文一事。不得在报告等非请示性公文中夹带请示事项。

（五）除上级机关负责人直接交办事项外，不得以本机关名义向上级机关负责人报送公文，不得以本机关负责人名义向上级机关报送公文。

（六）受双重领导的机关向一个上级机关行文，必要时抄送另一个上级机关。

第十六条　向下级机关行文，应当遵循以下规则：

（一）主送受理机关，根据需要抄送相关机关。重要行文应当同时抄送发文机关的直接上级机关。

（二）党委、政府的办公厅（室）根据本级党委、政府授权，可以向下级党委、政府行文，其他部门和单位不得向下级党委、政府发布指令性公文或者在公文中向下级党委、政府提出指令性要求。需经政府审批的具体事项,经政府同意后可以由政府职能部门行文,文中须注明已经政府同意。

（三）党委、政府的部门在各自职权范围内可以向下级党委、政府的相关部门行文。

（四）涉及多个部门职权范围内的事务,部门之间未协商一致的,不得向下行文;擅自行文的,上级机关应当责令其纠正或者撤销。

（五）上级机关向受双重领导的下级机关行文,必要时抄送该下级机关的另一个上级机关。

第十七条 同级党政机关、党政机关与其他同级机关必要时可以联合行文。属于党委、政府各自职权范围内的工作,不得联合行文。

党委、政府的部门依据职权可以相互行文。

部门内设机构除办公厅(室)外不得对外正式行文。

第五章 公 文 拟 制

第十八条 公文拟制包括公文的起草、审核、签发等程序。

第十九条 公文起草应当做到：

（一）符合党的理论路线方针政策和国家法律法规,完整准确体现发文机关意图,并同现行有关公文相衔接。

（二）一切从实际出发,分析问题实事求是,所提政策措施和办法切实可行。

（三）内容简洁,主题突出,观点鲜明,结构严谨,表述准确,文字精练。

（四）文种正确,格式规范。

（五）深入调查研究,充分进行论证,广泛听取意见。

（六）公文涉及其他地区或者部门职权范围内的事项,起草单位必须征求相关地区或者部门意见,力求达成一致。

（七）机关负责人应当主持、指导重要公文起草工作。

第二十条 公文文稿签发前,应当由发文机关办公厅(室)进行审核。审核的重点是：

（一）行文理由是否充分,行文依据是否准确。

（二）内容是否符合党的理论路线方针政策和国家法律法规;是否完整准确体现发文机关意图;是否同现行有关公文相衔接;所提政策措施和办法是否切实可行。

（三）涉及有关地区或者部门职权范围内的事项是否经过充分协商并达成一致意见。

（四）文种是否正确,格式是否规范;人名、地名、时间、数字、段落顺序、引文等是否准确;文字、数字、计量单位和标点符号等用法是否规范。

（五）其他内容是否符合公文起草的有关要求。

需要发文机关审议的重要公文文稿,审议前由发文机关办公厅(室)进行初核。

第二十一条 经审核不宜发文的公文文稿,应当退回起草单位并说明理由;符合发文条件但内容需作进一步研究和修改的,由起草单位修改后重新报送。

第二十二条 公文应当经本机关负责人审批签发。重要公文和上行文由机关主要负责人签发。党委、政府的办公厅(室)根据党委、政府授权制发的公文,由受权机关主要负责人签发或者按照有关规定签发。签发人签发公文,应当签署意见、姓名和完整日期;圈阅或者签名的,视为同意。联合发文由所有联署机关的负责人会签。

第六章 公 文 办 理

第二十三条 公文办理包括收文办理、发文办理和整理归档。

第二十四条 收文办理主要程序是:

（一）签收。对收到的公文应当逐件清点,核对无误后签字或者盖章,并注明签收时间。

（二）登记。对公文的主要信息和办理情况应当详细记载。

（三）初审。对收到的公文应当进行初审。初审的重点是:是否应当由本机关办理,是否符合行文规则,文种、格式是否符合要求,涉及其他地区或者部门职权范围内的事项是否已经协商、会签,是否符合公文起草的其他要求。经初审不符合规定的公文,应当及时退回来文单位并说明理由。

（四）承办。阅知性公文应当根据公文内容、要求和工作需要确定范围后分送。批办性公文应当提出拟办意见报本机关负责人批示或者转有关部门办理;需要两个以上部门办理的,应当明确主办部门。紧急公文应当明确办理时限。承办部门对交办的公文应当及时办理,有明确办理时限要求的应当在规定时限内办理完毕。

（五）传阅。根据领导批示和工作需要将公文及时送传阅对象阅知或者批示。办理公文传阅应当随时掌握公文去向,不得漏传、误传、延误。

（六）催办。及时了解掌握公文的办理进展情况,督促承办部门按期办结。紧急公文或者重要公文应当由专人负责催办。

（七）答复。公文的办理结果应当及时答复来文单位,并根据需要告知相关单位。

第二十五条 发文办理主要程序是:

（一）复核。已经发文机关负责人签批的公文,印发前应当对公文的审批手续、内容、文种、格式等进行复核;需作实质性修改的,应当报原签批人复审。

（二）登记。对复核后的公文,应当确定发文字号、分送范围和印制份数并详细记载。

（三）印制。公文印制必须确保质量和时效。涉密公文应当在符合保密要求的场所印制。

（四）核发。公文印制完毕,应当对公文的文字、格式和印刷质量进行检查后分发。

第二十六条 涉密公文应当通过机要交通、邮政机要通信、城市机要文件交换站或者收发件机关机要收发人员进行传递,通过密码电报或者符合国家保密规定的计算机信息系统进行传输。

第二十七条 需要归档的公文及有关材料,应当根据有关档案法律法规以及机关档案管理规定,及时收集齐全、整理归档。两个以上机关联合办理的公文,原件由主办机关归档,相关机关保存复制件。机关负责人兼任其他机关职务的,在履行所兼职务过程中形成的公文,由其兼职机关归档。

第七章 公 文 管 理

第二十八条 各级党政机关应当建立健全本机关公文管理制度,确保管理严格规范,充分发挥公文效用。

第二十九条 党政机关公文由文秘部门或者专人统一管理。设立党委（党组）的县级以上单位应当建立机要保密室和机要阅文室,并按照有关保密规定配备工作人员和必要的安全保密设施设备。

第三十条 公文确定密级前,应当按照拟定的密级先行采取保密措施。确定密级后,应当按照所定密级严格管理。绝密级公文应当由专人管理。

公文的密级需要变更或者解除的,由原确定密级的机关或者其上级机关决定。

第三十一条 公文的印发传达范围应当按照发文机关的要求执行;需要变更的,应当经发文机关批准。

涉密公文公开发布前应当履行解密程序。公开发布的时间、形式和渠道,由发文机关确定。

经批准公开发布的公文,同发文机关正式印发的公文具有同等效力。

第三十二条 复制、汇编机密级、秘密级公文,应当符合有关规定并经本机关负责人批准。绝密级公文一般不得复制、汇编,确有工作需要的,应当经发文机关或者其上级机关批准。复制、汇编的公文视同原件管理。

复制件应当加盖复制机关戳记。翻印件应当注明翻印的机关名称、日期。汇编本的密级按照编入公文的最高密级标注。

第三十三条 公文的撤销和废止，由发文机关、上级机关或者权力机关根据职权范围和有关法律法规决定。公文被撤销的，视为自始无效；公文被废止的，视为自废止之日起失效。

第三十四条 涉密公文应当按照发文机关的要求和有关规定进行清退或者销毁。

第三十五条 不具备归档和保存价值的公文，经批准后可以销毁。销毁涉密公文必须严格按照有关规定履行审批登记手续，确保不丢失、不漏销。个人不得私自销毁、留存涉密公文。

第三十六条 机关合并时，全部公文应当随之合并管理；机关撤销时，需要归档的公文经整理后按照有关规定移交档案管理部门。

工作人员离岗离职时，所在机关应当督促其将暂存、借用的公文按照有关规定移交、清退。

第三十七条 新设立的机关应当向本级党委、政府的办公厅（室）提出发文立户申请。经审查符合条件的，列为发文单位，机关合并或者撤销时，相应进行调整。

第八章　附　　则

第三十八条 党政机关公文含电子公文。电子公文处理工作的具体办法另行制定。

第三十九条 法规、规章方面的公文，依照有关规定处理。外事方面的公文，依照外事主管部门的有关规定处理。

第四十条 其他机关和单位的公文处理工作，可以参照本条例执行。

第四十一条 本条例由中共中央办公厅、国务院办公厅负责解释。

第四十二条 本条例自 2012 年 7 月 1 日起施行。1996 年 5 月 3 日中共中央办公厅发布的《中国共产党机关公文处理条例》和 2000 年 8 月 24 日国务院发布的《国家行政机关公文处理办法》停止执行。

附录二

公文格式标准

根据国家质量监督检验检疫总局、国家标准化管理委员会发布的《党政机关公文格式》国家标准(GB/T 9704—2012),本文梳理了其中对党政机关公文格式的要求,供大家学习参考。

1. 公文用纸幅面尺寸及版面要求

1.1 幅面尺寸

公文用纸采用 A4 型纸。

1.2 版面

1.2.1 页边与版心尺寸

公文用纸天头(上白边)为 37 mm±1 mm,订口(左白边)为 28mm±1mm,版心尺寸为 156 mm×225 mm。

1.2.2 字体和字号

如无特殊说明,公文格式各要素一般用 3 号仿宋体字。特定情况可以作适当调整。

1.2.3 行数和字数

一般每面排 22 行,每行排 28 个字,并撑满版心。特定情况可以作适当调整。

1.2.4 文字的颜色

如无特殊说明,公文中文字的颜色均为黑色。

2. 公文格式各要素编排规则

2.1 公文格式各要素的划分

标准将版心内的公文格式各要素划分为版头、主体、版记三部分。公文首页红色分隔线以上的部分称为版头;公文首页红色分隔线(不含)以下、公文末页首条分隔线(不含)以上的部分称为主体;公文末页首条分隔线以下、末条分隔线以上的部分称为版记。

页码位于版心外。

2.2 版头

2.2.1 份号

如需标注份号,一般用 6 位 3 号阿拉伯数字,顶格编排在版心左上角第一行。

2.2.2 密级和保密期限

如需标注密级和保密期限,一般用 3 号黑体字,顶格编排在版心左上角第二行；保密期限中的数字用阿拉伯数字标注。

2.2.3　紧急程度

如需标注紧急程度，一般用 3 号黑体字，顶格编排在版心左上角；如需同时标注份号、密级和保密期限、紧急程度，按照份号、密级和保密期限、紧急程度的顺序自上而下分行排列。

2.2.4　发文机关标志

由发文机关全称或者规范化简称加"文件"二字组成，也可以使用发文机关全称或者规范化简称。

发文机关标志居中排布，上边缘至版心上边缘为 35 mm，推荐使用小标宋体字，颜色为红色，以醒目、美观、庄重为原则。

联合行文时，如需同时标注联署发文机关名称，一般应当将主办机关名称排列在前；如有"文件"二字，应当置于发文机关名称右侧，以联署发文机关名称为准上下居中排布。

2.2.5　发文字号

编排在发文机关标志下空二行位置，居中排布。年份、发文顺序号用阿拉伯数字标注；年份应标全称，用六角括号"〔〕"括入；发文顺序号不加"第"字，不编虚位（即 1 不编为 01），在阿拉伯数字后加"号"字。

上行文的发文字号居左空一字编排，与最后一个签发人姓名处在同一行。

2.2.6　签发人

由"签发人"三字加全角冒号和签发人姓名组成，居右空一字，编排在发文机关标志下空二行位置。"签发人"三字用 3 号仿宋体字，签发人姓名用 3 号楷体字。

如有多个签发人，签发人姓名按照发文机关的排列顺序从左到右、自上而下依次均匀编排，一般每行排两个姓名，回行时与上一行第一个签发人姓名对齐。

2.2.7　版头中的分隔线

发文字号之下 4 mm 处居中印一条与版心等宽的红色分隔线。

2.3　主体

2.3.1　标题

一般用 2 号小标宋体字，编排于红色分隔线下空二行位置，分一行或多行居中排布；回行时，要做到词意完整，排列对称，长短适宜，间距恰当，标题排列应当使用梯形或菱形。

2.3.2　主送机关

编排于标题下空一行位置，居左顶格，回行时仍顶格，最后一个机关名称后标全角冒号。如主送机关名称过多导致公文首页不能显示正文时，应当将主送机关名称移至版记，标注方法见 3.4.2。

2.3.3　正文

公文首页必须显示正文。一般用3号仿宋体字，编排于主送机关名称下一行，每个自然段左空二字，回行顶格。文中结构层次序数依次可以用"一、""（一）""1.""（1）"标注；一般第一层用黑体字、第二层用楷体字、第三层和第四层用仿宋体字标注。

2.3.4　附件说明

如有附件，在正文下空一行左空二字编排"附件"二字，后标全角冒号和附件名称。如有多个附件，使用阿拉伯数字标注附件顺序号（如"附件：1.××××××"）；附件名称后不加标点符号。附件名称较长需回行时，应当与上一行附件名称的首字对齐。

2.3.5　发文机关署名、成文日期和印章

2.3.5.1　加盖印章的公文

成文日期一般右空四字编排，印章用红色，不得出现空白印章。

单一机关行文时，一般在成文日期之上、以成文日期为准居中编排发文机关署名，印章端正、居中下压发文机关署名和成文日期，使发文机关署名和成文日期居印章中心偏下位置，印章顶端应当上距正文（或附件说明）一行之内。

联合行文时，一般将各发文机关署名按照发文机关顺序整齐排列在相应位置，并将印章一一对应、端正、居中下压发文机关署名，最后一个印章端正、居中下压发文机关署名和成文日期，印章之间排列整齐、互不相交或相切，每排印章两端不得超出版心，首排印章顶端应当上距正文（或附件说明）一行之内。

2.3.5.2　不加盖印章的公文

单一机关行文时，在正文（或附件说明）下空一行右空二字编排发文机关署名，在发文机关署名下一行编排成文日期，首字比发文机关署名首字右移二字，如成文日期长于发文机关署名，应当使成文日期右空二字编排，并相应增加发文机关署名右空字数。

2.3.5.3　加盖签发人签名章的公文

单一机关制发的公文加盖签发人签名章时，在正文（或附件说明）下空二行右空四字加盖签发人签名章，签名章左空二字标注签发人职务，以签名章为准上下居中排布。在签发人签名章下空一行右空四字编排成文日期。

联合行文时，应当先编排主办机关签发人职务、签名章，其余机关签发人职务、签名章依次向下编排，与主办机关签发人职务、签名章上下对齐；每行只编排一个机关的签发人职务、签名章；签发人职务应当标注全称。

签名章一般用红色。

2.3.5.4 成文日期中的数字

用阿拉伯数字将年、月、日标全，年份应标全称，月、日不编虚位（即 1 不编为 01）。

2.3.6 附注

如有附注，居左空两字加圆括号编排在成文日期下一行。

2.3.7 附件

附件应当另面编排，并在版记之前，与公文正文一起装订。"附件"二字及附件顺序号用 3 号黑体字顶格编排在版心左上角第一行。附件标题居中编排在版心第三行。附件顺序号和附件标题应当与附件说明的表述一致。附件格式要求同正文。

如附件与正文不能一起装订，应当在附件左上角第一行顶格编排公文的发文字号并在其后标注"附件"二字及附件顺序号。

2.4 版记

2.4.1 版记中的分隔线

版记中的分隔线与版心等宽，首条分隔线和末条分隔线用粗线（推荐高度为 0.35 mm），中间的分隔线用细线（推荐高度为 0.25 mm）。首条分隔线位于版记中第一个要素之上，末条分隔线与公文最后一面的版心下边缘重合。

2.4.2 抄送机关

如有抄送机关，一般用 4 号仿宋体字，在印发机关和印发日期之上一行、左右各空一字编排。"抄送"二字后加全角冒号和抄送机关名称，回行时与冒号后的首字对齐，最后一个抄送机关名称后标句号。

如需把主送机关移至版记，除将"抄送"二字改为"主送"外，编排方法同抄送机关。既有主送机关又有抄送机关时，应当将主送机关置于抄送机关之上一行，之间不加分隔线。

2.4.3 印发机关和印发日期

印发机关和印发日期一般用 4 号仿宋体字，编排在末条分隔线之上，印发机关左空一字，印发日期右空一字，用阿拉伯数字将年、月、日标全，后加"印发"二字。

版记中如有其他要素，应当将其与印发机关和印发日期用一条细分隔线隔开。

2.5 页码

一般用 4 号半角宋体阿拉伯数字，编排在公文版心下边缘之下，数字左右各放一条一字线；一字线上距版心下边缘 7 mm。单页码居右空一字，双页码居左空一字。公文的版记页前有空白页的，空白页和版记页均不编排页码。公文的附件与正文一起装订时，页码应当连续编排。

附录三

出版物上数字用法的规定

前　　言

本标准按照 GB/T 1.1—2009 给出的规则起草。

本标准代替 GB/T 15835—2009《出版物上数字用法的规定》，与 GB/T 15835—2009《出版物上数字用法的规定》相比，主要变化如下：

——原标准在汉字数字与阿拉伯数字中，明显倾向于使用阿拉伯数字。本标准不再强调这种倾向性。

——在继承原标准中关于数字用法应遵循"得体原则"和"局部题例一致原则"的基础上，通过措辞上的适当调整，以及更为具体的规定和示例，进一步明确了具体操作规范。

——将原标准的平级罗列式行文结构改为层级分类式行文结构。

——删除了原标准的基本术语"物理量"与"非物理量"，增补了"计量""编号""概数"作为基本术语。

本标准由教育部语言文字信息管理司提出并归口。

本标准主要起草单位：北京大学。

本标准主要起草人：詹卫东、覃士娟、曾石铭。

——GB/T 15835—1995。

出版物上数字用法的规定

1. 范围

本标准规定了出版物上汉字数字和阿拉伯数字的用法。

本标准适用于各类出版物（文艺类出版物和重排古籍除外）。政府和企事业单位公文，以及教育、媒体和公共服务领域的数字用法，也可参照本标准执行。

2. 规范性引用文件

下列文件对于本文件的应用是必不可少的。凡是注日期的引用文件，仅注日期的版本适用于本文件。凡是不注日期的引用文件，其最新版本（包括所有的修改单）适用于本文件。

GB/T 7408—2005　数据元和交换格式　信息交换　日期和时间表示法

3. 术语和定义

下列术语和定义适用于本文件。

3.1

计量　measuring

将数字用于加、减、乘、除等数学运算。

3.2

编号　numbering

将数字用于为事物命名或排序,但不用于数学运算。

3.3

概数　approximate number

用于模糊计量的数字。

4. 数字形式的选用

4.1　选用阿拉伯数字

4.1.1　用于计量的数字

在使用数字进行计量的场合,为达到醒目、易于辨识的效果,应采用阿拉伯数字。

示例1：-125.03　　34.05％　　63％～68％　　1∶500　　97/108

当数值伴随有计量单位时,如:长度、容积、面积、体积、质量、温度、经纬度、音量、频率等等,特别是当计量单位以字母表达时,应采用阿拉伯数字。

示例2：523.56 km(523.56 千米)　　　346.87 L(346.87 升)

　　　　5.34 m²(5.34 平方米)　　　　567 mm²(567 立方毫米)

　　　　605 g(605 克)　　　　　　　100～150 kg(100～150 千克)

　　　　34～39℃(34～39 摄氏度)　　北纬 40°(40 度)

　　　　120 dB(120 分贝)

4.1.2　用于编号的数字

在使用数字进行编号的场合,为达到醒目、易于辨识的效果,应采用阿拉伯数字。

示例:电话号码:98888

邮政编码:100871

通信地址:北京市海淀区复兴路 11 号

电子邮件地址:x186@186.net

网页地址:http://127.0.0.1

汽车号牌:京 A00001

公交车号:302 路公交车

道路编号:101 国道

公文编号:国办发〔1987〕9 号

图书编号:ISBN 978-7-80184-224-4
刊物编号:CN11—1399
章节编号:4.1.2
产品型号:PH-3000 型计算机
产品序列号:C84XB-JYVFD-P7HC4-6XKRJ-7M6XH
单位注册号:02050214
行政许可登记编号:0684D10004-828

4.1.3 已定型的含阿拉伯数字的词语

现代社会生活中出现的事物、现象、事件,其名称的书写形式中包含阿拉伯数字,已经广泛使用而稳定下来,应采用阿拉伯数字。

示例:3G 手机　　MP3 播放器　　G8 峰会　　维生素 B12　　97 号汽油
　　　"5·27"事件　　"12·5"枪击案

4.2 选用汉字数字

4.2.1 非公历纪年

干支纪年、农历月日、历史朝代纪年及其他传统上采用汉字形式的非公历纪年等等,应采用汉字数字。

示例:丙寅年十月十五日　　　　　　庚辰年八月五日
　　　腊月二十三　　　　　　　　　正月初五
　　　八月十五中秋　　　　　　　　秦文公四十四年
　　　太平天国庚申十年九月二十四日　清咸丰十年九月二十日
　　　藏历阳木龙年八月二十六日　　　日本庆应三年

4.2.2 概数

数字连用表示的概数、含"几"的概数,应采用汉字数字。

示例:三四个月　一二十个　四十五六岁　五六万套　五六十年前
　　　几千　二十几　一百几十　几万分之一

4.2.3 已定型的含汉字数字的词语

汉语中长期使用已经稳定下来的包含汉字数字形式的词语,应采用汉字数字。

示例:万一　一律　一旦　三叶虫　四书五经　星期五　四氧化三铁
　　　八国联军　七上八下　一心一意　不管三七二十一　一方面
　　　二百五　半斤八两　五省一市　五讲四美　相差十万八千里
　　　八九不离十　白发三千丈　不二法门　二八年华　五四运动
　　　"一·二八"事变　"一二·九"运动

4.3 选用阿拉伯数字与汉字数字均可

如果表达计量或编号所需要用到的数字个数不多,选择汉字数字还是阿拉伯数字在书写的简洁性和辨识的清晰性两方面没有明显差异时,两种形式均可使用。

示例 1:17 号楼(十七号楼)　3 倍(三倍)　第 5 个工作日(第五个工作日)
　　　　100 多件(一百多件)　20 余次(二十余次)　约 300 人(约三百人)
　　　　40 天左右(四十天左右)　50 上下(五十上下)　50 多人(五十多人)
　　　　第 25 页(第二十五页)　第 8 天(第八天)　第 4 季度(第四季度)
　　　　第 45 页(第四十五页)　共 235 位同学(共二百三十五位同学)
　　　　0.5(零点五)　76 岁(七十六岁)　120 周年(一百二十周年)
　　　　1/3(三分之一)　公元前 8 世纪(公元前八世纪)
　　　　20 世纪 80 年代(二十世纪八十年代)　公元 253 年(公元二五三年)
　　　　1997 年 7 月 1 日(一九九七年七月一日)
　　　　下午 4 点 40 分(下午四点四十分)　4 个月(四个月)　12 天(十二天)

如果要突出简洁醒目的表达效果,应使用阿拉伯数字;如果要突出庄重典雅的表达效果,应使用汉字数字。

示例 2:北京时间 2008 年 5 月 12 日 14 时 28 分
　　　　十一届全国人大一次会议(不写为"11 届全国人大 1 次会议")
　　　　六方会谈(不写为"6 方会谈")

在同一场合出现的数字,应遵循"同类别同形式"原则来选择数字的书写形式。如果两数字的表达功能类别相同(比如都是表达年月日时间的数字),或者两数字在上下文中所处的层级相同(比如文章目录中同级标题的编号),应选用相同的形式。反之,如果两数字的表达功能不同,或所处层级不同,可以选用不同的形式。

示例 3:2008 年 8 月 8 日
　　　　二〇〇八年八月八日(不写为"二〇〇八年 8 月 8 日")
　　　第一章　　第二章……第十二章(不写为"第一章　第二章……第 12 章")
　　　第二章的下一级标题可以用阿拉伯数字编号:2.1,2.2,……

应避免相邻的两个阿拉伯数字造成歧义的情况。

示例 4:高三 3 个班　　高三三个班(不写为"高 33 个班")
　　　　高三 2 班　　高三(2)班(不写为"高 32 班")

有法律效力的文件、公告文件或财务文件中可同时采用汉字数字和阿拉伯数字。

示例 5:2008 年 4 月保险账户结算日利率为万分之一点五七五零(0.015750%)
　　　　35.5 元(35 元 5 角　三十五元五角　叁拾伍圆伍角

5. 数字形式的使用

5.1　阿拉伯数字的使用

5.1.1　多位数

为便于阅读,四位以上的整数或小数,可采用以下两种方式分节:

——第一种方式:千分撇

整数部分每三位一组,以",''分节。小数部分不分节。四位以内的整数可以不分节。

示例 1:624,000　　　　92,300,000　　　　19,351,235.235767　　　　1256

——第二种方式:千分空

从小数点起,向左和向右每三位数字一组,组间空四分之一个汉字,即二分之一个阿拉伯数字的位置。四位以内的整数可以不加千分空。

示例 2:55 235 367.346 23　　　　98 235 358.238 368

注:各科学技术领域的多位数分节方式参照 GB 3101—1993 的规定执行。

5.1.2　纯小数

纯小数必须写出小数点前定位的"0",小数点是齐阿拉伯数字底线的实心点"."。

示例:0.46 不写为.46 或 0。46

5.1.3　数值范围

在表示数值的范围时,可采用波浪式连接号"~"或一字线连接号"—"。前后两个数值的附加符号或计量单位相同时,在不造成歧义的情况下,前一个数值的附加符号或计量单位可省略。如果省略数值的附加符号或计量单位会造成歧义,则不应省略。

示例:—36~—8℃　　400—429 页　　100—150 kg　　12 500~20 000 元
　　　9 亿~16 亿(不写为 9—16 亿)　　13 万元~17 万元(不写为 13~17 万元)
　　　15%~30%(不写为 15~30%)
　　　4.3×10^6~5.7×10^6(不写为 4.3~5.7×10^6)

5.1.4　年月日

年月日的表达顺序应按照口语中年月日的自然顺序书写。

示例 1:2008 年 8 月 8 日　　　1997 年 7 月 1 日

"年""月"可按照 GB/T 7408—2005 的 5.2.1.1 中的扩展格式,用"-"替代,但年月日不完整时不能替代。

示例 2:2008-8-8　　　　1997-7-1　　　　8 月 8 日(不写为 8-8)
　　　　2008 年 8 月(不写为 2008-8)

四位数字表示的年份不用简写为两位数字。

示例 3:"1990 年"不写为"90 年"

月和日是一位数时,可在数字前补"0"。

示例 4:2008-08-08　　　　1997-07-01

5.1.5　时分秒

计时方式即可采用 12 小时制,也可采用 24 小时制。

示例1：11时40分（上午11时40分）
　　　　21时12分36秒（晚上9时12分36秒）
时分秒的顺序应按照口语中时、分、秒的自然顺序书写。

示例2：15时40分　　　　14时12分36秒

"时""分"也可按照GB/T 7408—2005的5.3.1.1和5.3.1.2中的扩展格式，用":"替代。

示例3：15:40　　　　14:12:36

5.1.6　含有月日的专名

含有月日的专名采用阿拉伯数字表示时，应采用间隔号"·"将月、日分开，并在数字前后加引号。

示例："3·15"消费者权益日

5.1.7　书写格式

5.1.7.1　字体

出版物中的阿拉伯数字，一般应使用正体二分字身，即占半个汉字位置。

示例：234　　　57.236

5.1.7.2　换行

一个用阿拉伯数字书写的数值应在同一行中，避免被断开。

5.1.7.3　竖排文本中的数字方向

竖排文字中的阿拉伯数字按顺时针方向转90度。旋转后要保证同一个词语单位的文字方向相同。

示例：略

5.2　汉字数字的使用

5.2.1　概数

两个数字连用表示概数时，两数之间不用顿号"、"隔开。

示例：二三米　一两个小时　三五天　一二十个　四十五六岁

5.2.2　年份

年份简写后的数字可以理解为概数时，一般不简写。

示例："一九七八年"不写为"七八年"

5.2.3　含有月日的专名

含有月日的专名采用汉字数字表示时，如果涉及一月、十一月、十二月，应用间隔号"·"将表示月日的数字隔开，涉及其他月份时，不用间隔号。

示例："一二·八"事变　"一二·九"运动　五一国际劳动节

5.2.4　大写汉字数字

——大写汉字数字的书写形式

零、壹、贰、叁、肆、伍、陆、柒、捌、玖、拾、佰、仟、万、亿
——大写汉字数字的适用场合
法律文书和财务票据上，应采用大写汉字数字形式记数。
示例：3,504（叁仟伍佰零肆圆）　　39,148（叁万玖仟壹佰肆拾捌圆）
5.2.5　"零"和"〇"
阿拉伯数字"0"有"零"和"〇"两种汉字书写形式。一个数字用作计量时，其中"0"的汉字书写形式为"零"，用作编号时，"0"的汉字书写形式为"〇"。
示例："3052（个）"的汉字数字形式为"三千零五十二"（不写为"三千〇五十二"）
　　　"95.06"的汉字数字形式为"九十五点零六"（不写为"九十五点〇六"）
　　　"公元2012（年）"的汉字数字形式为"二〇一二"（不写为"二零一二"）
5.3　阿拉伯数字与汉字数字同时使用
如果一个数值很大，数值中的"万""亿"单位可以采用汉字数字，其余部分采用阿拉伯数字。
示例1：我国1982年人口普查人数为10亿零817万5 288人。
除上面情况之外的一般数值，不能同时采用阿拉伯数字与汉字数字。
示例2：108可以写作"一百零八"，但不应写作"1百零8""一百08"
　　　4 000可以写作"四千"，但不能写作"4千"

附录四

经济应用文常用词语汇释

A

按期：按照规定的日期。如"按期完成任务"。
按照：根据；依照。如"依照上级党委的要求认真执行"。
案卷：分类保存以备查考的文件。如"逐一披览案卷"。

B

颁布：郑重发布；颁：下发。一般用于发布法令、条例等重要的法规性文件。如"颁布法令"。
颁行：颁布施行。如"此项税法的实施细则颁行已有一年"。
报经：报告上级并经过上级同意或批准。如"已报国务院批准"。
报请：向上级机关或有关部门报告请求解决，如"已报请财政局批准"。
备案：向主管机关报告事项，以备查考。如"此报告已送总公司备案"。
备查：以备今后检查。如"请存档备查"。
比照：按照已有的规定、方法、标准、要求办理。如"请比照×××文件中有关规定办理"。
俾：使。如"俾众周知"。
拨冗：客套话，指推开繁忙的事务，抽出时间。如"务请拨冗光临为盼"。
不贷：不予宽恕。如"严惩不贷"。
不法：违反法律。如"不法分子""不法行为"。
不日：不久。如"不日送达"。
不宜：不适宜。如"不宜发放""不宜举行"。
不予：不给予。如"不予办理"。
不虞：意料不到。如"以备不虞""不虞之誉"。
布达：陈述告知给对方。布：陈述。常用于书信结束语中，如"专此布达"。

C

参照：参考、仿照。如"请参照办理"。
参酌：就是参考实际情况，加以斟酌。
裁并：裁减合并。如"裁并机构"。

裁处：考虑决定并加以处理。如"对这一问题，请尽快裁处为宜"。
裁夺：考虑决定。如"请予裁夺"。
查办：检查处理。如"查办要案"。
查复：了解后答复。如"请速查复"。
查询：查问、了解。如"现将查询结果报告如下""请查询"。
查照：请对方注意文件内容，并按文件内容办事。如"即希查照""希查照办理"。
草拟：就是指文件的起草撰拟。
呈报：向上级送文。如"特此呈报，请查收"。
呈请：向上级或有关部门送文并请求同意批准。如"呈请批准，不胜感激"。
筹措：设法弄到经费。如"筹措基建资金"。
筹商：筹划商议。如"筹商对策"。
存查：保存起来，以备查考。如"请将合同副本送工商局商标处存查"。

D

鼎力：大力，表示敬辞。如"还望鼎力相助为盼"。
定夺：对事情是否可行做决定。如"此计划是否可行，请尽早予以定夺"。
定金：合同当事人一方为了证明合同成立和担保履行而预付给对方的一定数量的金额。其不同于预付款，预付款不起担保作用。
动议：会议中临时提出的建议。如"第一小组提出的动议，值得关注"。

E

额定：规定的数目。如"额定人数100人"。
讹传：错误的传说。如"这种讹传，不可听信"。
讹误：就是指文字上的错误。如"存在不少史实讹误"。

F

奉告：告知，表示敬辞。如"无可奉告"。多用于外交辞令。
奉命：接受这个命令或决定。如"奉命执行"。
奉劝：劝告，表示敬辞。如"奉劝这些人，不要一意孤行"。
奉悉：收到来函，表示敬辞。
复核：就是复查核对的意思。如"规范审计复核工作"。

G

挂失：遗失票据或证件时，到原发的机关去登记，声明作废。如"支票挂失""护照挂失"。

关联方：在企业财务和经营决策中，如一方有能力直接或间接控制、共同控制另一方或对另一方施加重大影响，或者两方或多方同受一方控制，则将其视为关联方。如"关联方关系及其交易的披露"。

国是：国家大计。如"共商国是"。

过甚：过分、夸大。如"言之过甚"。

H

函达：写信告知。如"专此函达"。

核示：审核批示。如"上述意见，请核示"。

核定：审核决定。如"税款核定"。

核减：审核后决定减少。如"核减金额"。

核准：审核后批准。如"投资项目的核准管理"。

核拨：查核后拨给。如"请予核拨为盼"。

会同：同有关方面会合一起。如"将会同有关部门协商解决"。

会签：指请与文件内容有关的主管部门负责人共同在发文稿上签注意见和姓名。如"实行党政会签制度"。

会商：相聚商议。如"会商大计"。

会晤：会面。如"会晤来访客人"。

惠鉴：劳驾审阅，如"××先生惠鉴"。常用于信函称呼中。

惠示：劳驾给我看或让我知道，如"如蒙惠示该文件，则不胜感激"。

惠予：请求给予。如"希惠予配合"。

惠纳：承你照顾给予接受。如"承蒙惠纳，实为荣幸"。

J

基于："根据……"的意思。如"基于婚姻法第四十六条提出的损害赔偿请求"。

即日：当天的意思。

稽迟：拖延不及时。如"稽迟答复，请见谅"。

鉴于：考虑到。如"鉴于王同志一贯表现突出，本公司给予其奖励一千元"。

鉴宥：请求体察原谅。如"客户苦衷，商祈鉴宥"。

接洽：与人商量有关事宜。如"关于供货事，请与××接洽"。
届时：到时候。如"请届时参加"。
径向：直接向。如"有关情况，请径向监察室反映"。
径与：直接与。如"此事情径与财务处联系"。

K

开标：打开标单。如"招标人在所有投标人面前当众开标"。
开市：店家在歇业后又开始营业，也指商家每天第一次成交。如"今天一开市，就做了笔大买卖"。
款待：亲切优厚地招待。如"盛情款待远方来客"。
款洽：亲切融洽。如"双方交谈，十分融洽"。
款式：格式、样式。如"家具款式新颖独特"。
蓝图：建设计划。如"国家建设的蓝图"。
烂账：混乱无法弄清的账目，又指久拖难以收回的账。如"有些企业，因管理不善，烂账很多"。
劳神：耗费精神，有时用作麻烦他人的客套话。如"劳神代为照顾"。
礼遇：尊敬有礼的待遇。如"受到隆重的礼遇"。

L

立案：就是在主管机关注册登记、备案。如"现已立案侦查"。
论处：就是判定处分的意思。如"以贪污罪论处"。

M

绵力：微薄的力量。如"愿尽绵力"。
面洽：当面接洽。如"请于明日来本公司面洽"。

N

拟定：起草制定。如："拟定规章制度"。
拟于：打算在。如"拟于下月开工"。
年限：规定的或作为一般标准的年数。如"使用年限""工作年限"。

P

偏颇：偏于一方面，不公平。如"其说法有失偏颇"。
票据：载明一定的金额，在一定日期执票人可向发票人或指定付款人支取款项的凭证,其种类有汇票、本票和支票等。如"可转让票据"。

评断：评论判断。如"作出是非评断"。

凭单：取财物或作为凭证的单据。如"保管好3年内的财务凭单"。

破费：花费金钱或时间。如"这次出行,破费不少"。

Q

起讫：开始和终结。如"起讫日期"。

契据：契约、借据、收据等总称。

迄今：到现在为止的意思。如"迄今为止"。

洽商：接洽商谈。如"经与对方洽商"。

签发：经主管人审核同意后,签名正式发出文件、证件等。如"签发护照"。

签署：在重要文件上正式签字。如"该合同经双方法人代表签署后生效"。

顷奉：刚接到。多用于下级对上级。如"顷奉上级指示"。

顷接：刚接到。如"顷接来函"。

顷闻：刚听到。如"顷闻贵店开张,特来祝贺"。

R

热衷(中)：急切想得到,或十分爱好某事。如："热衷名利""热衷于教育"。

日前：几天前。如"日前收到来款""日前办妥"。

融洽：彼此感情好,没有抵触。如"关系融洽"。

如实：按照实际情况。如"如实汇报"。

S

商定：协商确定。如"两国元首商定,双方将于……"。

商计：商量。如"共同商计"。

商洽：商谈接洽。如"请于×日来我行商洽投资事宜"。

商榷：商讨。如"该提法还有待商榷"。

赏识：认识到别人的才能或某些物品的价值而予以重视和赞赏。如"他深得总裁的赏识"。

尚望：还希望。如"尚望给予协助"。

审定：审查决定。如"该品种符合国家稻品种审定标准"。

事宜：关于事情的安排和处理。如"现将教育活动有关事宜通知如下"。

事由：事情的原委,或指本件公文的主要内容。如"发文事由"。

恕不：请对方原谅不能做某事。如"恕不招待"。

T

台鉴：请您阅览，常用于信首。台：旧时对人的尊称；鉴：阅览、看。如"××先生台鉴"。

探悉：打听后知道。如"从有关方面探悉"。

特此：公文、书信用语，表示为某事在这里通知、奉告等。如"特此通知""特此函告"。

特例：特殊的事例。如"作为特例，予以照顾"。

提成：从钱财的总数中按一定的比例提取。如"按利润总额的15％提成给科技人员"。

提要：指全文或全书的要点。如"全文提要""报告提要"。

提请：提出要求或议题，请会议或上级研究讨论，作出决定。如"提请常委会会议审议"。

提案：向会议提出的议案。如"关于……的提案"。

W

为荷：表示感谢。荷：承受别人的恩惠。如"请给予接洽为荷"。

为妥：表示"妥当"的意思。如"请给予照顾为妥"。

为宜：妥当或适当的意思。如"少安毋躁观望为宜"。

为要：表示"必要"的意思。如"须严加管理为要"。

违误：违反命令，耽误公事。如"迅速办理，不得违误"。

维系：维持和联系，不脱离。如"事关大局，维系民心，务必重视"。

委过：将错误、过失推给别人，如"委过于人""一味诿过"。

委实：实在。如"委实不容易"。

务期：一定要。如"务期落实""务期有成"。

务求：一定要求达到。如"务求完成所订指标"。

X

先例：已有的事例。如"有先例可援""尚无先例可援"。

先期：在某一日期以前。如"他们已先期抵达"。

鲜见：不常看到，很少见。如"该货物，市场上已鲜见了"。

向背：拥护和反对。如"人心向背"。

销账：从账上勾销。如"款已结清，可销账"。

Y

已悉：已经知道。如"来文已悉"。
以资：用来作为的意思。如"以资鼓励"。
业经：已经经过。如"业经批准，不日施行"。
应承：答应。如"我已应承，绝不反悔"。
应时：适合当时的。如"应时货品"。
应允：应许。如"应允批准"。
予以：给以。如"予以便利""予以表扬"。
预期：预先期待。如"达到预期目的"。
原宥：原谅。如"请求原宥""概不原宥"。
援用：就是"引用"的意思，如"所援用的文献、资料"。

Z

展缓：推迟日期，放宽时限。如"展缓交货""展缓演出"。
招股：股份公司经有关部门批准，在证券市场上募集资金。如"招股说明书"。
置信：相信。如"难以置信"。
置疑：怀疑。如"不容置疑"。
制裁：按政策依法处罚不法行为的人。如"其受到了应有的法律制裁"。
兹因：现在因为。如"兹因资金调动困难，歉难办妥此事"。
兹有：现在有。如"兹有我处××同志前往贵行联系有关事宜，请接洽"。
卓识：高明而超出一般的见解。如"具有远见卓识"。

再版后记

当今社会对学生的应用文写作能力越来越重视。作为一名大学生,写好常用的应用文,不仅是与时俱进、顺应时代发展的需要,是企事业单位对合格人才选拔考核的需要,也是自己将来更好更快发展的需要,更是现代公民应有素养的需要。

《常用经济应用文写作教程》应时而作,它是由集20多年高校应用文写作教学经验的教授编著而成。此书自2010年第四次重版后,受到了市场的欢迎,前后累计发行26万余册(包括前三版),为全国多所高等院校使用,并有幸荣获中国写作协会优秀著作二等奖、上海市写作协会优秀论著二等奖以及全国高校出版社优秀畅销书二等奖。

为使应用文写作更好地适应社会发展、服务社会,我们对《常用经济应用文写作教程》作了再次的修改,对一些不常用的文种作了调整。对一些公文、审计报告部分根据国家有关部门的新规定作了相应的调整和修改。虽体例变化不大,但其中内容、例文、习题等通俗易懂,实践性更强,更方便各高校老师的教学和学生的写作技能的提高。本书修订编写分工如下:盛明华:第一至第二十二章,第二十七至第二十八章。张介明:第二十三至第二十六章,第二十九章。

在编写中,我们参阅了相关写作论著和引用了一些报纸、杂志中的文章,以及国家有关部门、一些地方政府的文书作为例文,在此谨向有关作者深表感谢。同时,也请各位专家、同仁、读者不吝赐教,不胜感激。

编 者
2016年12月10日

(为方便教师教学,本书配有教学课件、练习参考答案、考试题及参考答案,使用本教材的任课老师,可以与出版社联系)